国家出版基金项目
NATIONAL PUBLICATION FOUNDATION

不显眼者的现象学
海德格尔的空间问题研究

Phenomenology of the Inapparent:
Heidegger's Thinking of Raum

石 磊 著

浙江人民美术出版社

图书在版编目（CIP）数据

不显眼者的现象学：海德格尔的空间问题研究 / 石
磊著. -- 杭州：浙江人民美术出版社，2024.12.
（未来艺术丛书 / 孙周兴主编）. -- ISBN 978-7-5751
-0424-1

Ⅰ. B516.54

中国国家版本馆CIP数据核字第20243EC941号

策　　划　管慧勇
责任编辑　华清清　王霄霄
责任校对　段伟文
封面设计　何俊浩
责任印制　陈柏荣

未来艺术丛书/孙周兴　主编

不显眼者的现象学：海德格尔的空间问题研究

石　磊　著

出版发行　浙江人民美术出版社
地　　址　杭州市环城北路177号
经　　销　全国各地新华书店
制　　版　大千时代（杭州）文化传媒有限公司
印　　刷　浙江新华数码印务有限公司
开　　本　710 mm×1000 mm　1/16
印　　张　19.5
字　　数　250千字
版　　次　2024年12月第1版
印　　次　2024年12月第1次印刷
书　　号　ISBN 978-7-5751-0424-1
定　　价　98.00元
如有印装质量问题，影响阅读，请与出版社营销部联系调换。

献给胡天慧

本有事件是不显眼者中最不显眼的，质朴纯一者中最质朴纯一的，

切近者中最切近的，遥远者中最遥远的，

我们终有一死者就终生居留于其中。

Das Ereignis ist das Unscheinbarste des Unscheinbaren,

das Einfachste des Einfachen,

das Nächste des Nahen und das Fernste des Fernen,

darin wir Sterblichen uns zeitlebens aufhalten.

——马丁·海德格尔，《在通向语言的途中》

（Martin Heidegger, *Der Weg zur Sprache*）

总　序

在我们时代的所有"终结"言说中，"艺术的终结"大概是被争论得最多也最有意味的一种。不过我以为，它也可能是最假惺惺的一种说法。老黑格尔就已经开始念叨"艺术的终结"了。黑格尔的逻辑令人讨厌，他是把艺术当作"绝对精神"之运动的低级阶段，说艺术是离"理念"最遥远的——艺术不完蛋，精神如何进步？然而黑格尔恐怕怎么也没有想到，一个多世纪以后居然有了"观念艺术"！但"观念－理念"为何就不能成为艺术或者艺术的要素呢？

如若限于欧洲来说，20世纪上半叶经历了一次回光返照式的哲学大繁荣，可视为对尼采的"上帝死了"宣言的积极回应。对欧洲知识理想的重新奠基以及对人类此在的深度关怀成为这个时期哲学的基本特征。不过，第二次世界大战的暴戾之气阻断了这场最后的哲学盛宴。战后哲学虽然仍旧不失热闹，但哲学论题的局部化和哲学论述风格的激烈变异，已经足以让我们相信和确认海德格尔关于哲学的宣判："哲学的终结。"海德格尔不无机智地说，"哲学的终结"不是"完蛋"而是"完成"，是把它所有的可能性都发挥出来了；他同时还不无狡猾地说，"哲学"虽然终结了，但"思想"兴起了。

我们固然可以一起期待后种族中心主义时代里世界多元思想的生成，但另一股文化力量的重生似乎更值得我们关注，那就是被命名为"当代艺术"的文化形式。尽管人们对于"当代艺术"有种种非议，尽管"当代艺术"由于经常失于野蛮无度的动作而让人起疑，有时不免让人讨厌，甚至连"当代艺术"这个名称也多半莫名其妙（哪个时代没有"当代"艺术呀？）——但无论如何，我们今天似乎已经不得不认为：文化的钟摆摆向艺术了。当代德国艺术大师格尔哈特·里希特倒是毫不隐讳，他直言道："哲学家和教士的时代结束了，咱们艺术家的时代到了。"其实我们也看到，一个多世纪前的音乐大师瓦格纳早就有此说法了。

20 世纪上半叶开展的"实存哲学 / 存在主义"本来就是被称为"本质主义"或"柏拉图主义"的西方主流哲学文化的"异类"，已经在观念层面上为战后艺术文化的勃兴做了铺垫。因为"实存哲学"对此在可能性之维的开拓和个体自由行动的强调，本身就已经具有创造性或者艺术性的指向。"实存哲学"说到底是一种艺术哲学。"实存哲学"指示着艺术的未来性。也正是在此意义上，我们宁愿说"未来艺术"，而不说"当代艺术"。

所谓"未来艺术"当然也意味着"未来的艺术"。对于"未来的艺术"的形态，我们还不可能做出明确的预判，更不能做出固化的定义，而只可能有基于人类文化大局的预感和猜度。我们讲的"未来艺术"首先是指艺术活动本身具有未来性，是向可能性开放的实存行动。我们相信，作为实存行动的"未来艺术"应该是具有高度个体性的。若论政治动机，高度个体性的未来艺术是对全球民主体系造成的人类普遍同质化和平庸化趋势的反拨，所以它是戴着普遍观念镣铐的自由舞蹈。

战后逐渐焕发生机的世界艺术已经显示了一种介入社会生活的感人力量，从而在一定意义上回应了关于"艺术的终结"或者"当代艺术危机"的命题。德国艺术家安瑟姆·基弗的说法最好听：艺术总是在遭受危险，但艺术不曾没落——艺术几未没落。所以，我们计划的"未来艺术丛书"将从基弗的一本访谈录开始，是所谓《艺术在没落中升起》。

孙周兴

2014 年 6 月 15 日记于沪上同济

目
录

凡　例

1.本书正文中出现的外国人名仅在第一次出现时标注其外文原名，后文仅使用中文译名。

2.本书参考引用的外语文献，其作者和书名出现在正文中时均译为中文，在脚注中出现时保留原文，以便查找。

3.本书对海德格尔著作的引用，均采用国际通行的惯例，以"GA卷次：页码"的方式引用，如"GA 65：101"指"全集第 65 卷第 101 页"。只有一个例外，即使用《存在与时间》的德文单行本，以"SZ：页码"的方式引用，如"SZ：103"指"《存在与时间》德文单行本第 103 页"。本书引用的海德格尔著作信息已在本书参考文献中列出。

4.本书对海德格尔著作的引用均出自现有中译本，中译本信息已在参考文献中列出，在此谨向前辈译者致谢。在引用时，笔者按照自己对术语的理解和选择，偶尔对已有的中译文进行改动。改动较大处或在引文无中译本的情况下，引文由笔者从德文译出，因此引用若有错漏，责任全在笔者。

5.本书对亚里士多德著作的引用按照通行惯例，注明了贝克尔版页码，如"212　a5"。引文同样根据笔者对术语的理解进行了改动，或自行译出。

第一章 绪论

一、引言

　　如果我们将胡塞尔（Edmund Husserl）出版《逻辑研究》的年份（1900—1901 年）看作现象学诞生的年份，那么在现象学诞生之初，胡塞尔就专门处理过空间问题，即紧接着著名的《现象学的观念》讲座课之后举行的关于空间问题的讲座课《物与空间》（1907 年）。如果进一步考虑到《现象学的观念》因为提出了现象学还原，因而可在某种程度上被视为先验现象学的萌芽，那么紧随其后大篇幅处理并实行了现象学还原的《物与空间》看起来就愈发重要了。在《纯粹现象学与现象学哲学的观念》（第二卷）中，空间问题体现在物理世界和身体的构造问题中。最后，在生命的尽头，他依然在处理空间问题，只不过此时空间是以生活世界的形态出现的。再算上正在编辑之中的关于空间问题的大量手稿（D 手稿），我们显然可以说，对空间问题的思索——如同许多其他问题一样——贯穿胡塞尔思想生命的始终。

　　诚然，思考一个问题的时间长度并不能折算成思考此问题的深度，一个人的思考也不能等同于整个思潮。但胡塞尔以及他发起的现象学运动的确在空间问题上别有洞见，甚至可以说是至关重要的洞见。对此我们现在仅作简短提示。许多学者都提到：各个现象学家处理空间问题的共同点乃是将空间凸显为生活世界，并且突出生活世界对科学空间的本源性。[1] 言外之意是：第一，每个现象学家都处理了空间问题；第二，他们都将空间看待为生活世界；第三，他们都针对科学空间而强调生活世界的本源性。这三个判断是以全称判断的形式作出的，显然，我们无法通过归纳和枚举既有的现象学思想来证明，因此我们能够做的唯有从形式上说明：为何一切可能的现象学思考均先天地包含着空间这一主题。

　　纯粹从形式来看，现象学便是言说现象，而现象便是自行显现者。显现者总是"从……中"显现出来，总是与别的东西相区别而凸显出来，一般地说，总是从某处显现出来——这意味着不可能有一个孤立的、飘在虚无中的显现者，即便是神也是从混沌中、从无中创世，而"从……中（wovon、wherefrom）"便已经包含有一个"何处（wo、where）"。[2] 现象学言说现象，现象必定从某处显现，那么，这个"某处"便先天地包含在现象学思考的范围之内。我们会在本书后面展开

1　赫尔穆特·费特（Helmut Vetter）谈及空间之时，认为"在现象学内部有一个一般的倾向，即从生活世界而来为空间性奠基"（着重号为引者所加）。Helmut Vetter, *Wörterbuch der phänomenologischen Begriffe* (Hamburg: Felix Meiner Verlag, 2004), p. 444. 爱德华·凯西（Edward Casey）提到"抛开现象学家各个不同的前见，胡塞尔的每一个后继者都深深考虑过以'生活空间'的形式出现的空间所具有的特性，也就是说，作为在第一人称视角中、在每个人自己的身体中被经验到的空间所具有的特性"（着重号为引者所加）。Edward Casey, "Space," in *The Routledge Companion to Phenomenology*, ed. Sebastian Luft and Soren Overgaard (London: Routledge, 2012), p. 205.

2　关于这一点，请参见爱德华·凯西在著作《回归位置》（*Getting back into place*）中的精彩论述，尤其是第 14 页涉及毕达哥拉斯学派的阿尔基塔斯（Archytas）的讨论。凯西将阿尔基塔斯的学说概括为这样一个命题："存在就是在某处存在（to be is to be in place）。"如果现象学理解的"存在"无法和"显现"分离，那么，我们也可以说："显现就是在某处显现。"此外，凯西亦曾提示过，我们在描述经验时会频繁地使用到空间介词。确实，现象学家总是自觉或不自觉地强调某些空间介词或介词词组，如德语的"in""auf""zu""von""aus"，英语的"to""on"，法语的"au"，等等。

的论述中不断地回到上述虽然粗疏但直截了当的"证明"那里。而且我们将看到，一切可以被纳入空间问题的主题，如身体、艺术、居住乃至存在问题，其之所以能够归属于空间问题，原因都可以非常质朴地回溯到上述简单的事实：有某个东西在某处显现。在海德格尔看来，这个"某处"就是"da"（"此"）。由此，空间问题所关心的可谓显现之来源、显现之方式，甚至显现本身，因而算得上广义的现象学问题。

我们常常认为不同的现象学家专注于不同的实事。在种种实事中间，"存在"或许是最为"抽象"的"一样""实事"了。事实上，我们用来描述存在的词语几乎都是在一种隐喻或转义的意义上使用的，严格说来或许都应当加上引号，以表明日常的用语（包括"存在"这个词本身）都是用来形容存在者的。[1] 在海德格尔之前，"存在"大概都是在这种"抽象意义"上，在本质主义的方向上得到谈论的，因此才会有人说海德格尔恢复了"存在"的动词含义。而海德格尔重提存在问题的一个重要步骤，就是把"存在"和"此"联系了起来，为存在之运作活动给出了一个场所，进而提供了一系列关于"此在（Dasein）"和"此－在（Da-sein）"的说法。这个"此"就是海德格尔对上述"何处"问题的回答。在后文中我们将会表明，海德格尔所关心的各个主题，如"实存""世界""真理""敞开""本有""语言""艺术""技术"等，都不得不联系于这个"此"才能得到恰当的理解，或者说，都必须"在

1　海德格尔晚年曾表示，他一度困惑于巴门尼德将"存在"这个词用在"存在本身"之上的做法。因为从存在论差异来看，存在的是存在者，而非存在。若我们追随巴门尼德说"存在存在"，岂不是把"存在"降格为"存在者"了？（GA 15：397；另参见 GA 15：334，GA 15：346，GA 15：347）

此显现"才能得到恰当的理解。而有关"此"的讨论无论从字面上还是从义理上看，首先都是关于空间问题的讨论。

在一开始，我们需要对"此"这个汉语单字做出事关德汉翻译的说明。海德格尔在《存在与时间》中曾经解释过德文中"此（da）"这个词的微妙之处：它既不单指"此/这里（hier）"，也不单指"彼/那里（dort）"，而是使二者得以可能的境域，并且，"da"这个境域确实具有某种空间含义。所以对于使用汉语书写海德格尔空间思想的我们而言，将"da"译为"此"严格说来是有问题的。于是在"此在"这个译法之外，也有不少其他的译名建议，如"缘在"（张祥龙译）、"达在"（靳希平译）、"亲在"（熊伟、王庆节译）乃至"存在"（方向红译）。这些译名都有其合理之处，特别是"达在"，若取其"通达"之意时，甚至在义理和读音两方面都逼近德文的"Dasein"，但就空间问题而言，这些译名都错失了，至少是没有明显译出"Dasein"字面上的空间含义。对于讨论空间问题的我们来说，仅仅基于这一个理由就足以支持我们选择"此在"这个约定俗成的译名了。当然，我们始终是在海德格尔给出的意义上理解汉语的"此"这个字。

那么海德格尔是在何种意义上使用"此"这个词的呢？他明确地将之解释为澄明和敞开域，并且始终贯彻了这一理解。有了这一层关系，海德格尔才能够将空间问题和本源问题结合起来讨论。需要指出的是，虽然"结合"这个说法显得二者像是两个问题，但如后文将要指出的那样，更好的说法是：本源问题就是空间性的。这一点会在后文讨论中逐渐显现出来，此处不赘述。眼下我们仅仅先行说明本文的四个要点：第一，海德格尔对空间问题的讨论大体上经历了哪些阶段，这种经历对海德格尔自己的思想来说有何意义？第二，海德格尔关于空间问题的讨论针对什么？第三，对空间问题的讨论显明出来的思想方式有何特点、有何意义？第四，海德格尔关于空间的探讨在何种意义上有助于我们拓展现象学的可能性？

先看第一个要点。在我们的分析中，海德格尔对空间问题的关注大致分为三个阶段。这三个阶段大体相应于学界通行的对海德格尔思想发展的分期：早期为发表（出版）《存在与时间》前后，中期为20世纪30年代至40年代，晚期为"二战"之后。这么划分的理由在于，海德格尔在这三个阶段对空间问题的探讨均具有各不相同的特征：

（1）在早期，海德格尔说的空间主要是人生在世所生活于其中的空间，这是一种不可量度但具体的空间。然而，这种空间需要借助时间才能与本源的存在问题发生关联。空间的"低下"地位大抵可以从其所处的位置看出来：《存在与时间》讨论日常性的前半部分。

（2）转入20世纪30年代后，情况却大为不同。一方面，海德格尔开始将空间和敞开域置于一起；另一方面，他开始谈论共属一体的"时间－空间"。与之前的讨论不同，这些讨论都不再具体——虽然我们也不能说这些讨论是抽象的，尤其当"抽象"一词被用于自然科学的空间观之时——却直接在本源层次上得到展开。无论就本源性还是某种难解的抽象性而言，这一讨论的高峰都是以《哲学论稿》和《乡间路上的谈话》为代表的海德格尔身后出版的著作。海德格尔这一阶段的空间思想之特征在于空间问题与存在问题密不可分，不再处于派生或不起眼的位置。或许是因其过于本源和晦涩，这些文稿在海德格尔生前大多没有公开。

（3）此后，海德格尔仅仅在某些具体的讨论中才提纲挈领地提上几句此类玄思，这便是第三阶段空间思想的特征：海德格尔再度谈起了具体的空间问题，如建筑、居住、物、艺术作品等问题，但却是从本源问题出发来谈的。后面这点正是此阶段与第一阶段的差异，即在谈论具体的空间问题时，海德格尔也是在谈本源问题。

如此看来，海德格尔空间思想的发展历程可以说是空间问题和本源问题逐渐合一的过程。如果"合一"暗示了"二分"的话，这个历程或许可以表述为海德格尔逐渐意识到了空间和本源的共属性。

以上描述都是依据海德格尔思想内部的脉络来描述的，仅止于此，本书最多只算在从事一种解释的（exegical）工作。海德格尔的空间思想无论多么复杂，若仅是自说自话，实在无太大意义。那么，海德格尔是否针对了某些世界性、星球性的现象而言说空间呢？这就涉及本书的第二个要点：海德格尔的空间思想明显针对的是科学－技术对空间的伤害。本源性的空间问题实乃对科学－技术空间的反动。这一反动采取了三方面的策略：一是揭露出科学－技术理解之下的空间经验并没有穷尽我们全部的空间经验；二是批判性地揭示出科学－技术理解的空间植根于西方形而上学之中；三是正面标举出艺术，以对抗前面这种趋向。泛泛而言，无论是早期对用具的分析，还是中期关于谋制的揭露，抑或晚期对技术和艺术的直接论说，均指向人类如何面对技术世界这一巨大困境。因此在海德格尔关于空间的论述背后，根本上是对技术问题的关心。

技术的本质不是技术性的东西，因此在海德格尔看来，若要从根本上理解技术，我们无法求助于科学，而要诉诸思想。技术问题与形而上学求根据的提问方式有着天然的亲缘关系，由此触及本质主义等一系列形而上学问题。也就是说，求得一个最终的、稳固的根据，乃是对技术和形而上学的思想方式的刻画。若我们想对技术和形而上学有所批评，首先就不能够继续依从这种求根据的思想方式。这就是本书的第三个要点：海德格尔在处理空间问题时，提出和实行了一种别样的思想方式，即地形学式的（topologisch）思想方式。其名称来自对位置（Ort，τόπος）的言说（λόγος）。海德格尔将位置看作本源事件发生之处所，而这一处所却并非形而上学所需求的奠基性的根据和基底（Grund），因为位置本身不是什么东西，只是聚集而已。位置是汇聚而成，所以并没有一个实质（Substanz），从而即是空无（Leere）。在这个意义上说，海德格尔实际上是通过批评形而上学只知根据、不认深渊（Abgrund）的思想方式来强调根据和深渊的共属一体：Ab-grund。这种思想方式最终贯彻到了晚期有关四重整体的重要论述中。

就论题范围而言，本书的工作至此仍局限于海德格尔的空间思想和空间式的思想方式。但我们并不止步于对这些内容的澄清。本书还将尝试开展另一项工作，此即本书的第四个要点：将海德格尔的空间思想与现象学问题关联起来。这一关联并没有乍看起来这么突兀，如果我们考虑到，如本章开头所述，空间问题一直是现象学关心的重要问题，并且考虑到，海德格尔自己对空间问题的论说总是借道于显现问题——此乃现象学的核心问题——而展开的。然而海德格尔（尤其是晚期的）思想与现象学的关联屡屡遭到质疑。一方面，海德格尔自己要为此负一定的责任：因为他曾大力以现象学这个名号标榜自己，后来又刻意避免这个名称，并对胡塞尔式的现象学颇多批评。这难免使得我们在他不提现象学这个名称的时候看轻了他对现象学和现象学问题的一些正面论述。另一方面，海德格尔研究者主要关心早期海德格尔与现象学的关系[1]，因为《存在与时间》中的实存论虽然常常针对胡塞尔的先验论立论，但正是这种针锋相对的明确关系，使得二人处在同一个问题域之中，否则二人也无可争辩。海德格尔的后期思想则缺乏这种明确的针对性，仿佛在谈另一些问题，研究者们遂转向谈论这些问题，一任海德格尔与现象学的关系居于遮蔽之中。事实上，后期海德格尔对二重性（Zwiefalt）的标志性见解，摆明出来就是一个关于显现（Erscheinen，Schein）或现象性（Phänomenalität）的问题——法国现象学运动就是这么理解的，但一些认胡塞尔现象学为正统的学者却无法跨出这一步。又例如，少有研究者严肃对待海德格尔提出的"不显眼者的现象学（Phänomenologie des Unscheinbaren）"[2]这一说法——同样是法国现象学接过了这一纲领，将其贯彻到现象学的神学转向之中。从胡塞尔现象学的视野出发，我们必定把海德格尔判为"非现象学的"。虽然胡、海二人彼此都断定对方是非现象学的，但这是伟大思想家针对彼此做出的判断。作为研究者，我们其实并没有资格再做出此类判断。因此，本书并不打算对此公案采取立场，也不会把胡塞尔现象学当作唯一的现象学，而是事先采取一个宽泛的现象学立场，即海德格尔在《存在与时间》中提出的原则：现象学关心实事的自行显现，关心其显现的条件，关心其现象性。本书关心的是海德格尔的空间思想与这些问题的关联，而非断定海德格尔究竟是不是现象学的。

1　张灿辉：《海德格与胡塞尔现象学》，东大图书股份有限公司，2019。
2　对这一短语，曾有过不同的译名。其核心在于如何理解"unscheinbar"这个形容词。我们曾经用过"隐而不显的"这个译名，也有其他学者将之译为"不可见的"。但"unscheinbar"还不完全等同于"unsichtbar"，即不能够被看见的东西。英译中也区分了这两个词："inapparent"和"invisible"。我们在本文中将这个词语译为"不显眼的"，将之与"不可见的"区分开来。具体的说明和理由，请参见本书第四章、第五章相应部分。

二、对既有研究的回顾

　　上述四个要点可以划分为两个探问方向：探究海德格尔与现象学的关系，探究海德格尔的空间思想。与这两个方向相应，我们先分别考察一下研究者在这两方面已经做出的重要工作。鉴于本书主要展开的是海德格尔对空间问题的讨论，我们在后文相应部分会详尽讨论各研究者关于该主题的各种观点，而在本小节中，我们仅提及这些文献，举出关键信息。在眼下的回顾部分，我们首先关心的是海德格尔与现象学之关系、现象学与空间问题之关系。至于空间问题与现象学问题在海德格尔思想中的结合，我们将在本书第五章涉及"不显眼者的现象学"部分有所讨论。在该部分，我们断言晚期海德格尔有一种现象学，而这个断言产生的背景，就是历来有关海德格尔与现象学之关系的种种争论——眼下这个挂一漏万的回顾即试图呈现这些争论。[1]

（一）关于海德格尔与现象学之关系

1. 海德格尔是否为现象学家？为何他一度放弃了"现象学"？

　　就海德格尔与现象学之关系这一主题而言，几乎所有研究者都承认，海德格尔早期哲学，即发表《存在与时间》及之前的阶段，确实是现象学的，甚至是比胡塞尔"更现象学"的。研究者们的全部分歧

1　关于海德格尔的二手文献浩如烟海，即便限制在海德格尔与现象学这个话题上，也远远超出本书提到的这些文献。鉴于笔者有限的阅读量，笔者仅仅沿着自己的思路梳理了有限的一些文献。同时，鉴于笔者的语言能力，仅关注了英语、德语和汉语中的文献，许多有价值的法语文献便不得不留在笔者视域之外了。

只在于海德格尔中、晚期思想是否是现象学的。中期思想，即围绕着《哲学论稿》等文稿的存在－历史性思想，既有人坚持其为现象学的，也有人对此不以为然。晚期思想亦是同样情况。

涉及海德格尔与（胡塞尔）现象学之关系的研究可谓汗牛充栋，不过就我们目前有限的所见，专论海德格尔与现象学的著作，仅有美国学者威廉·麦克尼尔（William McNeill）新著《现象学的命运：海德格尔的遗产》[1] 薄薄一册（正文仅 200 页不到）。该著由论文扩充而成，各章联系松散，只能勉强算作是专论。此外，威廉·J. 理查森（William J. Richardson）半个世纪前的巨著《海德格尔：经过现象学到思想》也触及了这个问题，并引来了海德格尔著名的《致理查森的信》，其中明确开启了有关海德格尔 I 与海德格尔 II 之关系的讨论。但专题文献依然十分罕见，这似乎与海德格尔作为一个明摆着的现象学家的身份不很相称——毕竟已经出版了更多专论海德格尔与诠释学的文集和专著，如《诠释学的海德格尔》[2]，等等。或许，人们觉得早期海德格尔思想的现象学因素十分明显，无须再论，而后期海德格尔思想显然不是一种现象学，也不用再谈。

在这个主流中，理查森的学生托马斯·希恩（Thomas Sheehan）"公然"唱出了一个响亮的反调。在其近著《理解海德格尔》（*Making sense of Heidegger*）中，希恩旗帜鲜明地提出，海德格尔从早到晚的思想都是现象学的。这个解读的核心在于，希恩将海德格尔对"存在（Sein）"的译解"在场（Anwesen）"再度译解为"有意义的显现

1　William McNeill, *The Fate of Phenomenology* (London: Rowman&Littlefield, 2020).

2　Michael Bowler and Ingo Farin (eds.), *Hermeneutical Heidegger* (Evanston: Northwestern University Press, 2016).

（meaningful presence）"，从而有力论证了海德格尔所关心的存在问题实际上并非着眼于存在［这是形而上学的主题，即存在者的存在状态（Seiendheit）］，而是着眼于意义显现的源头——无论这个源头被叫作"存在本身""存有"还是"本有"。[1]一事物之存在，即该事物之有意义地显现，亦即该事物有意义地向一个人显现出来。经此转换，关心存在本身的存在问题，实际上就是关心事物何以能、从何而能有意义地向人显现的问题，而人与存在之间的关系，实乃人与显现、人与显现之源头的关系，最终变成了一个地地道道的现象学问题。在此意义上，希恩认为海德格尔也实行了现象学还原，即存在被还原为显现，存在本身被还原为显现之源头。[2]我们服膺希恩的解释，尤其是他对在场之为显现的译解。他一系列的洞见都有清晰、严格的论证作为支撑，只是我们在此无法详述。

　　希恩的解读也体现出讨论海德格尔现象学的一个客观困难，即研究者们常常在不同意义上使用"现象学的"这个修饰语。显然，并非讨论此一问题的所有学者都能明确摆出自己理解中的现象学，然后再讨论海德格尔思想是否是现象学的。即便学者们都能做到这一点，但他们根本上就如莫里斯·梅洛－庞蒂（Maurice Merleau-Ponty）在《知觉现象学》前言中说的那样，还是无法就什么是现象学达成一致。这就令问题变得更加复杂，进而衍生出"究竟有哪些不同种类的现象学"这一难题。现象学就只是胡塞尔式的现象学吗？或者，还有别的可能？若然，那将诸现象学归拢到"现象学"这个名号之下的因素，又是什

1　托马斯·希恩：《理解海德格尔》，邓定译，译林出版社，2022，第2—3页。
2　托马斯·希恩：《理解海德格尔》，邓定译，译林出版社，2022，第13、17页。

么呢？[1]倘若我们有幸就此因素达成了一致，是否就能够以之为准绳，来衡量海德格尔不同时期的思想了呢？

海德格尔在世时就有学者指出，面对"海德格尔是否是一个真正的现象学家"这个问题，若我们通过考察"海德格尔的思想能否被纳入现象学运动"来回答，这就意味着用既有的胡塞尔先验现象学的立场来衡量海德格尔，难免削足适履。与之相对，我们应该问："海德格尔为现象学问题贡献了哪些本源的答案？"亦即考察海德格尔自己如何面对现象学问题，质言之，如何延续、发展和彻底化早前的先验现象学。[2]伯恩哈特·玻楞（Bernard Boelen）的意见和他的老师赫伯特·施皮格伯格（Herbert Spiegelberg）一样，认为海德格尔对胡塞尔现象学最重要的推进在于用实存论现象学替换了纯粹现象学，用此在替换了先验意识，并用前者为后者奠定基础。[3]这种立场如今看来似乎不再如半个世纪前那样全面而有力。在海德格尔全集的出版接近尾声的今日，这种从"海德格尔如何彻底化胡塞尔"角度发问的方式，大概较为适合讨论《存在与时间》及海德格尔在弗莱堡、马堡时期的讲座课。进入 20 世纪 30 年代之后，当海德格尔避而不谈胡塞尔而另辟

1　现象学运动的史家施皮格伯格做出了此类尝试，在其著作《现象学运动》的最后，他尝试归纳了现象学方法的几条准则。请参见施皮格伯格：《现象学运动》，王炳文、张金言译，商务印书馆，2011，第 492 页。

2　Bernard Boelen, "Martin Heidegger as a Phenomenologis," in *Phenomenological Perspectives: Historical and Systematic Essays in Honor of Herbert Spiegelberg* (The Hague: Martinus Nijhoff, 1975), pp.94–95.

3　Bernard Boelen, "Martin Heidegger as a Phenomenologis," in *Phenomenological Perspectives: Historical and Systematic Essays in Honor of Herbert Spiegelberg* (The Hague: Martinus Nijhoff, 1975), p100. 施皮格伯格：《现象学运动》，王炳文、张金言译，商务印书馆，2011，第 492 页。

一新天地之时，我们用先验现象学来臧否海德格尔思想的做法看起来似乎有些错位，甚至提出海德格尔如何超越胡塞尔以发展现象学的问题也显得不大合适。毋宁说，我们必须要面对海德格尔自己的独特思想，然后去审视其是否为现象学问题"提供了本源的答案"。这就又产生了另一麻烦的问题："现象学问题"是哪些问题？我们先把这个新的问题留待后文论述，目前仅限于看看海德格尔自己是怎么看待自己与现象学的。

海德格尔的做法令人迷惑，似乎很随性。在 1928 年之前，他将自己视为现象学运动的一员，在讲课和著作中有时通过力赞胡塞尔的见解，有时通过批评胡塞尔不够现象学，乃至"是非现象学的！"来发展现象学。从 1928 年起，他便不再用现象学来称呼自己的思想，只有在回顾性的文本中，他才会提起现象学对自己思想的积极作用，同时又用"现实性与可能性"这对词语来表达自己与现象学运动的暧昧关系。最后在生命晚期的 1973 年，他又突然提出了"不显眼者的现象学"这么一个奇异的想法。

可以将这些散乱的线索聚拢在一起的是如下问题：海德格尔为什么（一度）抛弃了现象学或"现象学"这个词？威廉·麦克尼尔（William McNeill）在其论海德格尔与现象学的著作中归纳了四种可能性：[1]

第一种可能：这种抛弃出于一些外在于思想的人事原因，尤其是海德格尔与胡塞尔的决裂。此后海德格尔依然在讲课或文稿中承认胡塞尔的重要性，但为表明自己已经与胡塞尔"切割"，故将"现象学"

1　William McNeill, *The Fate of Phenomenology* (London: Rowman&Littlefield, 2020), pp.75–78.

这个词语独独保留给胡塞尔。

第二种可能：出于内在于思想的原因，即现象学无法充分描述世界。《存在与时间》中的现象学通过揭示出用具的因缘牵连而仅仅短暂地、间接地在用具的损坏中揭示了世界，但在用具回到使用脉络之中时，世界再度隐匿了。麦克尼尔敏锐地注意到[1]，海德格尔在描述世界之"显现"时，用到了"呈报（sich melden）"一词[2]。这个词恰恰被用来描述"显象（Erscheinung）"，即那些"通过自身显现者而呈报自身"，但自身并不直接显现的东西（SZ：29）。这说明在海德格尔看来，世界并不能够成为一个严格的现象以供现象学研究。在面对世界时，现象学失败了。

第三种可能：现象学不仅没有失败，反而非常成功地揭示了事情本身，即世界之发生、存在之本然发生、自行遮蔽着的澄明。既然现象学已经在最根本的事情上成功了，则这个名字就可以抛到一边。我们可以进一步进入具体的研究之中。

第四种可能：现象学仅仅在"名义"上消失了，但本身经历了某种转化。麦克尼尔称之为"经过转化的思想可能性"。随着这个词语的消失，"方法"也被"道路"替代了。[3]"方法"这一表述仍然活动

1　William McNeill, *The Fate of Phenomenology* (London: Rowman&Littlefield, 2020), p.56.

2　例如，《存在与时间》第 16 节标题"周围世界在世内存在者上呈报出来的合世界性"（SZ：72），或"世界的不－呈报是上手之物不从其不触目状态中脱离出来的可能性条件"（SZ：75），或"……当下的周围世界对寻视的呈报……"（SZ：80）。

3　就我们所见，最初将这个想法以对比的形式明确提出来的是冯·海尔曼。请参见 Friedrich-Wilhelm von Herrmann, *Weg und Methode*, Frankfurt am Main: Vittorio Klostermann, 1990。

在"科学"的视域中。现象学是存在学，但却是"作为科学的存在学"[1]，其方法依然可能因其科学性而沦为一种"程式（Verfahren）"[2]。与之相对，"道路"是更加自由的，并且可能有许多条，乃至成为"林中迷津（Holzwege）"。要而言之，现象学因其对科学性的追求，仍难免将"思想的实事"程式化和对象化。而现象学在"名义上消失"并经过"转化"之后留存下来的是其"任让（Lassen）"功能，即"让……显现（let appear）"。因此海德格尔仍保留了现象学的核心，即对显现／现象之条件的追问。

我们以麦克尼尔的总结为起点来考察一下这几种可能性。

第一种可能性仅触及表层，因为许多意见相左、相互攻讦的思想家并没有决裂得如此难堪，并且把重大的思想分歧归于偶然的人事原因也是不可接受的。退一步说，海德格尔对胡塞尔的明嘲暗讽早在弗莱堡时期的讲课和书信中就已经开始了，这却并未使他在彼时放弃现象学的立场。诚然，这仍然可能是最为直接的原因，尤其是在胡塞尔于"现象学与人类学"演讲中对海德格尔进行不点名的批评之后。[3]

第二种可能性关注的是世界。对世界的描述确实是海德格尔哲学的过人之处，而且世界这个主题确实贯穿了海德格尔思想道路的始终。

1　《存在与时间》第七节充满了把现象学看作是"科学"的说法，以及用"科学的"来形容现象学的句子，其极致是这句话："从实事来看，现象学是关于存在者之存在的科学——存在学。"（SZ：37）

2　施皮格伯格也指出，海德格尔后期接近诗歌的思想"没有给方法留下一席之地"，对"逻辑"的批评"必然会影响到把现象学当作一种遵循研究精神对待其对象的哲学方法的看法"。参见施皮格伯格：《现象学运动》，王炳文、张金言译，商务印书馆，2011，第507页。

3　施皮格伯格：《现象学运动》，王炳文、张金言译，商务印书馆，2011，第469页。

奇特的是，在世界这个主题这里，我们面前似乎有两种截然相反的意见：按照前述麦克尼尔提出的可能性，海德格尔在认真面对世界之时，感到了现象学的局限，于是抛弃了现象学（至少是"现象学"这个词）；而按照另一位现象学家克劳斯·黑尔德（Klaus Held）的看法，世界现象恰恰是胡塞尔和海德格尔共同关注的主题。海德格尔若说对现象学有什么独特的贡献，那恰恰就是发展出了一门"世界现象学"。实际上，这两种看法并非如此不相容，它们说到底是同一个意思：面对世界现象，曾经的现象学——无论是胡塞尔式的还是早期海德格尔式的——已经不够用了，因此才需要"转化"曾经的现象学。而"转化"之后的思想，便是一种新的现象学。

现象学的转化在其"相关项"，即世界方面的表现，被黑尔德刻画为从世界的无限性转向世界的有限性。胡塞尔发现了世界的境域特性：世界是各类相互指引的关联脉络的结合。由于境域的指引特性，或者从行为方面来说，即意向活动之意向性的指引特性，我在当下对待一个事物之时"总是能够"超出当下的被给予性而指向进一步的可能。由于这种"总是能够"，指引关联是不可锁闭的，因此世界展现为无限的。无限的世界不可能完全被给予，这其实就是麦克尼尔说的"世界只能呈报出来，而不能自行显现"。海德格尔的贡献，在于揭露出这种由"总是能够"指引开去的无限的世界，植根于一种有限的可能性，即我们总已经受制于某种前意向性的世界之敞开。我们之所以"总是能够"，并非我们意愿这种能够，而是让自己顺应这种能够。不能"意愿"而只能"任让"，这意味着我们被动地受制于世界。这种被动性体现为规定着人的情调或处身性。作为被动性，它是对"意愿"和"能够"的一种反动，也是其前提。这被海德格尔称为世界的"隐匿"特性。[1]

黑尔德认为，要衡量海德格尔究竟为现象学做出了怎样的贡献，就得看他如何说明有限的世界为无限的世界奠定基础——因为世界才是现象学的真正实事。[2]海德格尔首先以使用用具的模式批评了胡塞尔的感知事物的模式，再进一步指出我们对世界的熟悉，并非对不断超越当下境域的无限世界的熟悉，而是对触手可及的有限世界的熟悉，是我们使用用具的根据所在，最终，对世界的熟悉与信赖显示出事物的"自在"：我们总已经深深相信事物自己就在那儿，可供我们使用。世界是可靠的，因此我们能够信赖它。胡塞尔式的"总是能够"的自由活动最终建基于展示出事物"自在"一面的可靠的有限境域之中。[3]

承接这一思路，海德格尔对现象学的贡献还在于发现了事物和世界的自在并不是主体活动可以揭示出来的。它们归属于另一种活动："作为发生的世界的自行克制"。以胡塞尔与早期海德格尔的方式，无论凭借感知活动还是实存活动，我们都无法恰当地面对如其本身的这个自行克制和隐匿的世界，它对主动的"活动"来说是不显现、不起眼的。如何面对这个不显眼的世界，乃是"不显眼者的现象学"的

1　请参见黑尔德：《世界现象学》，倪梁康等译，生活·读书·新知三联书店，2003。关于世界境域的不可锁闭性，请参见第 102 页。关于前意向性的世界敞开和人在其中的任让，请参见第 107 页。关于隐匿特性，请参见第 109 页。

2　请参见黑尔德：《世界现象学》，倪梁康等译，生活·读书·新知三联书店，2003，第 97、122、146、147 页。如黑尔德多次承认的，欧根·芬克早就表达过这个想法。请参见同书第 97、147 页。

3　请参见黑尔德：《世界现象学》，倪梁康等译，生活·读书·新知三联书店，2003，第 120—122 页。

课题。[1] 不过就此话题而言，黑尔德仅仅提及了《艺术作品的本源》这篇文章，他并没有详细或明确地提出通达"不显眼者"的具体可能性，麦克尼尔倒是明确提出了一种可能，即语言的诗性道说[2]。麦克尼尔的提法涉及语言使用方式的改变，即海德格尔对"λόγος"之理解的改变：《存在与时间》中的 λόγος 是"诠释学"的 λόγος，而"转向"后的 λόγος 乃是语言的诗性道说。

对麦克尼尔第二种可能性的详尽分析，已经引出了第三种可能性：如果某条诸如"世界现象学"的道路能够恰当地对待世界，那么唯一重要的是这条道路确实通向了实事本身，而这条道路叫什么名字就不太重要了。这条道路可以是匿名的（anonym）[3]。

最后，面对第四种可能性，我们必须更加细致地提问：被抛弃的"方法"是何种现象学方法？转化后的"道路"又是怎样一条道路？最终的问题是：若"方法"与"道路"不同，那两者怎么会都是"现象学的"呢？

就第一个问题而言，我们还可以继续追问：被海德格尔留在身后的"现象学方法"是一种单一的东西吗？若我们借助海德格尔自己的划分，或许可以说：海德格尔的现象学方法和胡塞尔的现象学方法是同一的（selbig），但不是相同的（gleich）。尽管存在一些貌合神离

1　请参见黑尔德：《世界现象学》，倪梁康等译，生活·读书·新知三联书店，2003，关于世界的自行克制，请参见第 128 页。关于不显眼者的现象学，请参见第 124 页。

2　William McNeill, *The Fate of Phenomenology* (London: Rowman&Littlefield), p.97.

3　Günter Figal, "Phenomenology: Heidegger after Husserl and the Greeks," in *Martin Heidegger: Key Concepts*, ed. Bret W. Davis (London: Routledge, 2010), pp.33-43.

的"相同"之处——例如海德格尔有意保留了"现象学还原"[1]这个胡塞尔独有的用词，但赋予其一个完全不同，甚至相反的解释：还原并非要给存在"加括号"，而是要将目光从存在者转向存在——海德格尔进而将现象学视为一个"方法概念"，提出所谓"形式的现象概念"和现象学的"形式上的意义"（SZ：27，31，34）。这或许就是两人最后的，也是在现象学上根本的"同一"之处。按照冯·海尔曼（Friedrich-Wilhelm von Herrmann）的说法，一旦更进一步，把这两个形式概念"去－形式化"之后，两人就分道扬镳了。[2]

让我们在"方法概念"这里稍作停留。作为方法概念的现象学就意味着无前提、无立场性，意味着仅仅接受从实事本身而来，被给予的东西。简言之，"回到/面向实事本身"。既然如此，胡塞尔对现象学方法的理解，他对现象学领域的划定，似乎并不是实事本身的一部分。这些都是已成现实的现象学。面向实事本身的现象学是"可能的现象学"，即便这意味着暂时或永久性地将创始者的"成果"看作是不属于实事的东西。因此，恰恰当海德格尔接受了胡塞尔提出的

---

1 胡塞尔的现象学还原因为与意识过于紧密的联系，一直为海德格尔所拒斥："海德格尔以前一直不愿接受胡塞尔的现象学还原，而现在（指 GA 24：《现象学之基本问题》——引者按）却把它放在首要地位。这也许是最令人感到意外的事情。但是我们必须立即注意到海德格尔的还原基本上不同于胡塞尔的还原。"请参见施皮格伯格：《现象学运动》，王炳文、张金言译，商务印书馆，2011，第 535 页。另外，玻楞对两人对还原的态度有一句妙语，说海德格尔没有像胡塞尔那样"把存在放在括号里，而是把胡塞尔放在了括号里"，或许可以算是海德格尔对胡塞尔现象学方法的"抽象继承"吧。Bernard Boelen, "Martin Heidegger as a Phenomenologis," in *Phenomenological Perspectives: Historical and Systematic Essays in Honor of Herbert Spiegelberg* (The Hague: Martinus Nijhoff, 1975), p.93.

2 Friedrich-Wilhelm von Herrmann, *Hermeneutik und Reflexion* (Frankfurt am Main: Vittorio Klostermann, 2000), p.128.

"回到 / 面向实事本身"，他也就背离了胡塞尔式的现象学。现象学既然应该是无立场的，那也就不应该预设胡塞尔的立场。[1]

在冯·海尔曼看来，这一"接受 / 背离"展现出海德格尔对胡塞尔的"继承"与"争辩"的一面，而更具海氏本人特色的一面，便是诠释学的引入。这进而体现为海德格尔提出的现象学方法的三个环节：还原，建构，解构。[2]

2. 海德格尔与现象学诸原则、现象学还原

忠实于"实事本身"是否就是忠实于现象学？许多坚持海德格尔比胡塞尔更加"现象学"的学者都给出了肯定的回答。例如上文提及的玻楞就说，既然海德格尔在《存在与时间》中以现象学为方法进行的不是人类学研究，而是意在存在之自行显现的存在学研究，那么，后期海德格尔所致力的其实是对同一"实事"的更加深入的思想，所思者仍是存在之自行显现。玻楞由此得出结论，后期海德格尔甚至比

1　Friedrich-Wilhelm von Herrmann, *Hermeneutik und Reflexion* (Frankfurt am Main: Vittorio Klostermann, 2000), pp.123–124. 冯·海尔曼将这个"接受 / 背离"称为蕴含在"回到实事本身！"原则内的两个"音调"。第一个音调即海德格尔接受了胡塞尔的原则，第二个音调看起来像是背离了胡塞尔，其实是深刻地接受了这一原则：在接受了胡塞尔原则的基础上背离了胡塞尔。除了冯·海尔曼之外，其实许多现象学者都持同样的观点，即海德格尔对胡塞尔的"背离"是"更加忠实于"胡塞尔提出的现象面向实事本身的原则。基本上，在对比胡塞尔－海德格尔框架内，这是能够顾全二人各自成就的最优解释。请参见施皮格伯格：《现象学运动》，王炳文、张金言译，商务印书馆，2011；Bernard Boelen, "Martin Heidegger as a Phenomenologis," in *Phenomenological Perspectives: Historical and Systematic Essays in Honor of Herbert Spiegelberg* (The Hague: Martinus Nijhoff, 1975), p.108。

2　Friedrich-Wilhelm von Herrmann, *Hermeneutik und Reflexion* (Frankfurt am Main: Vittorio Klostermann, 2000), p.121. 冯·海尔曼甚至将这三个环节称为"诠释学还原""诠释学建构"和"诠释学解构"。

前期海德格尔更加"现象学"。[1]这个半个世纪前的论述如今看来是过于简单了，而且也缺乏论证：成为判断是否为现象学之标准的，究竟是忠实于自行显现的"实事本身"，还是忠于实事本身的"自行显现"？

在胡塞尔的构想中，现象学可以运用在各个不同的区域之中。面对不同种类的实事，现象学亦非一成不变，但却有不可改变的原则，即直观中的自身被给予性原则。无论我们研究何种实事，均需以实事在直观中的自身被给予为准。因此对胡塞尔来说，现象学所忠实的并非某一固定实事，而是实事在直观中的自身给出或自行显现。这一"一切原则的原则"可说是将各个路向的现象学研究聚拢在一起的标准。按胡塞尔的标准，如果一个现象学家没有坚持直观原则，那么无论他忠实于何种实事，都不能算是在做现象学。

海德格尔始终拒斥直观原则。从 1919 年起，他就试图以"诠释学直观"来对抗这一原则。但海德格尔始终坚持"面向实事本身！"的原则。关于这两个原则之间的张力，法国哲学家米歇尔·昂利（Michel Henry）和让－吕克·马里翁（Jean-Luc Marion）都有过极具启发性的讨论。此外，对于现象学在法国的发展来说，"还原"也是一个重要的议题。马里翁在《还原与给予》中曾专题论述过现象学的三个还原。现象学还原和先验还原无疑是胡塞尔现象学方法的核心，而这两

1　Bernard Boelen, "Martin Heidegger as a Phenomenologis," in *Phenomenological Perspectives: Historical and Systematic Essays in Honor of Herbert Spiegelberg* (The Hague: Martinus Nijhoff, 1975), pp.111–112.

个还原，要么是被海德格尔拒斥，要么是被蓄意地加以淡化。[1] 尤其是，对于大部分研究者来说，《纯粹现象学与现象学哲学的观念》（第一卷）中的先验现象学和先验还原似乎对海德格尔根本没有什么影响。不过仍有研究者试图发掘出其中的隐秘关联。例如，吴增定提出，胡塞尔的先验还原把实事的存在问题悬置起来，将问题转化为实事的显现问题。这虽然是一种"去存在论化"和"形而上学中立化"的做法，但启发了海德格尔将存在论与现象学结合在一起并提出"存在论只有作为现象学才是可能的"的设想：实事的存在，即是实事的如何存在或自身显现。[2] 吴增定也提到，这种理解在面对海德格尔后期思想时会产生一个问题：如果在显现中包含着遮蔽，在"真"之中包含着"非真"，那么，这种意义上的实事本身已经不是"作为存在论的现象学"所能容纳的了——因为把存在还原为显现的做法尚未触及遮蔽的问题。于是，海德格尔在后期同时放弃了存在论和现象学的提法。[3]

结合上述思路，以及海德格尔本人在《现象学之基本问题》中对"现象学还原"的规定，我们可以将海德格尔对还原的理解简述为以

---

1 海德格尔公开拒斥现象学还原，因其导向了先验意识及其意向性结构，因此是回到了意识，而非回到实事本身。对于本质还原，海德格尔有意地加以淡化，因为存在问题并不是一个本质问题，存在不是一个类。然而，在基础存在学中，仍可见出此在的一些"本质特征"，即实存论格式。海德格尔对此在之实存的描述被看作是存在学研究而非人类学研究，其中就隐含着这是一种本质研究，而非事实研究的意思。请参见施皮格伯格：《现象学运动》，王炳文、张金言译，商务印书馆，2011，第 549 页。

2 请参见吴增定：《存在论为什么作为现象学才是可能的？》，《同济大学学报（社会科学版）》，2018 年第 29 卷第 3 期，第 8 页。另，为尊重作者对术语的使用，我们保留了"存在论（Ontologie）"这个译名，未改为存在学。

3 吴增定：《存在论为什么作为现象学才是可能的？》，《同济大学学报（社会科学版）》，2018 年第 29 卷第 3 期，第 11 页。

下"步骤"：从存在者到存在，再把存在问题转化为显现问题。还原由此就已经蕴含着从存在之意义向存在之真理的过渡了。

3."不显眼者的现象学"

在深受后期海德格尔思想影响的法国现象学家们眼中，"还原"从方法的角度看也是一个有争议的问题。按照一般的想法，经过还原，现象学家应该能够得到一些在方法上得到确保的"现象"，由此，现象学的科学性得到了保障。但法国现象学家所关注的现象却往往带有超越的性质。这种超越可能是"向外的"，如列维纳斯（Emmanuel Levinas）的"绝对他者"，梅洛 - 庞蒂的"不可见者"，马里翁的"呼声"，也可能是"向内的"，如昂利的"感发性生命"。诸如此类的现象似乎超出了由还原带来的科学性，使得这些人的现象学看起来不那么稳重，因此也有学者站出来提出关于"方法"的问题。

最为著名的论争是 20 世纪 90 年代初关于现象学的"神学转向"的争论。向现象学的这一发展趋向提出责难的是法国现象学者多尼米克·雅尼科（Dominique Janicaud）。他所关心的问题即是上述"方法"问题 [1]，因为在他看来，这些法国现象学家的方法已经超出了传统现象学的界限。他也不是要全盘否定这批现象学家的成果，而只是"既要将现象学保持在清晰的得到界定和设定的方法论界限之内，又要顾及理念之物和科学性的限制" [2]。换言之，要从方法层面给现象学一个说法。关于现象学"神学转向"的讨论牵涉甚广，且不属于本文论域，

1　"我们最初的疑惑是方法论上的疑惑"，请参见 Dominique Janicaud, *Phenomenology and the "theological turn": the French debate* (New York: Fordham University Press, 2000), p.32.

2　Dominique Janicaud, *Phenomenology and the "theological turn": the French debate* (New York: Fordham University Press, 2000), p.34.

不再赘述。我们提到这一争论，仅仅是因为雅尼科将这一转向的源头确定为海德格尔晚期的一个说法，即"不显眼者的现象学"。"事实上，难道能否认海德格尔的'转向'以他对神圣者的追问，以他对荷尔德林的重新阐释为前提吗？没有海德格尔的 *Kehre*，也就没有神学转向。就是这么一回事。"[1] 当海德格尔的法国追随者接过并承担起这一追问，则神学转向也就顺理成章了。这本没什么问题，但雅尼科认为，问题就出在这一做法借用了"（不显眼者的）现象学"之名，却没有行现象学之实。雅尼科对此的态度是很决然的："如果'不显眼者的现象学'不被阐释为一种退步，而是被阐释为一揽子允诺，则最为肆无忌惮的想法都是被允许的了。"[2]

晚期海德格尔多大程度上引发了现象学的"神学转向"？就此问题，我们不一定要完全认同雅尼科的意见。我们所关注的仅仅是雅尼科在提出这一论断的同时就"不显眼者的现象学"所提出的看法。他同样很决然地表明："海德格尔真的有必要提到现象学吗？他始终将自己'晚期'的思想活动呈现为现象学的吗？对这两个问题的回答只可能是否定的。"[3] 雅尼科为自己的这个判断提出了两个理由：第一个理由是，海德格尔自己也承认自己与胡塞尔现象学的差异（即他们继承了布伦塔诺不同面向的学问、对待《逻辑研究》"第六研究"的不同态度）。

1　Dominique Janicaud, *Phenomenology and the "theological turn": the French debate* (New York: Fordham University Press, 2000), p.31.

2　Dominique Janicaud, *Phenomenology and the "theological turn": the French debate* (New York: Fordham University Press, 2000), p.31.

3　Dominique Janicaud, *Phenomenology and the "theological turn": the French debate* (New York: Fordham University Press, 2000), p.29.

第二个理由是，作为"不显眼者的现象学"的同义语的"同一反复的思想"，与胡塞尔式的构成成就根本就没什么关系，并援引了另一位法国现象学者让－弗朗索瓦·库尔蒂内（Jean-Francois Courtine）的著作来支持自己的看法。[1] 我们将在本书第五章的最后部分评述雅尼科的这一判断。我们要与雅尼科争辩的一点在于，同一反复的思想真的就与现象学无关吗？

　　如另一位专论此一主题的学者杰森·阿尔维斯（Jason W. Alvis）所言，雅尼科对海德格尔的论述并非全无问题。在其论文《理解海德格尔的"不显眼者的现象学"》一文中，阿尔维斯批评雅尼科并没有充分澄清"不显眼者的现象学"到底是什么意思，甚至不正确地混淆了"不可见（unsichtbar）"和"不显眼（unscheinbar）"这两个词语，而且雅尼科也并未将这个说法在海德格尔的诸多作品中"语境化（contextualized）"。[2] 所谓"语境化"，阿尔维斯指的是将海德格尔在 1973 年讨论班中提出的说法置回其出现的语境中，这一语境即对巴门尼德的讨论。阿尔维斯认为，仅仅就 1973 年的只言片语来讨论巴门尼德是不够的，于是他另辟蹊径，借助海德格尔 1943 年讲座课——《巴门尼德》中关于"遮蔽"之为"敞开的秘密"的讨论——来澄清何谓"不显眼者"。（GA 54：93）在阿尔维斯的解释中，遮蔽作为遮蔽而显现，这既使得作为秘密的遮蔽被开启了出来，同时又保持为秘密状态，这

1　Dominique Janicaud, *Phenomenology and the "theological turn": the French debate* (New York: Fordham University Press, 2000), pp.29-30.

2　请参见 Jason W. Alvis, "Making sense of Heidegger's 'phenomenology of the inconspicuous' or inapparent," *Continental Philosophical Review*, Vol. 51(2018): 211–238. 此处为第 214 页。阿尔维斯自己提出以"inconspicuous"来译"unscheibar"，列举于此聊备一说。

种状态即是"不显眼的状态（Unscheinbarkeit）"。

阿尔维斯关注的核心文本是《巴门尼德》和《四个讨论班》中涉及巴门尼德的部分，而海德格尔对巴门尼德的讨论虽然颇具特色，却较少与一般而言的现象学有关。因此这个讨论似乎更多是关于"不显眼者"，而非"现象学"的讨论。不同于这种专注于海德格尔思想的思路，君特·菲加尔（Günter Figal）在《不显眼性》（*Unscheinbarkeit*）这部著作中试图从"不显眼性"这种"特性"出发，就一般而言的现象学进行讨论。菲加尔的讨论对本文而言颇具启发性，因为他正是将空间当作不显眼者的现象学的主题。[1]

一般来说，现象学处理的是实事和我们对实事所采取的关系（Sache und Bezugmahme）。这种关系敞开了关系所朝向的东西，然而，这种采取关系本身就需要在我们和实事之间彼此敞开的状态中才能发生。也就是说，后面这种敞开不能从实事中寻得，也不能够从我们采取关系的活动中寻得。它是一种外在性（Äußerlichkeit），但显然不是无所关联的外在，仅仅是不能从实事和采取关系的活动之中找到而已，然而，这种外在性对于二者来说却是同一个东西，二者唯有系于这同一个东西才能得到澄清。菲加尔指出，这就是空间。[2] 这种空间虽未经澄清，但显然不仅指日常意义上的空间，而且对于现象学来说，澄清这种空间本身就是一个难题。因为一般说来，我们在现象学态度下所研究的东西，本身即是我们要与之采取关系的某个东西，就此而言，现象学当然可以研究空间这个主题。然而如上所述，这空间本身就是现

1　Günter Figal, *Unscheinbarkeit* (Tübingen: Mohr Siebeck, 2015), s.4.

2　Günter Figal, *Unscheinbarkeit* (Tübingen: Mohr Siebeck, 2015), s.3.

象学的实事和对实事采取关系的前提，唯有在此空间之中，实事和关系才得以开放和敞开。菲加尔由此总结了"现象学的空间（Raum *der* Phänomenologie）"之双重意义，或者说"的"这个第二格的双重含义：从所谓"宾语第二格"的用法看，"现象学的"是"空间"的修饰词，"现象学的空间"，即现象学要研究的空间；从所谓"主语第二格"的用法看，"空间"是归属于"现象学"的，亦即"现象学底空间"，此乃现象学本身所赖以可能的空间。由于这种空间是现象学的前提，因此本身"并不是现象"。换句话说，"此空间并不像我们能与之发生关系的实事一样显现（erscheint）出来"[1]。就此而言，它是不显眼的（Unscheinbar）。尽管如此，我们却在现象或实事那里一起经验到这种空间。若有一种关于此空间的现象学，将其名之为"不显眼者的现象学"，就再合适不过了。[2]

菲加尔虽然有其自己的问题意识，但"作为空间的本源敞开"这个想法显然得自海德格尔，"不显眼者的现象学"这个构想同样来自海德格尔。不过，现象学是否能够、如何能够通达这种不显眼者，还需再作争辩。我们在本书第五章会继续处理此一问题。

（二）关于海德格尔现象学与空间思想之文献

1. 现象学与空间问题

按照菲加尔的想法，空间问题对于现象学来说是一般性的。那么，

1　Günter Figal, *Unscheinbarkeit* (Tübingen: Mohr Siebeck, 2015), s.4.

2　Günter Figal, *Unscheinbarkeit* (Tübingen: Mohr Siebeck, 2015), s.4.

现象学是否是一种空间性的思想？提出这么一个问题，或许首先就要做一些说明。空间本身当然是现象学的一个议题，而且现象学对空间问题的独特处理方式——以"生活世界"的形式来处理空间——本质性地有别于科学对空间问题的处理方式。科学将空间处理为均质的形式，其隐含的结论是处于空间之中的一切存在者都被看作是毫无差别的，或就空间特性而言是无差别的。这种不顾存在者之存在方式的做法，基本上被所有现象学家拒斥。均质空间即便是在亲近科学的现象学家看来，也是派生或被奠基的现象。

但说空间是现象学研究的一个议题，和说现象学是否是空间性的思想，有很大的区别。后一个意思是说，现象学必须基于空间问题才能得到完满充实的理解。这实际上是在声称空间问题不是现象学的一个议题，而是现象学的根本问题。现象学的根本问题往往被视为意向性问题，亦即意向性的相关性（Korrelation）问题[1]：事物的自行显现总是与接受此一显现的能力相关联。而这一相关性之所以可能，至少意味着事物和我们的能力要处在同一层次的世界之中。菲加尔在撰写《不显眼性》这部著作之前，就在别的语境中指出了一个类似而稍有不同的问题："我们接受事物之显现的能力"处身于事物之中，似乎二者处于同一层面，而这种能力本身又是事物显现的条件，似乎又比后者更具优先性。这种困难在胡塞尔、海德格尔、梅洛－庞蒂三位现象学家处都有体现。在胡塞尔看来，这一困难体现为纯粹自我和实在身体之间的区别：具有感知能力的实在身体处身于物体之间，而纯粹

---

1 请参见胡塞尔：《欧洲科学的危机与超越论的现象学》，王炳文译，商务印书馆，2001，第 202 页注释 1。

自我却不处身于有形物体之间。在海德格尔看来，这一困难体现为作为展开状态的此在和具有此在特性的存在者之间的区别：此在作为一个存在者，生存于世界中的事物之间，而此在之为展开状态，则不是世界中的一员，而是世界能够被理解的条件。在梅洛－庞蒂看来，这一困难迫使他将两个层次拉到一个层次上：被感知的世界，就具有感知者，即此在之展开状态的特性。因此最终梅洛－庞蒂将不得不得出结论：被感知的事物也在感知。[1] 总之，菲加尔认为诸位现象学家都致力于解决相关性问题所带来的困难，而他们的讨论，质言之，乃是关于展开状态和敞开域的讨论——关于空间的讨论。空间成为基本的现象学概念，规定了现象学本身的可能性。最接近这种理解的，就是《乡间路上的谈话》中海德格尔的观点。他将敞开域思为"Gegnet"（地域），这一地域不是我们开抛出来的，反而我们是被允许、被任让进去的。不过在菲加尔看来，可惜的是海德格尔没有进一步言说此一地域，没有言说我们能够有何种可能性来经验此一地域。[2]

2. 海德格尔论空间问题

对地域的思考主要见于《乡间路上的谈话》，但海德格尔不仅是只在这个文本中才专题论及了空间问题，这个问题从其思想的开端就陪伴着他，直到最后。尽管扛鼎之作名为《存在与时间》，但时间问题反而并未一直伴随着海德格尔，更未一直占据其思想的"奠基性"的地位。空间问题虽然在早期受制于时间问题，但却始终以明确或不

---

1 Günter Figal, "Spatical Thinking," *Research in Phenomenology*, 39, no.3(2009): 335-337.
2 Günter Figal, "Spatical Thinking," *Research in Phenomenology*, 39, no.3(2009): 338. 进一步对《乡间路上的谈话》的讨论，请参见本书第三章第二节。

明确的方式运作于海德格尔思想中，并逐渐获得愈发重要的地位，甚至影响了海德格尔的思想方式。[1]

下面我们大致根据海德格尔对空间的不同态度，将海德格尔的"空间思想"粗略划分为三个阶段：第一阶段包括《存在与时间》成书前后，这时海德格尔基本上是把空间处理为人的生活世界，即依赖于人的实存活动的空间。第二阶段从 20 世纪 30 年代起至"二战"结束，以《哲学论稿》系列为代表，此时海德格尔对空间做了较为"抽象"的理解。相应地，他把"此在"改写为"此－在"，并明确地把空间问题与真理问题关联起来，使空间问题（和时间问题一起）获得了一种本源性。第三阶段指"二战"之后，海德格尔此时对空间的理解既保有第二阶段的本源性，又再次回到了具体的领域中，开始讨论一些具体的问题，如物、居住、艺术等问题，但和第一阶段的区别在于，这种得到具体化的空间理解再不是以人的实存活动为中心的了。

关于海德格尔与空间问题的文献，若将话题收紧到严格的空间问题上，如对空间规定的讨论，从空间哲学出发的讨论，等等，则相关的讨论从量上看虽不太多，但都颇具启发性，而且有跨学科的倾向。

最先以课题方式讨论这一话题的应当是学者约瑟夫·菲尔（Joseph Fell）。在其著作《海德格尔与萨特：论存在与位置》[2]一书中，菲尔首先将"位置（place）"这个主题在海德格尔思想中专题化了。不过

---

1 即所谓"地形式的（topological）"思想方式。杰夫·马尔帕斯对此有独到见解，请参见 Jeff Malpas, *Heidegger's Topology: Being, Place, World* (Cambridge, The MIT Press, 2006), p.2. 我们在后文第四章还会详论这一点。

2 Joseph P. Fell, *Heidegger and Sartre: An Essay on Being and Place* (New York: Columbia University Press, 1979).

由于该著作是一个对比性的考察，而且其对位置的理解依赖于对"在世界中存在"的理解，从而并未激起进一步的讨论。该著作较早的出版时间（1979 年）也使得它无法利用一些晚出的著作，如全集第 15 卷中的《四个讨论班》和全集第 77 卷《乡间路上的谈话》。

真正凸显出海德格尔空间思想之独特性的著作，是美国现象学家爱德华·凯西（Edward Casey）的巨著《位置的命运》[1]。这部著作从远古的创世神话中透露出来的对空间的哲学性理解开始，一直论述到了当代哲学［如让－吕克·南希（Jean-Luc Nancy）和露西·伊利格瑞（Luce Irigaray）］对空间问题的发展。除了详尽论述了哲学史上诸位知名（如柏拉图、亚里士多德、布鲁诺、笛卡尔、康德、胡塞尔、海德格尔等）和不知名［如辛普利丘（Simplicius）、菲洛波努斯（Philoponus）等］思想家的空间思想外，更为特别的是，该书的结构本身就是从海德格尔对空间问题的理解出发的：人们对空间的认识从特殊的位置出发，逐渐有了抽象空间的观念，又逐渐回归到具体位置。这本来并非多么诡谲的思路，例如，科学史家亚历山大·柯瓦雷（Alexandre Koyré）在 1957 年就已经详尽论述过《从封闭世界到无限宇宙》的观念转变了。不过柯瓦雷只讲述了空间故事的一小段：库萨的尼古拉（Nicholaus von Kues）之前、莱布尼茨（Gottfried Wilhelm Leibniz）之后的故事都付诸阙如。凯西的著作从论述的广度和哲学深度看，都超过柯瓦雷的著作。不过至关重要的是，柯瓦雷和凯西都同出现象学一脉，现象学对空间问题的独特进路在他们身上都留下了痕

1　Edward Casey, *The Fate of Place: A Philosophical History* (Berkeley: University of California Press, 1997).

迹。凯西在是书之外还著有《回归位置》[1]，该书展现了凯西糅合现象学各支对空间问题的处理，从感知、想象、建筑视角，还包括心理学等角度，综合处理了《位置的命运》从哲学史角度展现出来的对位置与空间的思考。由于凯西的论述非常重要，我们在后文具体讨论中将详细列举其观点并作出我们自己的回应，故此处不赘述。

另一位正当年的空间哲学家是澳大利亚学者杰夫·马尔帕斯（Jeff Malpas）。若专就现象学领域内的海德格尔思想研究来说，迄今为止，马尔帕斯的专著《存在的地形学》[2]几乎已经讨论了海德格尔空间思想的方方面面。尽管马尔帕斯对海德格尔各时期空间思想都有了详尽论述，但我们以为，他对地形学作为一种思想方式的强调，终于揭露出打开海德格尔空间思想的钥匙。具体的讨论同样请参见后文。这里我们仅指出马尔帕斯与凯西不同的一点是，他对空间问题的见解不只出自现象学视角，而是也受到了分析哲学传统的形塑——马尔帕斯本人也是戴维森（Donald Davidson）的研究者。除《存在的地形学》外，马尔帕斯关于海德格尔的论文还结集为《海德格尔与关于位置的思想》《在位置的光亮中》[3]。他还编有《先验海德格尔》[4]一书，展示出诸多欧陆哲学研究者对海德格尔思想中先验因素的观点。马尔帕斯同时也

1 Edward Casey, *Getting Back into Place: Toward a Renewed Understanding of the Place-World* (Bloomington: Indiana University Press, 2009).

2 Jeff Malpas, *Heidegger's Topology: Being, Place, World* (Cambridge: The MIT Press, 2006).

3 Jeff Malpas, *Heidegger and the Thinking of Place* (Cambridge: The MIT Press, 2012); Jeff Malpas, *In the brightness of place: topological thinking in and after Heidegger* (Albany: The State University of New York Press, 2022).

4 Steven Crowell and Jeff Malpas (eds.), *Transcendental Heidegger* (Stanford: Stanford University Press, 2007).

是一位深谙建筑学的学者，他还出版了一本从海德格尔思想观看建筑的著作《重思居住：海德格尔、位置、建筑》[1]。

凯西和马尔帕斯的海德格尔研究已经足够丰富，而智利裔学者亚历杭德罗·瓦莱加（Alejandro A. Vallega）的优势在于拥有一个足够独特的视角：流亡。在其著作《海德格尔与空间问题：基于流亡的思想》[2]中，他的线索是作为一种异在（alterity）的空间经验的流亡，显示出其深受列维纳斯、德里达（Jacques Derrida）一系的影响。

上述几个研究都是专论海德格尔与空间问题的。此外，还有不少优秀的研究顺带论及了海德格尔的空间思想。例如，冯·海尔曼的学生科里安多（Paola-Ludovica Coriando）在其著作《作为开端的最后之神》[3]中基本上遵照了其师的解释框架——"存在历史性思想"——解读了《哲学论稿》中的时间－空间问题。这种解释路径对着眼于《哲学论稿》整体的解读来说算是一条"缺省路径"。[4]这一进路的解释虽然颇为"正统"，但是像凯西和马尔帕斯这样的学者都没有专题讨论过《哲学论稿》这一阶段的空间思想，仅仅都将之一带而过。科里安多的著作较早对《哲学论稿》中的空间问题进行了专题研究，因而也是重要的参考。

1　Jeff Malpas, *Rethinking Dwelling: Heidegger, Place, Architecture* (London: Bloomsbury, 2021).

2　Alejandro A. Vallega, *Heidegger and the Issue of Space: Thinking on Exilic Grounds* (Pennsylvania: The Pennsylvania State University Press, 2003).

3　Paola-Ludovica Coriando, *Der letzte Gott als Anfang* (München: Wilhelm Fink, 1998).

4　请参见理查德·波尔特（Richard Polt）和丹尼埃拉·瓦莱加－诺伊（Daniela Vallega-Neu）各自对《哲学论稿》的整体性研究。波尔特：《存在的急迫：论海德格尔的〈对哲学的献文〉》，张志和译，上海书店出版社，2009；Daniela Vallega-Neu, *Heidegger's Contributions to Philosophy: An Introduction* (Indiana University Press, 2003).

马尔帕斯没有将《哲学论稿》成书时期看作一个独立的阶段，而是看作海德格尔后期思想的"真正开端"。[1] 他有哲学上的理由，其中一个理由是，后期空间思想中至关重要的四重整体之运作结构，即本有事件，已经体现和出现在了《哲学论稿》和"艺术作品的本源"中。[2] 这当然是正确的。但《哲学论稿》中显然还有一些独特的想法，如"时间－空间"的"时机之所"，"离基深渊"，再如"移离－迷移结构"等。因此，我们希望在前人工作的基础上进一步丰富这条解释路径。请参见本书第三章。

在国内学界，专题论述《哲学论稿》中空间问题的学者并不多，就我们有限的所见，有孙周兴[3]和柯小刚[4]。虽然也有些专论海德格尔空间思想的学位论文，如曾静和张浩军的硕士论文[5]，但这两篇论文均没有展开讨论这一阶段的空间问题。此外，国内外尚有不少学者零星论及这一阶段的空间思想，有的论文也很重要，如约翰·萨利斯（John Sallis）的两篇论文[6]。

1　Jeff Malpas, *Heidegger's Topology: Being, Place, World* (Cambridge: The MIT Press, 2006), p.219.

2　Jeff Malpas, *Heidegger's Topology: Being, Place, World* (Cambridge: The MIT Press, 2006), pp.225-228. 马尔帕斯主要利用了《哲学论稿》第 190 节的图示（GA 65：310）。

3　请参见孙周兴，《创造性时机与当代艺术的思想基础》，载《以创造抵御平庸：艺术现象学讲演录》，商务印书馆，2019，第 152—166 页；孙周兴，《圆性时间与实性空间》，载《人类世的哲学》，商务印书馆，2020，第 189—216 页。

4　请参见柯小刚，《时间、存在与精神》，商务印书馆，2019。是书为《海德格尔与黑格尔时间思想比较研究》的修订版，后者由同济大学出版社于 2004 年出版。

5　请参见曾静，《海德格尔空间思想研究》，硕士学位论文，同济大学哲学系，2004；张浩军，《论海德格尔〈存在与时间〉中的空间观念》，硕士学位论文，中国人民大学哲学系，2005。

6　John Sallis, "Grounders of the Abyss", *Companion to Heidegger's Contributions to philosophy* (Bloomington: Indiana University Press, 2001); John Sallis, "The Negativity of Time-Space", *Elemental Discourses* (Bloomington: Indiana University Press, 2018).

需要指出的是，海德格尔在这一阶段提出了一个重要的空间话题：家园（Heimat）。然而，家园之为空间问题，实在已经超出了严格意义上的空间理解。这个话题来自海德格尔对荷尔德林的解读，因而广义地归属于空间问题。但后来海德格尔又再度把这个话题收紧，联系居住、建筑等议题来展开讨论。这使得我们不能够把家园主题排除在讨论之外，反而要求我们澄清其在何种意义上是一个空间问题。对家园主题的讨论可以延伸开来，尤其是其具有的政治意涵，这稍稍偏离了我们的主题，因此只能点到为止。就此而言，查尔斯·巴姆巴赫（Charles Bambach）的著作《海德格尔的根》在第一章就论述了地缘政治视角下的家园问题。

与"家园"主题类似，"切近"也是一个源出于空间问题，但又不限于空间问题的主题。德国学者埃米尔·凯特林（Emil Kettering）著有同名著作：《切近：马丁·海德格尔的思想》[1]。从书名即可看出，凯特林并非专题研究空间问题，而是以"切近"为线索，对海德格尔思想进行通盘研究。其中既涉及我们关心的存有之地形学、居住、时间－游戏－空间等问题，也涉及更广义的作诗、语言等话题。

海德格尔对这些广义空间问题的讨论都出现在"二战"之后。若仅就居住主题而言，新西兰学者朱丽安·扬（Julian Young）的著作《海德格尔晚期哲学》[2]中有详细论述。如果要将人之居住与四重整体当作彼此需要的一个整体现象来研究，而且要分别涉及人、物、四方中的每一方的内涵的话，安朱·米切尔（Andrew Mitchell）的著作《四重

---

[1] Emil Kettering, *NÄHE: Das Denken Martin Heideggers* (Pfullingen: Neske, 1987).

[2] 请参见 Julian Young, *Heidegger's Later Philosophy* (Cambridge University Press, 2002), 第4、7章。

整体》[1] 是目前最为完整和详尽的一个研究。

米切尔还著有目前可见的唯一一本关于海德格尔与雕塑艺术的著作《在雕塑家中间的海德格尔》[2]。该书总体上将海德格尔对空间的理解解读为一种"关联"，并且认为海德格尔晚期对空间问题的理解是要纠正《存在与时间》中空间观偏向主体主义的倾向。就此问题，书评者弗朗索瓦·拉弗勒（Francois Raffoul）已经指出，米切尔的这种从主体主义到关联主义的空间理解是粗疏的，《存在与时间》中的空间观并不是主体主义的。[3] 无论如何，米切尔此书的重要价值在于首次将海德格尔文本中涉及雕塑的内容搜集起来，并且对相关的雕塑作品做了具体、细致的解读。不脱离作品地讨论解读，这颇具有现象学"面向实事本身"的精神。

除了这些常常被人阅读、引用的著作外，关于海德格尔与空间问题还有一部容易被忽略的著作，即英国学者斯图尔特·埃尔登（Stuart Elden）的《度量当下：海德格尔、福柯与一种空间性历史的规划》[4]。其特别之处在于，埃尔登是一位政治学学者，他在该著作中关心的问题是"空间与历史之关系"这个一般性的问题。[5] 与我们将于第二章末

1　Andrew Mitchell, *The Fourfold: Reading the Late Heidegger* (Evanston: Northwestern University Press, 2015).

2　Andrew Mitchell, *Heidegger Among the Sculptors* (Stanford: Stanford University Press, 2010).

3　François Raffoul, "The event of Space", in *Gatherings: The Heidegger Circle Annual*, Vol. 2, 2012, pp.97-101.

4　Stuart Elden, *Mapping the Present: Heidegger, Foucault and the Project of a Spatial History* (London: Continuum, 2001).

5　Stuart Elden, *Mapping the Present: Heidegger, Foucault and the Project of a Spatial History* (London: Continuum, 2001), p.2.

尾讨论的和辻哲郎对海德格尔的批评一样，埃尔登基于不同的学科背景得出了同样的结论，即"我们要将历史与空间思想视为共属的：我们既要去历史化空间，也要去空间化历史"[1]。埃尔登著作的另一特点是其所动用的来自福柯的资源，如福柯在讨论权力在全景敞视监狱中的空间化运作等案例时，凸显出来的关于空间与位置的思考。埃尔登从空间与历史问题出发把海德格尔与福柯放在一起讨论，诚然是一次激发思想的尝试，不过这些思考与本文关心的问题有一定距离。

三、本书结构

基于目前基本上已经出齐的海德格尔全集，我们可以看到，空间问题从未获得详尽的课题性的探讨。与全集的体量相比、与海德格尔讨论其他核心问题的篇幅相比，讨论空间问题的篇幅简直是沧海一粟。倘若我们进一步考虑到，在海德格尔的时代乃至我们当前的时代，空间问题常常在知识论视角下与主体问题交织在一起[2]，也经常被当成一个科学问题来加以讨论[3]，那么我们甚至还会问，空间问题是否应当在

1　Stuart Elden, *Mapping the Present: Heidegger, Foucault and the Project of a Spatial History* (London: Continuum, 2001), p.3.

2　在笛卡尔开启的近代哲学中尤为如此。深深影响了海德格尔的康德、新康德主义哲学家还有胡塞尔均在知识论视角下将空间和主体放到一起来讨论。

3　科学家们一直以来都保持着对空间的根本兴趣。在海德格尔时代，爱因斯坦相对论最为猛烈地改变了人们对空间的理解。相对论的影响也波及当时的哲学界，例如海德格尔的论敌、新康德主义哲学家卡西尔曾专门著书讨论相对论。甚至在一向反对还原主义的现象学领域内，也出现了一些亲近科学思维的空间讨论。

海德格尔这里获得课题性的探讨。毕竟海德格尔集中批判的正是狭义地将哲学理解为知识论的做法，正是主体主义，正是处处横行的科学－技术的姿态。

但海德格尔确实赋予空间问题以独特的位置。据学者说，海德格尔难得明确对《存在与时间》做出的修正中，就涉及时间与空间之关系。[1] 海德格尔是不轻易"认错"的。他往往通过巧妙的自我阐释而消解其漫长思想道路上的思想张力。例如，通过将此在之"此"阐释为"澄明"，然后再将后者阐释为"敞开域"，这样一来基础存在学的主体主义倾向就得到一定程度的化解。时间与空间之关系能逼迫海德格尔做出修正，起码说明海德格尔确实在这里洞见到了关系重大的问题。

不仅如此，海德格尔每每在行文要害处突然提出一些空间性的词语来命名他所讨论的本源实事：在讨论真理时提出"敞开域（das Offene）"，在讨论诗人作诗的尺度时提出"维度（die Dimension）"，在讨论事物时提出"切近（die Nähe）"，在讨论诗歌时提出"位置（der Ort）"，在讨论阿那克西曼德箴言的关键词"ἐόντα（存在者）"时提出"场所（die Gegend）"，讨论"δίκη（正义）"时提出"裂隙（die Fuge）"和"之间（das Zwischen）"，在讨论壶与雕塑时提出"空无（die

---

1　海德格尔的修正，请参见《时间与存在》（1964 年）（GA 14）。参见 Edward Casey, *The Fate of Place: A Philosophical History* (Berkeley: University of California Press, 1997), p.256："海德格尔做出了一个罕见的回撤姿态。"亦参见王珏：《身体的位置：海德格尔空间思想演进的存在论解析》，《世界哲学》，2018 年第 6 期，第 114 页。"这里也是海德格尔唯一一次明确承认他的思想发生关键转折的地方，对理解海德格尔思想发展而言意义重大。"

Leere）"，如此等等，不胜枚举。[1]

我们认为，确实有理由以空间问题为线索来度量（durchmessen）海德格尔的核心思想文本，澄清空间问题在其中扮演了什么样的角色，并权衡其重要性。而更有意义的工作乃是考察海德格尔思想中空间问题究竟为我们理解思想的实事敞开了何种可能性空间。

海德格尔直接谈论空间问题的地方并不是很多，而且分散于各处，将之一一罗列然后进行归纳总结的做法实在太过机械，有违海德格尔思想的初衷。因此，我们采取的方法是以几个基本问题域为出发点，考察与之关涉的海德格尔文本。对基本问题域的选取，大体上依照海德格尔思想发展的顺序，它们各自侧重于不同的空间问题。从前一个方面说，本书兼及海德格尔思想发展的三个阶段；从后一个方面说，本书会涉及身体、时间、存在、居住、技术、艺术等问题。在此基础上，本书分为如下部分：

第一章"绪论"引入问题，回顾研究现状，介绍本书基本框架。

第二章"《存在与时间》前后的空间问题"关心的是《存在与时间》中对空间的处理。本章不会详尽重述其中的内容[2]，仅作一概述，并讨论一些海德格尔在该书中用于讨论空间问题的词语，在术语方面为后

---

1 依我们在此提及的顺序，请参见："论真理的本质"（GA 9），"人诗意地居住"（GA 7），"论人道主义的信"（GA 9），"诗歌中的语言"（GA 12），"阿那克西曼德之箴言"（GA 5），"物"（GA 7）。

2 对此部分内容的叙述、重构和批评，诸多海德格尔研究者已经贡献了大量成果。甚至可以说，对海德格尔空间思想的讨论大部分都集中于《存在与时间》的空间问题，尤其涉及空间与世界的关系（第18节）和实存空间与笛卡尔式空间的关系（第22—24节）。而对海德格尔空间思想的批评，也大多集中于《存在与时间》中缺乏身体维度，或将空间奠基于时间之做法的失败（第71节）。详见本书第二章。

文做铺垫。而后讨论该书中空间与时间的关系，揭露该书处理这一关系的做法可能蕴含哪些困难，正是这些困难使得海德格尔转向以别的方式——如提出"时间－空间"这样的说法——来讨论空间问题。

第三章"过渡时期的空间思想"承接海德格尔早期讨论空间问题留下的疑难。从 20 世纪 30 年代以来，海德格尔一反《存在与时间》中的做法，不再关心实存或生活空间，也不再把时间和空间分开来讨论，而突然开始讨论一种极其"抽象"和"空洞"的"时间－空间"。本章前半部分将结合《哲学论稿》的内容来解释该书中关于"时间－空间"的一些想法，并展示出海德格尔这一奇怪做法的背后实际暗藏着一个动机：将时间－空间联系于本源问题之上，着眼于本源性的存在问题来讨论时间－空间。本章的后半部分讨论《乡间路上的谈话》中的第一个谈话。在这个作于 20 世纪 40 年代的文本中，海德格尔首次确定了后期讨论空间问题的格局、关键问题和词语。格局，指的是海德格尔在与本源有关的空间问题中分解出两个面向（人和物）；关键问题，指该文本将一系列后期海德格尔关心的问题（如思想的本质、技术问题、泰然任之、物等）放到了同一个涉及空间的语境中进行讨论；词语，指的是该文本中处于核心地位的一系列与"Gegnet"有关的词语。总括而言，这一阶段海德格尔从两个方面推进了有关讨论：第一，把空间问题和存在问题连接了起来；第二，确定了后来从空间问题讨论存在问题的方式。

第四章"居住与空间"从空间问题来看晚期海德格尔有关居住与技术的讨论。科学和技术加剧了空间的同质化和抽象化，使得家园、乡土被计算性思维所宰制，把失去了家乡的人们变成了无家可归的人。这种无家可归的状态是人类的不幸。本来人类的幸与不幸是伦理学关心的问题，但海德格尔却不止步于此。他不关心伦理学的问题，而是提出了所谓"本源的伦理学"。这种伦理学依据希腊意义上的"伦理"，讨论的是"Ethos"，亦即居住和居留之所的问题，而涉及人的居住和居留之所的问题乃是一个空间问题。在这个意义上，本源的伦理学又把空间问题带回到人类生活的世界中。但与《存在与时间》时期不同的是，此时海德格尔的思想已由中期阶段过渡到晚期，得以从更广阔、更本源的视域——"本有事件"出发，通过讨论如何应对技术带来的危险，试图追问技术时代的人类如何于世界中居住的问题。

第五章"艺术与空间"则是第四章的一个"反面"，从与技术同属"τέχνη（技艺）"的艺术问题入手，讨论海德格尔晚期的空间思想。相应于技术宰制空间所带来的危险，艺术对空间的解放或许滋生出拯救。本章讨论的核心是雕塑作品和作为物的"壶"。本章首先呈现出海德格尔有关雕塑艺术、雕塑作品和空间的思考，然后说明海德格尔此前对物的讨论与此时对雕塑作品的讨论实乃一脉相承：一方面，都是针对技术对世界的损害；另一方面，都是以其中的空间因素为核心。这一空间因素指的是"壶"的空无与雕塑作品的空无。我们进而指出，空无这个主题最初很可能来自海德格尔对《老子》的解读。他试图将自己的某些想法，如存在学差异，融入对东方思想的理解之中。而空无问题，就是存在学差异的载体。存在学差异后来以二重性的面目再度出现于海德格尔晚期思想中。为显明二重性这一主题，我们试图解析海德格尔对塞尚画作的解读。借助约翰·萨利斯对塞尚画作的艺术哲学研究，从画作中的空间因素出发，说明海德格尔对塞尚的解读与对《老子》的解读有异曲同工之处：都是借某种空间因素（这次不是空无，而是画作中的笔触、色彩和线条等空间配置）来承载不显眼的本源运作，即二重性与纯一性之合一。在此意义上，空间不仅是本源运作的一个因素，而且还是使得本源运作显现出来的必要因素。在此意义上，海德格尔晚期才能谈论一种"不显眼者的现象学"，即不显眼的本源运作通过种种艺术中的空间配置而让我们有所经验。

第六章"结语"承接上一章而来。"不显眼者的现象学"不仅被看作本源意义上的现象学，而且被等同于海德格尔的另一个提法"同一反复的思想"。我们试图根据海德格尔晚期思想的只言片语来诠释这个说法，并为海德格尔做一辩护："同一反复"并不是一个弱点和缺点，仿佛海德格尔无论谈及什么，最后都要回到玄奥的存在问题，实情并非如此。我们恰恰愿意将这个指责颠倒过来：海德格尔思想的奇特之处，就在于能够把同一的存在问题展开为不同的问题，就本文主题而言，就是展开为涉及空间的不同主题，如居住、艺术、技术等，从而显出"不显眼的本源运作的丰富性"。

对于凯西和马尔帕斯后来论述的海德格尔与空间问题，我们显然不能完全承袭他们的做法。因此，我们在本书中试图作出些许推进：第一，在讨论海德格尔晚期思想时，将空间问题和现象学问题结合起来；第二，对海德格尔生前未出版的 20 世纪 30 至 40 年代的作品中的空间问题做一些整理和讨论；第三，将海德格尔对《老子》的解读也纳入到空间问题域中，并将由此而来的关于"物"和"雕塑作品"的讨论均视为一个整体；第四，严肃对待海德格尔的塞尚解读，借助其中的空间问题来解释不显眼者的现象学之为"现象学"。

第二章　《存在与时间》前后的空间思想

在《存在与时间》这本著作出版和相关计划（即与此相关的几个讲座课）实施之前，海德格尔较少专题性地谈论空间问题，但在偶尔谈及之时，其处理方式已经非常类似《存在与时间》中的做法了。这些早期的谈论还透露出一个倾向，即海德格尔区分了自然科学脉络中的空间和属于生命、属于人生此在的空间。本章第一节即聚焦于这些早期谈论。不过此时海德格尔显然更关心时间问题。毕竟根据海德格尔晚年自述，他从亚里士多德那里洞察到存在具有的是一种时间特性，而非空间特性。[1]（GA 11：157）这个重视时间性，甚至归空间性于时间性的思路贯穿于《存在与时间》之中，早已广为人知。

《存在与时间》对空间问题的讨论已经被很多学者透彻研究过了[2]，因此我们不再详细展开有关内容，仅做一概述，为后面的讨论提供基础。在本章第二节中，我们首先提供一个简要的概述，这个概述重构了《存在与时间》中的空间图景和处理空间问题的思路。此外，我们还会详细讨论海德格尔使用的空间词汇。除了它们能够表明海德格尔此一阶段的空间思想外，还因为有的词语被海德格尔保留了下来

1　非常奇特的是，晚期的海德格尔似乎更加愿意书写存在、存有、本有等本源运作的空间特性。请参见本书第五章的相关讨论。

2　请参见 Edward Casey, *The Fate of Place: A Philosophical History* (Berkeley: University of California Press, 1997), pp.244-259; Hubert Dreyfus, *Being-in-the-World: A Commentary on Heidegger's Being and Time, Division I* (Cambridge: MIT Press, 1991), pp.128-140.

并在后来被他赋予了更加重大的意义。在本章第三节中，我们会分析一些有代表性的海德格尔研究者的见解。这些见解表明，学者们对海德格尔此一阶段的空间思想达成很大的共识，也有尖锐的分歧。共识在于人们对《存在与时间》中空间思想的理解基本上达成了一致，分歧则在于这种空间思想对《存在与时间》意味着什么。最后，本章第四节会讨论日本哲学家和辻哲郎对海德格尔的批评。这个批评的特殊之处在于以空间问题为本源问题，针锋相对地批评海德格尔以时间性为本源问题的做法。但这个批评在我们看来也不够成功，它的失败（连同《存在与时间》计划的失败）表明：只要从人出发，无论是着眼于人的时间性还是空间性，都不可能真正处理好存在问题。海德格尔之"转向"即便从时间－空间问题上来看，也是必然的，也只有从这个角度看，我们才能理解海德格尔后来提出的"时间－空间"这类似乎"非常不科学"的表述。

我们在本章中并不是要完备地研究《存在与时间》的空间思想，我们仅仅想要描述清楚海德格尔空间思想的出发点，提出一些尚处于萌芽之中，但后来被海德格尔展开的问题。其中有的问题在《存在与时间》中没有获得恰当的处理，某种程度上促使海德格尔进行了"转向"。

一、《存在与时间》之前的空间思想

在本节中，我们将对写于《存在与时间》之前，准确说是写于1919年标志性的"战时紧迫时期"之前的《早期著作》中的空间思想稍作概述，以显明这一时期的空间思想与《存在与时间》的联系。

海德格尔在学生时代便熟读胡塞尔的《逻辑研究》，因此他最初便接受了胡塞尔对心理主义的批评。此批评的要点即事实与理念的区分，即"逻辑事物的现实性方式"与"时空中实存的现实性方式"之区分。在海德格尔博士论文中一个讨论否定词"非 / 无（nicht）"的段落里，海德格尔分别讨论了否定词对这两类存在者起效的方式：对于事实性事物来说，"如若一个实在的对象不实存，那就恰好取消了任何实存"，而对于逻辑事物而言，"与此相反，'无效（Nicht-Gelten）'很可能是一种有效"（GA 1：184）。显然，此时支配着海德格尔运思的区分方式是胡塞尔式的和洛采式的：关心不同种类存在者之显现方式，采纳了"存在就是起效"的见解。而其中透露出来的时空观仍是日常的、科学式的时空观——实存就是在时空中实存，而时空中的实存，在胡塞尔看来，属于超越于意识的领域。

几年后在教职论文中，海德格尔再度讨论了逻辑事物与空间的关系。他谈起了一种奇特的"逻辑位置（logischer Ort）"。在这里，海德格尔在逻辑位置和空间位置之间做了一个类比，他认为逻辑事物就像空间事物一样，归属于某种秩序中，这种秩序乃是由种种位置构成的一个关联总体："每一个位置都奠基于空间规定，而这种规定，作为秩序，其自身又只有以一种关联体系为根据时才是可能的。在逻辑的意义上，位置同样是以秩序为根据的。他们所说的逻辑位置，其意为以某种方式契合于某种关系整体。"（GA 1：212）同样，我们并不关注此处对逻辑事物的论说，而是关心其中隐隐透露出的，此时海德格尔对空间的理解：空间是一个由种种位置构成的、彼此关联的、具有某种秩序的"关联体系（Bezugssystems）"或"关联总体

（Beziehungsganzes）"。显而易见，把空间理解为这样一个关系总体，虽说还带有莱布尼茨式空间观的特征[1]，但同时也昭示着《存在与时间》的做法，即将空间、世界理解为一个由关系构成的系统或总体。并非偶然的是，就在下一页海德格尔果然提到了"周围世界"。（GA 1：213）

按照后来《存在与时间》的说法，处于此在周围世界中的事物与此在有一种"因缘牵连"，即能够为此在所用，用来做某些事情。这个想法同样也出现在教职论文之中。海德格尔仍以胡塞尔的语言说：所有在我的体验中出现的与我"相对"的东西都和我具有某种关联。非常特别的是，海德格尔为这种"相对"的关联情形赋予了一个特别的名称："Bewandtnis（因缘牵连）"（GA 1：223）。与我相对的事物和我之间的牵连并非"空间上的疏远和邻近"。也就是说，一个事物与我"更有关系"或"更没有关系"，更切近还是更疏远，说的并非空间意义上、可以测量的那种近和远。海德格尔此时没有进一步主张这种特殊意义的近和远乃是对生命和实存活动来说的近和远，亦即《存在与时间》中的此在的空间性。他这时采取了一种将近与远还原到意识活动的策略："这种'相对'是一种借用自然现实的表达，这种表达被用来标志清晰意识的那种非感性的关系。"（GA 1：223）也就是说，与我"相对"的被体验到的东西和我处于非感性的意识关系中，而与我更有关系的被我体验到的对象，被我更清晰地意识到。

1　具体说，空间规定之为一种"秩序"，这种想法表自莱布尼茨，请参见莱布尼茨致克拉克的第三封信的第 4 点，载于《莱布尼茨与克拉克论战书信集》（商务印书馆，1996，第 18、66 页）。本书第三章也讨论到了海德格尔对莱布尼茨空间观的评价。

因缘牵连意义上的远近关系，没有被解释为着眼于人之实存活动和空间性的远近，而是被解释为意识的清晰程度——然而，因缘牵连之远近和可以被测量的距离之远近已经得到了区分。若以海德格尔后来使用过的例子"眼镜"为例，则可以说，我们若透过眼镜去看街对面的友人，则眼镜尽管从测量距离上说比友人更接近我们，但友人却更为切近：因为按照意识的清晰程度来解释，我们的注意力更为清晰地指向了友人，而没有指向眼镜。而且说到底，如果我们不将意识看作一个主观的、封闭的领域，那么"意识的清晰程度"就很容易被改写为"与世界中事物的远近程度"。

从以上所引的几处文字可以清楚看出，在这一时期，海德格尔已经逐渐能够区分开科学可测量意义上的空间与由关系和因缘牵连构成的关联总体。后面这种关联总体已经具备了《存在与时间》中描述的世界与空间的种种特性：由"与我有关"的关系构成，其存在方式不是通常意义上的空间内的实存。我们这里所做的虽然是事后"从后往前"的考察，但不可否认，《存在与时间》中特有的空间观此时已初具雏形。

二、《存在与时间》中的空间思想概述

《存在与时间》中有两个部分明确以空间问题为主题：第一个部分是第 22 至 24 节，讲到了世内事物和此在的空间性；第二个部分是第 70 节，将此在的空间性归结于时间性。

《存在与时间》中关于空间的说法依赖于一个核心区分：人之此在

和世内存在者的区分，或者说二者之存在方式的区分。像是日常所言"某个东西在什么位置上""某个东西在世界内的空间中"，指的都是世内存在者的客观在场，归根结底是一种范畴描述。把空间视为一个范畴的传统可以回溯到亚里士多德那里。[1] 空间之为范畴（κατηγορία），乃是描述（κατηγορέω）事物"是什么（ουσία）"的一种方式，最终指向事物的本质规定。但范畴并不适用于此在，因为此在的"是什么"并不指向本质，而是指向"去是"的实存活动。于是，与世内存在者基于范畴的空间规定相应，对此在这种"在世界中存在"来说，其空间规定并不基于本质，而是基于在世的实存活动，"只有基于在之中才可能"。易言之，我们不能用本质性的范畴来说明此在，而只能从此在的"在世界之中的实存活动"来解释此在。进一步具体说，此在的空间性通过在世界之中"去远"和"定向"这两种实存论性质而体现出来。（SZ：104–105）

由此，海德格尔似乎划分出两种类型的空间性：事物的空间性和此在的空间性。若考虑到事物实际上有两种存在模态——上手和现成在手，则事物的空间性又再度分化成两种：客观事物的空间性和用具的空间性。前者构成笛卡尔式的世界观的基础，海德格尔已经在前面论述过这种"res extensa（广延物、延展物）"的世界如何脱胎于"在世界中存在"里的那个世界。后者构成出现于此在之实存活动中的世内事物的存在模式，因此和此在的空间性无法分离。尽管二者实际上无法分离，但海德格尔在论述的时候，还是将二者分开来谈论的。他先谈论了上手事物的空间性（SZ：§22），接着才谈论了此在的空间性

1　请参见亚里士多德《范畴篇》（1 b 26）。

（SZ：§23）。

要描述这些种类的空间规定，除了重复海德格尔本人所做的描述之外，最好的方式莫过于解释他用于刻画空间的诸多词语。这些词语计有：Stelle、Position、Entfernung、Ort、Platz、Richtung、Gegend、Lage、Spielraum、Raum、Fern、Nähe 等。可以看到，它们和海德格尔后来偏爱的空间术语依然有着差距：有的被沿用了下来（如Raum），有的被赋予更重要的含义（如 Ort、Nähe），但也有的被其他更具阐释空间的词语如 Weite、Gegnet 等取代。以下我们将辨析这些词语。这些词语的用法与区分很多是故意和生硬的，其实在日常语言中，它们有差不多的意思，故我们在本节的讨论中均援引德文原词，不做中文译注。

《存在与时间》在描述空间世界时遵循两条线索：第一，区分科学的、现成的、对象性的空间（后文简称"科学空间"）和此在的日常生活空间（后文简称"生活空间"）[1]；第二，总是把空间问题回溯到此在的环视性的照料活动（das umsichtige Besorgen）中，亦即回溯到人们以非理论认知的方式对待世界的活动中。相应于这两点，上述空间术语或是适用于描述某一类空间，或是以不同的含义被用于描述不同种类的空间。

科学空间囊括的是被看作客观在场的现成事物。人这种存在者如果被如此看待，就也能够被以这种方式描述。现成事物在空间中的位置被称为"Stelle"或"Raumstelle"（SZ：102，107），有时也被称

1　休伯特·德雷福斯在其著名的评注中称科学空间为"物理的"，此在的空间性为"实用的（pragmatic）"。我们则选用较为宽泛的名称。

为"Ort"（SZ：97），这是一个可以被客观地描述、定位的位置。这些位置之间可以被精确测量的现成距离，被称为"Entfernung"。"现成的"并不意味着"静止不动的"，运动的事物在科学空间中占据的不断变化的位置，也是 Stelle 或 Ort，所以位置的改变被称为"Bewegung als Ortsveränderung"（SZ：389），"作为位置改变的运动"。由于科学空间中的位置并不具有独特性，可以随着参照系的改变而改变其位置数据，因而这种位置可以说是"随意的（beliebig）"（SZ：102）。由这种位置构成的整体，被称为空间（Raum）（SZ：101）、带引号的"世界空间"（Weltraum）（SZ：54、104）或者"自然空间"（Naturraum）（SZ：112），甚至干脆被称为"各种各样的地点"或"地点多重性"（Stellenmannigfaltigkeit）（SZ：112）。海德格尔总是将笛卡尔作为这种空间图景的代表人物。

此在首先和通常碰到的东西都不是现成事物，而是可以拿来用，有着这样、那样意蕴的事物，即上手事物。上手事物的位置，被海德格尔称为"Platz"（SZ：102），这个位置指的不是科学空间中可以被数据化、被测量的位置。例如，我睡前总是把眼镜放在床头柜上，"眼镜在床头柜上"并不是对科学位置的刻画。我并不是必须把它放在距离我 30 厘米的地方才能安心入睡，只要我伸手够得着就可以了，而且很可能我几年来放眼镜的位置从没有严格重合过。显然，床头柜在日常空间中也有其位置，而且这个位置与摘眼镜并将其放置的活动有关，因此床头柜的位置与眼镜摆放的位置处在同一个使用方向上。海德格尔称这种使用用具的方向为"Richtung"（SZ：102）。例如，眼镜和需要借助眼镜来观看的远处图像在同一个使用方向上，但眼镜和锅铲则不在一个方向上。进一步，在同一个使用方向上我们可以区分出事

物的位置远近（Fern und Nähe），比如在使用眼镜这个方向上，眼镜
布可能比床头柜要更近一些，尽管眼镜布被掩埋在几米开外书桌上的
杂物中。同一样东西的位置远近可能会改变，眼镜在看书时离我们近些，
在睡觉时离我们远些。事物离我们时近时远，其远近的改变发生于一
块活动场域或运作空间之中，海德格尔称之为"Spielraum"。在同一
个使用方向或一些相关的使用方向上，有许多事物被勾连在了一起，
这些彼此关联的事物各自具有其位置，而这些位置在生活空间中构成
了一个以某些用具、某些使用活动为中心的放射状区域，海德格尔称
之为"Gegend"（SZ：103）。这个词语本身除了"区域"的意思外，
也有"方位"的意思，正合乎海德格尔要求的双重含义：并不是随意
的区域，而是在某些使用方向上的区域。[1] 进而，"Gegend"最后就会
扩大到生活空间本身，海德格尔称之为"世界（Welt）"，有时干脆
也称之为"空间（Raum）"。

　　自不待言，区分两类空间术语并不意味着我们实实在在生活于两
个分裂的空间中。面对两种空间之关系的诘难，海德格尔早就洞察到
了提问者的发问动机：他们想问空间"本身"究竟是哪种空间？基于
《存在与时间》的实存论立场，海德格尔会毫不迟疑地回答说，所谓"自

---

[1] 虽然海德格尔没有特别强调"Gegend"之中的"方位"含义，但在他引用和讨论康德
的短文《什么叫在思想中定向》时，这层含义就很明显了。（SZ：109）因为康德在这篇
文章中使用的例子"在黑暗的房间中辨别左右"，其核心性的关于辨别左右的问题，早就
在《论空间中方位（Gegenden）区分的最初根据》这篇短文里讨论过了。而且海德格尔
在讨论 Gegend 时举的其他例子，如太阳的位置指明出方位（Gegend），也是康德在上述
两篇短文中都举过的例子，请参见李秋零主编《康德著作全集（第 2 卷）》，中国人民大
学出版社，2003，第 382—383 页；李秋零主编《康德著作全集（第 8 卷）》，中国人民
大学出版社，2010，第 135 页。

在"，就是此在的照料活动所揭示的那个样子，"此在日常生活中的环视去远活动揭示着'真实世界'的自在存在"（SZ：106）。所以，空间"本身"当然就是日常生活的空间。当然，海德格尔并没有止步于断言什么是自在的空间，他还描述了自在的日常生活空间如何蜕变为"自在的"科学空间。我们可以将这类描述称为"空间谱系学"，因为它展示出空间的"演变过程"：[1]

> 在环视中首先遭遇到的东西的空间性可以成为环视本身的专题，可以成为计算和测量工作的任务，例如在盖房和量地的时候就是这样。周围世界的空间性的这种专题化主要还是以环视方式进行的，但这时空间就其本身而言（der Raum an ihm selbst）已经以某种方式映入眼帘。我们可以纯粹地观望如此这般显现出来的空间，其代价是放弃环视性的计算。空间的"形式直观"揭示出空间关系的纯粹可能性（die reinen Möglichkeiten räumlicher Beziehungen）……这种纯粹同质空间（reinen, homogenen Raumes）……无所环视仅止观望的空间揭示活动使周围世界的场所（Gegenden）中立化为纯粹的维度（reinen Dimensionen）。上手用具的种种位置（Plätze），以及由环视制订了方向的位置整体性（Platzganzheit），都沦为随便什么物件的地点多重性（Stellenmannigfaltigkeit）。世内上手事物的空间性也随着这种东

---

[1]　"空间谱系学"这个命名来自爱德华·凯西，请参见 Edward Casey, *The Fate of Place: A Philosophical History* (Berkeley: University of California Press, 1997), p.252. 值得注意的是，海德格尔在多个地方均给出了这种谱系式的描述，比较之后可以发现，《存在与时间》中的描述其实还比较粗略。这个比较我们留待后文第四章讨论。

西一起失去了因缘性质。世界失落了特有的周围性质（Umhaften）；周围世界变成了自然世界。"世界"作为上手用具的整体经历了空间化（verräumlicht），成为只还摆在手头具有广延的物的联络。上手事物的合世界性异世界化了，而只有以这种特具异世界化性质的方式揭示照面的存在者，同质的自然空间（der homogene Naturraum）才显现出来。（SZ：111–112，引者进行了省略，把两段话合为一段）

这段重要的话描述了两个步骤：第一步，在环视中首先遭遇到的东西（即用具）的空间性本身可以被我们以环视的方式遭遇到。并非上手事物，而是上手事物的空间性，本身成为环视的主题。我们由此环视到了"就其本身而言的空间"。第二步，如果放弃了环视特有的实用性计算，就能进行不以实用为目的的、纯粹的观看，即去形式直观第一步获得的空间，由此我们直观到了纯粹的空间关系，"纯粹同质的空间"。

以上是从空间整体角度看，周围世界演变成了自然空间。若从空间的构成成分来看，也存在同样的过程：场所（Gegend）变成了纯粹维度（reinen Dimensionen），位置整体（Platzganzheit）变成了地点多重性（Stellenmannigfaltigkeit），位置（Platz）变成了地点（Stelle）。所有这些演变都具有一个特征：在此在这边，环视（Umsicht）被放弃了，在世界和空间这边，世界之周围性质（Umhafte）消失了，并且，后者的消失源自前者的被放弃，因此，具有奠基性的因素是此在的环视。海德格尔在转而描述此在本身的空间性时，详细阐述的两项实存论性质——去远和定向——分别都是环视的某一个方面：去远涉及环视对事物远近位置的计算和改变，定向涉及环视对使用方向的选取。

现在如果我们回过头去看上文所归纳的海德格尔处理空间问题的两个线索，就能清楚看出其中的关联：科学空间与生活空间的区分，源自此在环视性照料活动的有无，确切地说，是照料活动中实用性计算的有无。可见，环视性的照料，即此在本身的空间性，对于世界和事物之空间性的发现和揭示来说，是至关重要的。接着海德格尔就能顺理成章地说：世界的空间性由此在的环视性照料活动展开，照料是关照（Sorge）的一部分，关照是此在的存在，此在的存在意义是时间性，那么总括而言，空间性建基于时间性中。这条思路跨越《存在与时间》现有的两个部分[1]，最终在第二部分第四章显露出来。

如前所述，此在的空间性之根基在于此在的环视性照料，而这种照料的有无，决定了作为照料相关项的空间是被理解为科学空间还是生活空间。在《存在与时间》第 69 节，海德格尔描述了环视性照料如何演变为对现成事物的理论性发现，并阐释这种演变的"时间意义"，也就是着眼于时间来解释这种演变。若从相关项方面来看，也就是要用时间来阐释生活空间如何演变为科学空间。于是在第 70 节，海德格尔凭借上一节的分析就得出了空间性建基于时间性的结论。下面我们简要概述一下这个演变的"时间意义"。

此在在世就是和事物打交道，这种打交道就是环视性的照料。环视性的照料揭示出处于整体使用脉络中的个别事物。海德格尔称

1　跨越《存在与时间》的两个部分给海德格尔带来了一个问题：空间就其本身而言若只能在非本真的日常性中得到分析，而时间却具有本真和非本真的模式，那么从结构上来看，似乎不可能有本真性的空间。

事物的这种使用关联脉络为"因缘牵连（Bewandtnis）"，它在存在论上构成了上手事物的存在，因为所谓上手事物就是为了做……而被使用的东西。用什么₁来做什么₂（Bewenden lassen mit etwas1 bei etwas2），前一个"什么₁"便是何所用（Womit），后一个"什么₂"便是何所为（Wobei 或 Wozu）。¹ 从何所用指向何所为的指引关联构成了世界的世界性。

　　如前所述，此在所打开的空间首先就是这个由得到照料的用具脉络所构成的世界，而用具的空间性不能够独立于世界的因缘牵连而得到理解。² 现在，海德格尔要以时间性来解释这种建立世界的照料和因缘牵连，这便也是在用时间性来解释空间之建立和开启。对照料活动（用什么做什么的活动）来说，照料活动将要达到的目的，即因缘牵连的何所为，处于期备（Gewärtigen）中；照料活动已经在使用者的上手事物，即因缘的何所用，处于保持（Behalten）中。两者共同使得用具的当下化（Gegenwärtigen）得以可能，亦即共同使得使用用具的照料活动在当下实现出来（SZ：353）。这一统一结构被海德格尔描述为"有所期备、有所保持的当前化之绽出的统一性（der ekstatischen

---

1　关于"因缘牵连"的一个较为清晰的解释，请参见梁家荣：《本源与意义：前期海德格尔与现象学研究》，商务印书馆，2015，第 297 页。

2　"用具 - 世界 - 空间"之关系可参见这段话："每一各属其所都同上手事物的用具性质相适应，也就是说：同以因缘方式隶属于用具整体的情况相适应。但用具整体之所以能够依靠定位而具有各属其所的性质，其条件与根据在于一般的'何所往'，在其中位置整体性被指派给某个用具联络。而照料交往的环视就先行把这个'何所往'收在眼中。我们把这个使用具各属其所的'何所往'称为场所。"（SZ：102–103）这段话清楚说明：个别用具因使用而在空间中具有一个位置，用具整体联络因使用而在空间中被指派了一个位置整体性 / 场所，用具关联构造起来的因缘牵连，即世界，在空间中有一个对应的投射，反之亦然。

Einheit des gewärtigend-behaltenden Gegenwärtigens）"。（SZ：355）易言之，照料活动便是带着指向将来的目的使用一件既有的用具在当下做一些事情。诚然，按照《存在与时间》的划分，这里三种时间模式分别是"将来、曾在和当下"的非本真模式，因为照料活动本身最终实现于当下，因此沉溺于当下，而这正是此在非本真的日常状态。但这并不影响海德格尔用时间性来解释照料的事实。同样，这也并不影响由照料活动所打开的空间也可以用时间性来解释的事实。时间性是照料，乃至在世界中存在的可能性条件（die Bedingung der Möglichkeit）——上述用三种时间模式来解释照料活动就是对"如何可能"的具体操作——因而也是空间的可能性条件。这也是第 70 节海德格尔的结论。不过在进入结论之前，我们还要描述与空间问题相关的另一过程，即生活空间之演变为科学空间，其时间性意义何在。

将世内事物把握为客观事物并不意味着实质性地对这些事物有所作为，而仅仅涉及此在的筹划 / 开抛。简言之，这取决于此在是否对"自然本身"进行了"数学筹划 / 开抛"（mathematischen Entwurf der Natur selbst）（SZ：362），亦即人是否对自然和世界做了数学式的理解。海德格尔分别从空间和时间的角度描述了二者的差异。

从空间角度看，海德格尔的描述与上一段"空间谱系学"引文大同小异，即对个别事物来说，Platz 变成了 Stelle 或 Ort，对事物整体来说，Platzmannigfaltigkeit 变成了 Stellenmannigfaltigkeit。（SZ：362）但海德格尔没有止步于此，他还着眼于用时间性来分析了这一转变。

从时间角度看，海德格尔说，在环视性的照料，即非数学式的筹划中，此在虽然使用用具做某些事情，但此在对所做之事的目的和通达目的的手段有一种考虑（Überlegung），这种考虑在事情没有做完、目的还没有达到时，就已经可以把尚未"被带近"，亦即尚未上手的事物当下化了。（SZ：359）如前面分析的那样，这种当下化背后有着对目的的期备。但在数学式的筹划／开抛中——海德格尔将之称为"专题化（Thematisierung）"——却有一种"别具一格的当下化"，这种当下化期备的不是目的，而是现成事物之被揭示状态。（SZ：363）也就是说，在后一种情况下，现在维度压过了将来维度，非本真状态又占据了上风。

　　无论这番分析是否具有说服力，海德格尔确实如他规划的那样解释了环视性照料演变为理论性发现的时间性意义，也顺带解释了照料所"环视"到的生活空间演变为理论所"静观"到的科学空间的时间性意义。此在不同种类的实存活动，以及这些实存活动所打开的不同种类的空间，最终都需要靠时间性的模式来解释，于是海德格尔就可以说，空间性建基于时间性之中。为了避免误解，海德格尔很谨慎地区分了几个词语。首先是区分"时间"和"时间性"。此在的存在模态建基于时间性中，这并不径直等同于此在"在时间中"存在，尽管后者可以通过前者来解释。同样，"空间"与"空间性"也要区分开来。海德格尔从来没有想要把空间还原为时间，他在这里的目的是说明空间性建基于时间性中，严格说是要揭示"此在之空间性在时间性方面的可能性条件（den zeitlichen Bedingungen der Möglichkeit der daseinsmäßigen Räumlichkeit）"（SZ：367）。

三、对《存在与时间》中空间思想的评论

学者们对《存在与时间》中的空间思想有多种批评性的评价。我们仅讨论几种和本文主题相关的批评：在《存在与时间》的规划内，空间性能否归结于时间性？以此在之空间性为根本的空间观，是否仍导向笛卡尔式的主体主义？这部据说缺乏身体维度的著作能否恰当对待与身体问题密不可分的空间问题？

（一）空间与世界之关系

无论对海德格尔将空间性归于时间性的做法有何种评价，大部分研究者还是认为在《存在与时间》的框架内，这种归结是可以接受的。若有问题，便是这部著作的框架和规划有问题。这些问题既导致了《存在与时间》计划的破产，也导致了海德格尔的转向。这是当前被普遍接受的一种看法。但偏偏有学者认为，即便在这本著作的框架中，空间性也不能完全归结于时间性。这种乍看起来并不常见的看法，值得我们首先关注。

时间性比空间性更加本源，因为后者需要前者来解释。时间性也比"在世界中存在"和世界更加本源，因为时间性是后者存在的意义。在《存在与时间》的规划中，时间性居于优先地位和本源地位，这并没有太大疑难。但空间性和世界性，空间和世界何者更为本源呢？海德格尔曾明确表示，"在空间中存在"以"在世界中存在"为基础（SZ: 56），这是否意味着世界比空间更加本源？诚然，科学空间在海德格尔眼里源出自生活空间，从而源出自此在的世界。而且，此在的生活

空间和此在的世界看起来指的是同一实事，海德格尔也没有作出非常清楚的区分——此在以环视性照料活动所打开的空间，不就是此在的周围世界吗？那么，生活空间和世界是否同样本源呢？这显然又和海德格尔的上述论断相冲突。二者呈现出一种扑朔迷离的关系。[1]

罗克希亚那·拜亚苏（Roxiana Baiasu）更为细致地解析了这一思路，并将之描述为三个步骤：第一，把世界性的空间建立在世界之实存论结构上；第二，第一步中的建基关系之所以可能，依赖于将此在的空间性建立于在世现象中。[2]最后的步骤当然就是以时间性来解释在世现象，最终将空间性完全建基于时间性中。用《存在与时间》的话来说就是第一步说的是生活空间之根本在于世界的指引结构（Verweisung），生活空间之意蕴来自世界的意指结构（Bedeuten）。第二步说的是此在的空间性要以此在的在世实存活动来解释，即空间性终要回溯到环视性的照料；最后一步则是用时间性来解释包含着照料的关照（Sorge）。这种思路的前提是空间和空间性必须由世界和在世现象来奠基，这从本文上一节的概述来看是显然的。然而拜亚苏就要在这个常人不疑处有疑，试图颠倒这个奠基关系，试图证明空间性在此在之基本建制中的必要性。[3]就此而言，这一系列尝试的第一步最为关键：如果不能说明世界性的空间从属于世界（subordination of

---

1 Andrew Mitchell, *Heidegger Among the Sculptors* (Stanford: Stanford University Press, 2010), p.3. 米切尔只是简单提到了空间与世界的问题，对此问题的展开讨论，除了我们这里的讨论之外，也请参见米切尔提到的马尔帕斯的著作。

2 Roxiana Baiasu, "'Being and Time' and the Problem of Space", *Research in Phenomenology* 37, no.3 (2007), p.328.

3 Roxiana Baiasu, "'Being and Time' and the Problem of Space", *Research in Phenomenology* 37, no.3 (2007), p.329.

worldly space to *the world*），那么后续步骤就都是不牢靠的。[1]

海德格尔说的这种"从属"有何道理呢？拜亚苏认为，海德格尔有一弱一强两种表达：弱的表达是，空间是和世界"一起被发现的"；强的表达是，空间"组建了"世界性结构。这里之所以能够谈论一种组建或构成，是因为海德格尔认为空间性的因缘牵连归属于因缘牵连总体，后者即世界，于是空间性的因缘牵连作为一切因缘牵连的一种而组建了世界。[2]"场所性的空间因缘牵连（Raumbewandtnis）归属于那构成着周围世界上手事物之存在的因 缘 牵 连 总 体 性（Bewandnisganzheit）"，因此，"毋宁说空间'在'世界'之中'"。（SZ: 111，着重号为引者所加）对此，拜亚苏评论道："人们通常认为，被发现的空间乃是就世界之因缘牵连关系得到理解的，这并不必然蕴含着空间是世界之整体关节（the holistic articulation）的一个结构性部分。"[3] 拜亚苏紧接着举出海德格尔所言"世界时间"为例说明，海德格尔并没有因为世界时间随着世界"一起被发现"，就说世界时间是世界的一个构成部分。这说明，同样是"一起被发现"的空间，也不必然从属于世界。拜亚苏甚至要更往前走一步：论证世界性的空间并不总是能还原为世界的世界性结构。[4]

1　Roxiana Baiasu, "'Being and Time' and the Problem of Space", *Research in Phenomenology* 37, no.3 (2007), p.332.

2　Roxiana Baiasu, "'Being and Time' and the Problem of Space", *Research in Phenomenology* 37, no.3 (2007), p.333.

3　Roxiana Baiasu, "'Being and Time' and the Problem of Space", *Research in Phenomenology* 37, no.3 (2007), p.334.

4　Roxiana Baiasu, "'Being and Time' and the Problem of Space", *Research in Phenomenology* 37, no.3 (2007), p.335.

这一论证的起点是：对用具在使用方面的关联之发现不能够囊括对世界性空间之揭示，上手事物的空间特性不能够等同于用具的因缘牵连。海德格尔确实总是将世界性的空间与事物之被使用联系在一起，甚至有时不那么严谨地将空间都称为"上手的"："场所……总是已经在个别的位置中上手了（Gegenden...sind je schon in den einzelnen Plätzen zuhanden）。"（SZ：103）或者"每个场所的先行上手状态……（die vorgängige Zuhandenheit der jeweiligen Gegend...）"（SZ：104）。若"上手状态"是对存在者的某种模态的表达，则空间似乎也成为存在者了——而这意味着，空间丧失了其境域（horizontal）特性。[1]

拜亚苏还有进一步的沉思，但我们仅关注上述批评。拜亚苏的看似非主流的做法，实际上摆出了一个《存在与时间》处理空间问题时必定会出现的困难：若空间性建基于时间性中，种种空间规定都可以从人的照料活动来解释，即从世界和在世现象来解释，那么，空间必定会囿于人的照料活动。把空间从属于世界，意味着本源性的空间是使用的空间。这无疑将空间的内涵大大限制住了。这种做法似乎把握到了某种比科学空间更本源的空间，但实际效果却是将我们对空间的理解限定在了人对事物的使用中，使得我们难以设想别样类型的空间。一旦我们面对空间现象之实情，一旦我们经验到了其他类型的、"复数的"空间，那么，《存在与时间》归空间性于时间性的先验框架就无法容纳这些新的发现了。例如，凡·高的画所展开的世界与大地，并非一个使用性、照料性的空间；又例如，荷尔德林在作诗之际打开

---

1 Roxiana Baiasu, "'Being and Time' and the Problem of Space", *Research in Phenomenology* 37, no.3 (2007), p.336.

的终有一死者在天地"之间"立足的维度，也并非一个由使用所展开的空间。

我们认为，也是由于这个原因，海德格尔后来改变了他对空间和世界的理解。例如，他 20 世纪 40 年代所作的《乡间路上的谈话》中就区分出了本源空间"朝向我们的一面"，即先验 – 境域性的空间。而这也意味着，除了"朝向我们"的面向外，空间和世界还有对我们隐藏起来的其他面向。显然，这些面向早已超出了使用和照料活动，当然也超出了因缘牵连之总体。[1]

（二）生活空间与公共空间之关系

学者们关心的另一个问题是：此在的实存活动打开的那个以人为核心的生活空间，是否仍导向一种笛卡尔式的主体主义？这个问题担忧的是公共的、开放的，甚至跨主体的空间会被消解为一个个此在的生活空间。换句话说，担忧公共性被消解于唯我论之中。提出这个问题的学者，如休伯特·德雷福斯（Hubert Dreyfus）认为，海德格尔在《存在与时间》中没有清楚区分开"存在者于其中向人显现的公共空间"和"属于每个个别人的中心化的空间性"[2]。就这种批评或担忧而言，我们可以将之划分为两个层次：第一个层次是辨析《存在与时间》

1　对《乡间路上的谈话》之讨论，请参见本书第三章第二节。

2　请参见 Hubert Dreyfus, *Being-in-the-World: A Commentary on Heidegger's Being and Time, Division I*, Cambridge: MIT Press, 1991，第 129 页。对德雷福斯批评的详细分析，可参见陈怡凝：《〈存在与时间〉中此在生存论空间与公共空间的模糊关系问题》，中山大学现象学文献与研究中心编《中国现象学与哲学评论（第三十一辑）》，上海译文出版社，2023。

中的空间观是否确实是以此在为中心的。若能够说明这一点，才能够进入第二层次，即这种以此在为中心的空间观是否和公共空间混淆在了一起。

就笔者目前有限的所见，在第一个层次上还没有人决然否认《存在与时间》的空间观是以此在为中心的。不过，在描述此一空间观的特性时，却有程度上的分别：空间究竟是全然倒向此在呢，还是没有这么彻底地以此在为中心？可以看到，只有持后一种观点，才能够如德雷福斯那样来讨论个人空间和公共空间的混淆——否则我们只能够说《存在与时间》中缺乏公共空间的维度。

在前文提及的《在雕塑家中间的海德格尔》一书中，安朱·米切尔持非常强的立场，坚定认为《存在与时间》中的空间观是一边倒向此在的："这种空间完全是从此在使用工具（上手事物）的活动中抽绎出来的。"[1] 不仅如此，米切尔还归纳了这种空间观的三个特性[2]：第一，此在的活动最终都以此在自身为目的，所以此在是这种"居家空间（domestic space）"得以组织起来的原则；第二，这种空间因为只以此在的使用活动为唯一准绳，使用性支配着切近，故这种空间也是同质的（homogenous）；第三，这种空间不以媒介（mediating）为目的，因为事物在这种空间中本身无法彼此接触和产生影响，例如海德格尔举例说，梯子和墙无论靠得多近都无法"触碰"到对方。前两点是从正面论述空间以此在为中心，第三点是从反面论述，说明非此在式的

1　Andrew Mitchell, *Heidegger Among the Sculptors* (Stanford: Stanford University Press, 2010), p.5.

2　Andrew Mitchell, *Heidegger Among the Sculptors* (Stanford: Stanford University Press, 2010), pp.6-8.

空间，亦即事物的空间缺乏某些空间应该有的特性。当然，米切尔并不认同这种以此在为中心的空间观，他的著作就是要借助中晚期海德格尔论述雕塑艺术的著作来说明海德格尔后来如何超越了《存在与时间》中的空间观。不过他的目的并不影响他对《存在与时间》中的空间观所下的判断。简言之，若一切如米切尔所言，则德雷福斯的批评就是无的放矢了：这里并不存在混淆，而就是缺乏公共空间。

像米切尔一样立场鲜明的学者并不多，无怪乎他紧接着就被批评了。大多数学者还是和德雷福斯一样认为此在的空间中确实含有公共维度，至于海德格尔有没有混淆，则是另一回事情。爱德华·凯西就认为，海德格尔要致力于在公共空间和个别空间之间保持"微妙的平衡"。他用的词是"人作为主体的贡献"和"周遭的先行被给予"。[1]和米切尔稍有不同，凯西说的平衡除了存在于此在和空间之间以外，还体现在两种空间规定之间：位置（Platz）和场所（Gegend）之间。此在的空间性实存活动（去远和定向）揭示出用具的位置，这些个别的空间之出现和被发现全然依赖于此在，依赖于人的贡献和参与。但此在之所以能使用个别用具，是因为这个用具已经处在用具整体性之中了，后者在空间层面的表现就是场所。场所和用具整体性一样，必定是先行被给予的；就像不存在单独的用具一样，也不存在单独的、不处于场所中的位置。场所之先行被给予，就是周遭的先行被给予，也就是某个公共空间、公共世界的先行被给予。空间层面的个别与公

---

1 请参见 Edward Casey, *The Fate of Place: A Philosophical History* (Berkeley: University of California Press, 1997), p.249. 凯西还有更大的格局，就是要说明空间问题中的唯心论（idealism）和实在论（realism）在海德格尔这里也获得了一个平衡。显然，胡塞尔关于空间构造的学说肯定被包含在了凯西说的唯心论中。

共之区分，被海德格尔保留、融入了此在空间性的实存活动之中。在试图保持这种微妙的平衡时，我们与其像德雷福斯那样，担心公共和个人空间的混淆，担心笛卡尔主义的残留，还不如关心凯西指出的另一个问题：空间中属于个人的部分和公共的部分是如何交互的。[1] 既然用具的位置只能在场所中发现，而场所又只能通过位置而得到揭示[2]，那么这里就似乎有着某种彼此互为前提的循环。

实际上，公共空间和个别空间性之间的"张力"与某种意义上的"循环"不仅存在于空间问题之中，它归根结底是人的实存与存在的澄明之间的张力和循环。如有学者指出的，"空间"这个词是人与存在的"关键性维度"[3]，言下之意是这两者都具有空间维度。我们诚然可以如德雷福斯那样谈论这两种空间之间的含混和张力，也可以把这两种空间看作同一现象的不同面向。在《存在与时间》中，实存与澄明，此在与真理确实没有得到清楚的区分，于是，空间的本应该是非个人的面向（作为真理与敞开的"Da"）被归给了个别的此在（作为此在的"Da"）。德雷福斯的批评就此而言是有道理的。海德格尔确实在

1　Edward Casey, *The Fate of Place: A Philosophical History* (Berkeley: University of California Press, 1997), p.250. 凯西在《存在与时间》的规划内部指出了这种交互的基础在于此在对空间的"einnehmen（占据）"。此在在场所之中活动，"占据"了、开辟了某块属于自己的活动空间，然后从更大的空间回到切近的位置上："从一个更广阔的周围世界或公共世界回到这同一个周围世界的更有限的角落。"（同书第 258 页）。这种"回到位置"的倾向是凯西非常强调的说法，他另一本主要著作就以 *Getting back into Place* 为题。因此若从宏观角度言之，海德格尔这个从场所、从空间回到切近位置的想法被凯西放大到了整个哲学史上。

2　海德格尔说过，场所只能通过位置而上手。

3　Mark Wrathall (eds.), *The Cambridge Heidegger Lexicon* (Cambridge: Cambridge University Press, 2021), p.690.

后来才清楚地借助"此在"和"此－在"来区分这两个面向。这个区分若就空间问题而言，就是区分开了个人空间性和公共空间。德雷福斯还认为我们必须承认公共空间对于个人空间的优先性，才能避免主体主义。这是正确的，海德格尔后来也是这么看的：此－在确实优先于人，人需要进入此－在才成其自身。不过，从"建基"的角度说，存在也需要人。所谓的"循环"于是就被人与存在之间的彼此需要而化解了。

　　但德雷福斯的另一个看法是有问题的。他认为要说明物理空间的产生，必须要清楚分离出公共空间这个面向，因为物理空间是从实用、公共的空间中衍生出来的，而不是直接从此在所打开的个人实用空间衍生出来的。[1] 我们认为，这既不符合《存在与时间》的说法，也不符合实情。上一节的"空间谱系学"引文很清楚地表明，我们是把"周围世界的空间性"当作主题，从而把空间当成一个对象的。周围世界的空间性就是各个此在以自身为中心打开的个人空间，而非德雷福斯说的公共空间。从实情看，若我们以海德格尔所举的"盖房时的测量工作"为例，就能看出，这里还没有公共空间出现。例如在盖房时，我知道墙角到墙角之间的距离是"三步长"，这段距离的远与近当然是通过我的去远活动而显现的，因而只需要和我发生关系就够了，即便房屋里没有他人，也不会影响到"三步长"的距离。此时我若放弃了"环视的计算"而改用测量仪器来精确测量这"三步长"，便能得到一个纯粹的、同质的空间关系"3 米"。同样，我若用测量仪器把

1　Hubert Dreyfus, *Being-in-the-World: A Commentary on Heidegger's Being and Time, Division I* (Cambridge: MIT Press, 1991), p.132.

原本对我的环视来说远近不同的空间关系都加以精确化和同质化，那我就得到一个更加复杂的纯粹同质空间，例如建筑图纸上的图样：这个图样是三维的，有着精确的比例，其中各部分之间的空间关系是纯粹的而且可以随着视角的改变而任意改变。这整个过程诚然是对德雷福斯所谓实用性空间的纯粹化和同质化，但并不需要经过公共空间的中介。德雷福斯这个关于我们说的"空间谱系学"的观点是不准确的。

（三）空间与身体之关系

另一种常见的看法认为，《存在与时间》缺乏对身体问题的关心，连带着波及与身体有关的空间问题。不过，这些看法的出发点并非空间问题而是身体问题，其论述方式是将空间问题作为身体问题的延伸：因为海德格尔忽视了根本性的身体问题，因此他也无法处理与身体相关的空间问题。

与此观点针锋相对的是另一种思路：海德格尔处理空间问题的独特性恰恰在于他没有借道于身体问题。这类评论者着眼于空间本身的独特性，把空间问题看作本源的问题。从客观效果上看，他们试图为海德格尔对身体问题的忽视找到一些学理上的理由，试图解释海德格尔对身体的忽视不是偶然的，而是有意和有道理的。

本文采取第二种思路，理由如下。诠释性的理由有：我们工作的出发点是海德格尔的思想，这种思想并没有把身体看作是本源的现象；从海德格尔思想的后续发展来看，无需借助身体来思想空间的做法是愈发明确的。学理性的理由有：身体比空间更为本源吗？即便限于现象学内部来看，空间是否必须通过身体而被给予？是否可能有一种现象学，它关心空间，但不关心身体？这些疑问大多要留待另文讨论，眼下我们首先关注评论者们对《存在与时间》的讨论。

借助身体问题展开的评论，我们以王珏的观点为例。王珏把身体和空间问题看作是孪生问题，因此她的主题虽然是身体问题在《存在与时间》中被忽视的重要性，但她也借助空间问题说明了这一点。为了说明以先验模式来解释《存在与时间》这种做法的局限性，王珏要说明空间性并不是完全能够归结于时间性。确实，空间有一个面向能够被归结于时间性，这就是通过此在的在世活动所揭示出来的地点（Stelle），这种空间经由开抛和筹划最终被归结到操心结构的时间性中。然而空间还有另一个面向，即场所（Gegend），它因其整体性而不可能被个别此在所规定，而是规定着个别的此在。这后一个意义上的空间没法被整合到时间性之中，因为它不是由在世活动所筹划出来的。也正是这种空间与本源性的身体有关。因此通过揭示出不能被归结为时间性的空间，王珏发现了溢出了《存在与时间》先验规划中的身体。[1] 不过既然是通过空间发现身体，我们是否可以说，对身体更本源的了解以对空间更本源的了解为前提？或者，至少在《存在与时间》中，身体问题并不必然伴随着空间问题——并且无损于空间问题？

不借助身体问题展开的评论，可参见凯西《位置的命运》一书。在书中，他将海德格尔与康德、胡塞尔进行了比较，认为后两者处理空间问题的做法正是借道身体的做法：康德在"论空间中方位区分的最初根据"中描述了我们对空间中方位的区分需要回溯至我们身体左右两侧的区分，胡塞尔则将空间的构造回溯到我们的身体感觉（视觉、

1　王珏：《海德格尔前期哲学中的身体问题》，博士学位论文，北京大学哲学系，2008。

触觉）。与这两者不同，海德格尔根本就不打算通过身体来讨论空间，这一倾向从其晚期思想来看更为明显，可参见本书第五章第一节的相关讨论。

（四）海德格尔的自我评论

《存在与时间》之后的空间思想是后文的主题。这里我们仅论述海德格尔在 1928 年讲座课中关于空间的看法，因为这个讲座课恰好聚焦于上述身体与空间的关系。

此在的空间是由此在的照料活动打开的，而照料具有沉沦于世的实际特性。实际的此在沉沦、涣散于空间之中，忙碌于世界中的熙熙攘攘。因此海德格尔在 1928 年的讲座课中把空间性规定为此在的涣散特性。截至这儿，这个说法尚还可以被接受。但海德格尔接着却提出了此在的"中性状态"，也就是尚未实际、尚未涣散、尚未沉沦于世的状态。这个说法造成了一系列的疑问：尚未实际的此在若尚未因空间而涣散于世界中，那岂不成了无空间性的此在了？这从实事上很难理解。没有空间的此在是否是一种抽象设想？海德格尔明确否定了这一点，他说："中性并非某种抽象之虚无。"（GA 26：172）在海德格尔看来，中性是此在在世界中的实际存在之可能性的本源（Ursprung）或源头（Urquell）。既然如此，"中性"这个说法有何意义？随着海德格尔带入身体因素，这些疑问变得更加困难起来。

在《存在与时间》中，海德格尔非常强调此在是一个统一的现象。关照（Sorge）结构的提出和以时间性重释关照结构的尝试，都是为了把此在把握为一个整体。甚至把空间性收摄回时间性中，也是这种追求统一性的体现。而到了 1928 年的讲座课中，海德格尔却转而专注此在在实际性中消散、涣散甚至播散（Zerstreuung）[1]的现象。[2]统一意味着整体，涣散意味着多样化。若用 1928 年讲座课的话说，统一对应中性，涣散对应实际性或实存，总之就是多样的在世可能性。海德格尔特别提醒，"多样化（Mannigfaltigung）"并非"多样性（Mannigfaltigkeit）"，其用意是在保持此在的整体性的条件下，考察此在自身在实际性中的差异化运作。这些多样化或差异化运作到底有多少种方式，海德格尔本人并没有给出确切的名目。不过他确实提到了几种：身体性、性别，空间性，以及共在（GA 26：173–174）。

既然这三者是都有涣散之可能性，说明三者都和"多样性"有关。身体、性别之为多，海德格尔明确提到了身体的有机特性和性别的二分；共在之为多，海德格尔也明确说到了同类之间的相互抱团和组织。偏偏在空间性上，海德格尔却没有明示何谓空间之多样性。

此外我们还要问：这三者之间是否有内在联系？这极大地关系到我们如何理解空间问题，因为空间似乎和身体有关，也和与他者的共在有关。海德格尔却偏偏没有明确表态，他说：

> 一般而言，此在在身体性、连带着在性别之中，包含有实际涣散的内在可能性……此在的另一种实际涣散的本质可能性乃是它的空间性……还完全中性地被理解的此在，其本质上被抛的涣

---

1 不知是否有意为之，GA 26 的英译者选取了德里达标志性的词语"dissemination"来翻译这个词。

2 Edward Casey, *The Fate of Place: A Philosophical History* (Berkeley: University of California Press, 1997), p.259.

散此外还表露在下述事实中，即此在是与此在共在。（GA 26：173–174，着重号为引者所加）

性别与身体性可以归为一类，因为海德格尔明确说性别是"连带着（damit 或 ineins mit）"在身体性之中的。从实事上看，性别确实也体现在身体特征中。但海德格尔的含混表述"另一种（eine andere）""此外还（unter anderem）"却并没有明示这三类涣散方式之间是什么关系。从上下文看，海德格尔的意思应当是说，三者的关系不是谁派生出谁的关系，而是同等本源的关系，因为他为三者找到了一个共同的根基：被抛状态。（GA 26：174）遗憾的是，这个发现同时仿佛也是一种错失：将身体、空间和共在回溯到被抛状态，这在《存在与时间》中就可以获得解释了。被抛状态无法让我们继续追问，何谓空间性之多？三种涣散方式之间有何种关系？

不过这里也有转机。在我们看来，将空间和共在联系在一起，正好是对《存在与时间》中显得主体主义的空间观的一种回应：与他者共在和在空间中存在（当然，还有在身体中存在）具有某种隐秘的关联。海德格尔在这里甚至显露出一些混乱：他此时谈到了一种本真的共在；但共在、空间在此却被视为实际性的涣散方式，实际性本身是沉沦着的、因而是非本真的；那么，共在、空间究竟全然归属于涣散，还是有着本真的可能性？倘若如海德格尔所言，共在基于自由，那么自由又和涣散是什么关系？这些问题所涉甚深，已经超出本文论题，且留待另文处理。

四、和辻哲郎对海德格尔的批评

处理过种种从现象学和海德格尔研究内部出发的批评之后，我们现在来面对一个较为特殊的批评。这个批评者并不属于现象学流派，也不是一个海德格尔研究者，甚至根本就不属于欧陆学界。《存在与时间》前半部分关于人之存在的分析对他启发很大，而他所着力批评的是这本书后半部分对时间的处理方式。这个批评的着眼点也和前述众多批评一样，指向海德格尔对空间的轻视以及将空间与时间分开处理的做法。而这一批评的特殊之处在于，它出现得非常早，早到1928年，几乎紧接着《存在与时间》的出版，甚至早过海德格尔自己对有关问题的思索。这一批评的另一特殊之处在于，它仿佛洞见了海德格尔此后的思路：不得不把时间问题和空间问题锻造为"时间 – 空间"问题——尽管这一批评者就此而展开的思路迥异于海德格尔。

这个批评者就是日本哲学家和辻哲郎（Watsuji Tetsuro）。其写于1928—1935年、出版于1935年的《风土》就是这样一部渗透着海德格尔影响[1]，却在第一页就展开了对海德格尔的批评的著作：

> 我最初开始思索风土问题是1927年夏天，在柏林读了海德格尔的《存在与时间》以后。该书用时间来把握人的存在方式，对我启发很大。于是便涌出一个疑问：既然时间可以运用到主体

[1] 和辻哲郎受海德格尔，乃至现象学的影响非常明显。他有时提到这种影响，有时径直在行文中不点名地采用了海德格尔的分析。关于现象学对和辻哲郎的影响，请参见David W. Johnson《Watsuji on Nature》(Northwestern University Press, 2019)，第三章。

的存在方式中去，为何空间不能同时运用于同一根源的存在中去呢？……看出海德格尔的局限性。不与空间相结合的时间还并非真正的时间，海德格尔之所以停留于此，是因为他所说的 Dasein（此在）最终仅限于个人。他把人类存在仅当作个人存在来理解，若从人类存在的个人、社会这种双重结构来看，那只是抽象的一面。所以，从具体的两个方面来把握人之存在时，时间与空间是相即不离的。这样，海德格尔尚未充分表述的历史性才会显露出其真实面目。同时，历史才会与风土相互结合起来。[1]

这段话透露出和辻哲郎的两个主张：第一，海德格尔的此在分析局限于时间性；第二，要真正理解人，必须同时从不可分离的时间-空间现象入手。这两个主张可以进一步被视为同一个主张的正反两面：否定性的一面（批评海德格尔）和肯定性的一面（提出和辻自己的风土论）。除了时间性与空间性这一论题方面的差异之外，这段话还显露出两位哲学家在哲学视域方面的诸多错位。很明显，和辻哲郎关心的根本就不是存在问题，而是人之存在的问题。这是第一个错位。他也不打算依从海德格尔，把人理解为此在，而是要从"两个方面"来理解人。所谓两个方面，即把人视为个体的人和社会的人。[2]海德格尔不会把这两个层面等量齐观，因为社会的人实乃"常人"，根本就不

1　和辻哲郎：《风土》，陈力卫译，商务印书馆，2018，第1—2页。

2　这个理解是和辻哲郎伦理学的核心，我们在此无法深究。请参见林美茂，《对和辻伦理学"人间の学"概念的辨析》，《哲学研究》2014年第3期。不过容易看出，和辻哲郎是以此理解为前见来批评海德格尔的。我们在这里仅满足于指出，人的这两个方面确实被和辻哲郎理解为时间和空间两个面向："人（人）"（时间）和"关系（间柄）"（空间）的一体才是"人（人间）"。

是人"自身"。这是第二个错位。从《风土》的正文来看，虽然和辻哲郎立意很高，要把风土理解为"人发现自己的方式"[1]，也就是相当于《存在与时间》中说的实存论特性（尤其是处身性），但整本书却呈现出一副人类学和人文地理学的样子。[2] 这是第三个错位。尽管有这些错位，和辻哲郎关于"时间与空间是相即不离的"的看法却颇有启发性。我们试作分析。

和辻哲郎认为海德格尔对人的理解是片面的，因为海德格尔把人首先、优先理解为个体。这确实是海德格尔的理解。《存在与时间》中关于此在总是我的存在的"向来属我"和先行到死从而使人真正个体化从而本真起来的"向死而在"的论述是两个最显见的例子。顺着海德格尔的思路，个体化经由先行到死最终能够追溯到时间性。于是在《存在与时间》的视野中，把人理解为个体，最终意味着从时间方面来理解人。然而，和辻哲郎理解的人还是社会的人，是人们。海德格尔以时间为（人的）存在之视域的看法无法恰当地容纳他人这一维度，进言之，无法容纳人类整体这一维度。时间并不足以解释人们的存在，于是需要引入风土。

1　和辻哲郎：《风土》，陈力卫译，商务印书馆，2018，第 10 页。

2　有人批评和辻哲郎虽然刻意区分风土和自然环境，试图区分风土与人之存在的关系，却终究不免在操作中将此目的降格为描述自然环境对人的影响。这个批评得自张政远教授于 2021 年 10 月 26 日应中山大学哲学系邀请而举办的题为"和辻哲郎与贝瑞克的风土论"的线上讲座与互动讨论。

和辻哲郎对风土的理解有一特点，就是把风土和自然对立起来。[1]
风土问题不是自然问题。他说的自然与海德格尔在《存在与时间》中
带引号的"世界"或自然一致，指的是被对象化的、作为客体之集合
的自然世界。反过来说，与自然相区分的风土就是从人的实存活动来
看的自然。这个意义上的自然在《存在与时间》中也有对应的说法，
即随着此在的照料活动而附带被揭示出来的自然。例如海德格尔提到
过，我们用手表看时间，手表指针的位置最终可以回溯到太阳在天空
中所处的位置。（SZ：71）这个意义下的自然是从此在的实存活动出
发构成自身并被揭示出来的，其可能性条件正是和辻哲郎所不满的、
抽象的个人方面。为了从"两个方面"来理解人，和辻哲郎就要考察
与人们的活动有关的自然世界，这就是风土："我们所说的风土是对
某一地方的气候、气象、地质、地力、地形、景观等的总称。"[2]

以上所言仅是和辻哲郎主张的第一点，即对海德格尔进行修正——
《存在与时间》从时间角度来理解个人的存在，《风土》则试着从空
间角度来理解人们的存在。

和辻哲郎还有第二点主张，即他的正面论题：只有充分理解风土
与历史的交织，我们才能够充分理解历史。或者说，要理解时间，须
得把时间与空间之交织看作更本源的现象。

---

1 这一点也显示在和辻哲郎所批评和赞同的观点中，比如他批评孟德斯鸠将风土对人的
影响限定于人的生理结构的影响，这还是把风土理解为"自然科学的对象"（和辻哲郎：
《风土》，陈力卫译，商务印书馆，2018，第 190 页）；他也赞赏赫尔德的风土论，因为
赫尔德在解说风土时并未把风土看作"自然科学的'认识'对象"（和辻哲郎：《风土》，
陈力卫译，商务印书馆，2018，第 192 页）。诚然，和辻哲郎引述赫尔德时说的"风土论"
原文是"Klimatologie"，指"气候学"。
2 和辻哲郎：《风土》，陈力卫译，商务印书馆，2018，第 4 页。

《存在与时间》中谈论的历史首先是个人的历史。"实存的运动是从此在的途程得以规定的。这种伸展开来的自身伸展所特有的运动，我们称为此在的演历。……剖析演历之结构及其在实存论和时间性方面的种种可能性条件就意味着赢获对历史性的存在学领会。"（SZ：375；着重号为原文所有）从存在学 - 实存论上对人的实存活动在时间性伸展方面的考察所获得的成果便是人的历史性。基于个人的历史性，我们才能谈论人们的历史性，进而谈论人们的历史。但海德格尔此时更关心的是个人的历史与历史学之间的关系，而不是个人的历史与人们的历史之间的关系——后一种历史要到 20 世纪 30 年代才获得正面的关注。无论如何，海德格尔最终建立了这么一个奠基或构成次序：此在的时间性 - 此在的历史性 - 历史学。这里没有和辻哲郎关心的人们的位置。

与此倾向针锋相对，《风土》要讨论的是风土与人们之存在的关系，最终显露出风土与历史交织的现象。和辻哲郎具体描述了三种类型的风土（季风、沙漠和牧场）与受该风土影响的人（季风型人、沙漠型人和牧场型人）之间的关系。他的目标是说明各种类型的人的历史、习俗、风情都是相应风土类型塑造出来的，而风土本身彰显出来的是人们之间的共在维度，后者当然是社会性的，也是空间性的。于是《存在与时间》中（个人的）空间性和（个人的）历史性共同奠基于（个人的）时间性之中的模式被扭转为《风土》中（人们的）历史性奠基于（人们的）空间性之中并与空间性相交织的模式。和辻哲郎并非要逆海德格尔而动，把空间性看作奠基性以取代时间性在海德格尔那里的位置，而是想要论述风土乃是集时间性与空间性于一身的现象。

但和辻哲郎的风土论有一巨大问题。日本哲学研究者廖钦彬指出，和辻哲郎所希望描述的是一般而言的"风土与人"，而他实际操作的成果则是描述"某种类型的风土与某种类型的人"。[1] 廖钦彬没有明确点出，但在他的见解中已呼之欲出的结论是：《风土》重复了《存在与时间》的"失败"——意在"一般存在"，却只描述了"在此存在"。上文我们已经提及，和辻哲郎试图把风土界定为人的存在方式，因而是一种存在学，但他的成果却仿佛是人类学和人文地理学。同样，《存在与时间》出版后，不也因为只描述了一种特殊的存在者而非存在本身而被胡塞尔视为哲学人类学吗？海德格尔与和辻哲郎分别从以时间性为本或以空间性为本的角度入手，都仅止于对特殊存在者的分析，而未达到一般性的目的，于是也未能把时间性和空间性推至一根本的地位，未能描述出时空的本源交织和纠缠。这或许暗示出，我们不能够再从特殊的存在者出发，也不能够将时间与空间任何一方视为奠基性的。如果能够把这一否定性暗示转变为肯定性明示的话，那我们也就实行了所谓的"转向"：从"基础存在论"到"不依赖于存在者而思存在"，从"作为境域的时间"到"时间－空间的本源现象"。

1　这个批评出自廖钦彬教授于 2021 年 10 月 26 日举办的"和辻哲郎与贝瑞克的风土论"线上讲座的讨论环节。

第三章　过渡性的空间思想

如果"存在与时间"的思路对于追问存在本身的思想来说是失败的，至少是成问题的，那么由此推进到"存在与时间－空间"的做法意味着什么？海德格尔在晚年一个不显眼的文本中回忆到：

> 在后面这个讲座中（引者按：指《物的追问》），我试图推动关于世界概念和'时间－空间'的问题，因为此间我已经清楚意识到，由我发动的关于存在与时间的追问是不充分的。我探索时间与空间及其统一性的起源。这种尝试在途中失败了。我选择了一条出路……（引者按：指《物的追问》中对康德的解释）（GA 16：723）

据海德格尔自陈，"存在与时间"的思路是不充分的，因此而转向"世界概念"和"时间－空间"的问题。这里有必要澄清，这个段落来自海德格尔晚年（1970年），其"世界概念"所指的当为晚期思想中的地域（Gegnet）和敞开域（Offene），而不仅是20世纪30年代和"大地"相对的那个"世界"。[1] 有此澄清，便能显明海德格尔的思路：所

1　和"大地"相对而言的"世界"，后来被"天空"取代了。最为直观地显明这一改变的图示出现在《哲学论稿》第310页。这里，海德格尔已经有了四方（Vier）之构想，不过，这四方乃是：世界、大地、神、人。

追问的是"时间与空间及其统一性的起源"，但从此在的时间性出发，将空间性奠基于时间性中并将本源的时间性当作这个统一性起源，以此来回答这个问题的做法失败了。转向"世界概念"和"时间－空间"问题，为的就是换一种思路，从本源（"世界"和"时间－空间"）出发来追问同一个问题。因此有了《物的追问》（以及其他一系列著作）中对相关问题的讨论。

在本章中，我们试图遵从海德格尔的意图，将对时间－空间问题的讨论理解为对《存在与时间》"不充分"的思路的改进。就此而言，对时间－空间的讨论从根本上说并非对时间和空间的讨论，更非对日常生活、科学理解中时间和空间的讨论，而是从本源出发、在存在问题的视野内进行的讨论。本章第一节是一个对《哲学论稿》中"时间－空间"问题的研究，意图显明出其与存在问题的关联。本章第二节是对《乡间路上的谈话》中以地域、浩瀚之境等名目指代的"世界"问题的研究，意图指出海德格尔此一时期的构想实际上为晚期思想中的空间问题提供了基本格局和基本词语。本章的前后两节并非彼此独立的两个研究，它们的关联在于，如上述引文中海德格尔说的那样："时间－空间"和"世界"并非两个问题，而是同一却各有侧重的问题。前者从表述上说更多地与存在问题相关，后者更多地与显现、遮蔽、在场等问题有关。从前者过渡到后者，是存在进入世界的过程。

海德格尔所指引的出路《物的追问》（1935—1936 年冬季学期），是《哲学论稿》同时期的讲座课，《哲学论稿》在论述时间－空间时也频频引述《物的追问》。（GA 65：372，374）与我们接下来在本章第一节中要分析的另一门讲座课《哲学的根本问题："逻辑学""难题"选》（1937—1938 年冬季学期）一样，海德格尔这一时期的思想都源出自《哲学论稿》系列著作，从而是一种"过渡性的"思想。所谓"过渡性的"，有两个含义：

第一个含义是海德格尔这个阶段的思想是介于其早期（"存在学"）和晚期（"思想"）之间的中期或过渡时期。这个时期的作品缺乏早期和晚期的"完成"形态。《存在与时间》尽管未完成，却是传统的论著形式（treatise）。晚期作品大体上都是讲演稿改写的文稿或短小的文章，均具有自成一体的布局结构。而我们要考察的过渡时期的文稿基本上都具有断片、未完成的形式，或具有非常特殊的形式（如对话）。这是"过渡"的第一个含义，大致从外在（作品形态和思想分期）层面标明了一个阶段。

第二个，也是更为重要的含义来自海德格尔自己的强调，即他此时期的思想是一种"过渡性的"思想，介于他所谓的"第一开端"和"另一开端"之间。（GA 65：4）有别于第一开端开启的形而上学，向另一开端过渡的思想是所谓"存有－历史性的思想"。（GA 65：3）鉴于海德格尔总是强调"开抛出"另一开端或者"从另一开端而来"进行追问，却未曾对另一开端详加描述，甚至在后期也不再强调"第一－另一"的结构，因此在我们看来，这种"过渡性的思想"甚至比另一开端的说法更为重要，对这种思想来说：

关键性的事情是：开抛，亦即对存有之真理的时间－游戏－空间的建基性开启。（GA 65：5）

我们先澄清一下这句话中的各个关键词语，以便对过渡性的思想之目标有所知晓。第一，所谓"存有（Seyn）"，是"存在（Sein）"

一词的 18 世纪德语正字法的写法。海德格尔在此一时期启用这种写法以表明自己关心的存在问题实在不是西方传统形而上学的"存在问题"[1]，后者的出发点是存在者，提问方式是追问存在者是什么（这一问题属于"主导问题"），从而获得一个普遍本质，而不关心存在本身是如何独一无二地运作起来的（这一问题属于"基础问题"）。（GA 65：6）第二，所谓"存有之真理"，意思并非关于"存有"的某种真相，或是关于"存有"的真命题，而是"存有最本己的根本性运作"。（GA 65：92–93）因此，存有和存有之真理并非两个东西。我们必须记得，"存有"首先是个动词，"真理"之为"无－蔽"也是一种争执活动，因此这两者从本源上看都是某种运作。将这两个词语放在一起，实际上是对存有之根本运作（Wesen）做出了一个提示，即这种运作与真理／无－蔽有关，亦即存有就是以显现－遮蔽交互运作的方式发生的。第三，这一运作发生之处所，被先行命名为"时间－游戏－空间"。眼下，这个名称诚然对我们无所表明，但其中的"游戏"或"运作"（Spiel, spielen）一词分明指向存有本身的"根本运作"（Wesen, wesen）。这种运作发生于其中的本源场域，就是时间－空间。第四，开抛（Entwurf）这个在《存在与时间》之中就已启用的关键词，现在被海德格尔从字面上诠释为：抛出（-wurf）而开启（Ent-）。被开启者，便是时间－空间。第五，这种开启是"建基性的（gründende）"，这即是说，开抛或开启在某种有待解释的意义上为存有打开了其运作所

1　只要识别出了海德格尔的这个意图，我们认为，在用词上也就不太有必要强行区分"存在"与"存有"。否则只会徒增在汉语中书写存在问题的困难。为尊重海德格尔原著，我们在引用和讨论原著时保留海德格尔对"存有"一词的使用，但在本书行文中，则不区分这两个词语，一般使用"存在"。

必须的场地（Grund），因而为存有之发生提供了某种可以依托的基础和根据（Grund）——诚然，海德格尔同样会为这个根据加上一个形容词——"离基深渊般的（abgründig）"，使其有别于形而上学所孜孜以求的那种终极原因。

澄清了这句话，我们便能大致知晓过渡性思想的任务：开启出本源发生（"存有之根本运作"）的场域（"时间－空间"）。因此我们若要阐释过渡性的思想，则必须阐明这两个部分。对存有之根本运作的研究，我们留待后文，因为这一运作不仅是海德格尔思想在过渡时期的主题，而是海德格尔此后一切思想的主题："存有之根本运作，即'本－有'（Wesen des Seyns, d. i. »Er-eignis«）。"（GA 65：4）眼下我们首先关心时间－空间问题，专注于时间－空间为何、如何与存在问题勾连在一起。

如上所言，本章第一节将首先呈现出海德格尔在《哲学论稿》中如何看待日常－科学－形而上学所理解的时空，接着预备性地引入这种时空的根源，即作为本章主题的时间－空间问题。然后考察"根据－深渊（Grund-Abgrund）"，这是理解时间－空间与存在问题之关联的关键。最终显露出时间－空间与敞开域的同一性。和前期思想不同，这时敞开域指的已不再是一般意义上现象学的"视域"或"境域"，而是更加本源的"地域"或"世界"。后面这种理解下的空间经过《哲学论稿》等 20 世纪 30—40 年代文稿的洗礼，已经不仅仅是没有时间的空间了，也不仅仅是单纯的敞开域，或单纯地围绕着事物的视域了。对"地域"与"敞开域"的解说，则见于本章第二节对《乡间路上的谈话》的讨论。最后，正是借助敞开域这个想法，以及此文本中对敞开域之运作格局的描述，我们可以过渡到"二战"后海德格尔的空间思想。

一、《哲学论稿》中的时间－空间思想

空间在《哲学论稿》里往往和时间并提。海德格尔以两种不同的方式来使用这两个词语：第一种表达方式，即"时间－空间"；第二种表达方式，即除了第一种表达方式外的诸多表述，主要是"时间和空间"或分别加上引号的"'时间'和'空间'"。第二种表达方式表示的是日常理解、科学理解和形而上学理解下的时空，第一种表达方式表示的是前者的根源。仅从用语上我们就能看出，海德格尔在《哲学论稿》中要讨论的"时间－空间"不仅仅是其中的任何一方，而是将二者统一起来（einigende）的根源。因而严格说来，我们不能够仅仅讨论其中单独的"时间思想"或"空间思想"，而只能够讨论"时间－空间思想"——尽管最终海德格尔仍然动用了一些空间性的、而非时间性的词汇来命名这个"时间－空间"结构。

上一章末尾我们已经看到，单单从时间或从空间出发都是不够的。和辻哲郎构想却未能实现的策略是将风土与历史、空间和时间作为一个整体来把握。海德格尔因为《存在与时间》的未完成而同样也改变了自己的思想策略，不再采取从时间和时间性出发的先验、奠基性的思想方式。《哲学论稿》中对时间－空间之统一现象的思索，便是这一策略的体现。

（一）"时间和空间"与"时间－空间"

海德格尔向我们提示了《物的追问》这个讲座课作为世界问题与时空问题的引导。在这个讲座课的第一部分，海德格尔首先一般地对

"物"发起追问，这个问题指向"对每一物的一般规定"，这个规定即每一物都是"当下的这个（je dieses）"。海德格尔于是生造了一个词语来命名此特性："当下这个性（Jediesheit）。"（GA 41：15）一般来说，此特性指的是某物每每处在某个位置中和某个时间点上。于是对物的追问就引出了对时间和空间的追问，引出了对"时空"或"时间与空间之统一性"的追问。（GA 41：16）对此追问的最初回应，海德格尔举出了莱布尼茨为例。在莱布尼茨那里，时间和空间问题是与同一性这个"基本原理"联系在一起的。同一性原理被莱布尼茨表述为"无法分辨者的同一性"。[1] 依此原理，大至宇宙，小至尘埃，两个不同的东西不可能在同一段时间占据同一个位置。因此，莱布尼茨所理解的时间和空间并非外在于物，而是参与构成了物之为物或物之存在：某物和自己之同一、某物和别物之区分，全依赖于某物的"当下的这个"是否与自己或别物的"当下的这个"重合来判断。海德格尔继而明确道出："物的那种特性，即去是当下的这个，要从物本身的存在而来才能得到论证（begründet），而非仅仅借由与物的空间 – 时间 – 位置发生关系。"（GA 41：23）简言之，对物的追问不能仅仅止步于时间和空间问题，而要再进一步达至物之存在的问题。由此，

1　请参见莱布尼茨：《莱布尼茨与克拉克论战书信集》，陈修斋译，商务印书馆，1996，第 32 页。另外，时间与空间问题还被莱布尼茨用来说明另一个"基本原理"，即"充足理由律"。莱布尼茨认为时间和空间是事物的秩序，于是英国科学家克拉克提出了一个难题，说神如果要创造出两个除位置外均相同的事物，则神只要确定了二者之间的位置关系，那么，哪个事物在左、哪个事物在右，都不改变二者的空间规定。克拉克的意思是，显然仅凭某种"秩序"是无法确定事物的空间规定的。莱布尼茨对此回应说，他实在想不出，神会有什么"充分的理由"来做这种事情。在时间规定方面也有类似的诘难，我们不再复述，仅仅满足于提示出：时空问题在莱布尼茨这里就已经深刻地与两个"基本原理"有内在的关联了。

时间和空间问题，乃至时间和空间之统一性的问题，最终依然归于存在问题。

《物的追问》这个讲座课后来借力于康德来讨论此问题。本书并不采取这条绕道康德的较为显白的道路，而是直接进入《哲学论稿》中更为晦涩、也更为直截了当的论述。不过，在转入"时间－空间问题"与存在问题的关联之前，我们先依从海德格尔的思路，从"时间和空间问题"入手。

一般而言，"时间和空间"在当下的日常理解中占据统治地位的形态应当是绝对时空观。[1]但海德格尔首先没有攻击这一点，而是瞄准了绝对时空观的根源：近代哲学的时空观。后者以康德时空观为代表，这种看法所呈现的时空被海德格尔称为"框架表象（Rahmenvorstellungen）"（GA 65：207，373）。时空被视为主体拥有的直观形式，这种形式就像是一个空空的、没有内容的框架，框起了直观的杂多内容并赋予这些内容以一种秩序（ordo）。因此这种"框架表象"也被称为"秩序的空洞形式（Leerformen der Ordnung）"。（GA 65：373）

对时空的"框架"理解在海德格尔看来可以回溯到亚里士多德对

---

[1]　绝对时空观的形成是一个复杂的科学史问题。虽然我们依从海德格尔，主要以牛顿为例，但在牛顿形成绝对时空观之前和之后，尚有许多繁复的讨论。绝对时空这个想法，首先涉及神是否遍在、以何种方式遍在的问题；其次又引出了时空是否无限，时空之无限与神的无限是否为同一个无限等问题。虽然在这段争论中，并非所有信神的思想家都持有绝对时空观，但持有绝对时空观的思想家几乎都是信神的，如笛卡尔、马勒伯朗士、亨利·摩尔（Henry More）和牛顿。请参见亚历山大·柯瓦雷《从封闭世界到无限宇宙》第五章至第十二章。海德格尔对绝对空间的讨论完全没有进入到这个与神有关的语境内，而是始终从存在问题出发。他关心的是主体－客体的表象式思想与时空的关系，以及时空与数学因素的关系。

ουσία（实体、实质）的理解。作为希腊哲学思想的集大成者，亚里士多德明确地处理了空间（τόπος）和时间（χρόνος）的问题。这两者被他视为对何处（ποῦ）与何时（πότε）两个问题的回答，而后两者本身是范畴，因而是对 ουσία 的刻画。所以，亚里士多德视野中的时空是以 ουσία 为定向的。这种时空观是怎样的呢？海德格尔在此特别提到了亚里士多德空间定义中的核心词语 περιέχον（包围者），其词根为 πέρας（界限）。界限是与在场状态一道被设定的——某物的界限一旦确定，则此物就获得存在，进入在场状态之中——这被海德格尔视为一个"基本设定"，这个设定支配了亚里士多德式的时空观。后来所有对时空的理解，包括添加到时空上的数学因素，都是以此设定为基础的。（GA 65：376）诚然，从以 ουσία 为定向的时空，到时空的"框架表象"，这个过程不是一蹴而就的。海德格尔给出了一条线索：希腊人对 ουσία 的经验被基督教对 substantia（实体）的经验所取代，近代科学再添加上了数学因素，最终形成了时空的框架表象。（GA 65：373，376）

那么，回到"时间－空间"是否就是回到古希腊，回到第一开端那里呢？非也。无论从古希腊经验、基督教经验还是科学经验中，我们都无法经验乃至设想"时间－空间"。因为这一系列的时空经验均受制于第一开端的引导问题"存在者是什么？"，亦即受制于由各种含义的 ουσία 所规定的提问方向。在海德格尔看来，唯有从另一开端而来，我们才能对"时间－空间"有所经验。而从另一开端而来，即是从本有而来，从作为本有的真理之根本运作而来，从作为前者的根据之根本运作而来，从作为根据之根本运作的离－基而来。[1] 或者说，由于我们眼下还未曾涉及本有，致使这一名称目前还是空洞的，那么，在本节的讨论中把"从本有而来"理解为"不从存在者而来"也就够了——这个区分最终可以回溯到《哲学论稿》中对"存在者是什么？"这一主导问题和"存有如何根本性地运作？"这一基础问题的区分。

《哲学论稿》中的时间－空间即离－基深渊（GA 65：379）。不过，在进入有关离－基深渊的思想之前，我们先考察一下海德格尔关于"时间－空间"的一些基本词语。将时间和空间连接为时间－空间并不意味着抹杀时间和空间这二者的区分（Geschiednis）。海德格尔不仅承认二者的区别，而且有意分别用了不同的词语来描述二者：

> 空间（Raum）、开辟空间（Einräumen）、迷移（Berückung）、环绕支撑（Umhalt）
>
> 时间（Zeit）、时间化（Zeitigung）、移离（Entrückung）、聚集（Sammelung）

此外，海德格尔还使用了"与（und）""开裂（Erklüftung）""时机之所（Augenblicksstätte）""移离－迷移构造（Entrückungs-Berückungsgefüge）"这样的词语来表示二者之间一而二、二而一的

1　由于"als"结构在汉语中不甚清晰，这句话要表述的主题转换直接来看是：从 Ereignis 到 Wesen der Wahrheit，再到 Grund，再到 Abgrund。

关系。[1]

值得我们稍加关注的或许是其中最为难解的两个词语："移离"和"迷移"。从用法上看，"移离（Entrückung）"与时间有关，"迷移（Berückung）"与空间有关。把这两个词放到一起看，其中的"迷惑""移动""出离"的义项很容易使我们想到，"绽出（Ekstase）"一词也具有"出神""入迷""出离"的含义。冯·海尔曼就明确地把"移离"和"迷移"与"绽出"联系了起来[2]，尽管这两组词在字面和词根上并没有实质性的联系。我们以为这个联系是有道理的：绽出表示的是从先验－境域思想来看的时间的运作结构，移离表示的是从本有之思来看的时间的运作结构。这个理解在《哲学论稿》中能够找到文本依据，例如海德格尔在谈及时间状态（Temporalität）之时曾说它是"保存着曾在者和预备着将来者的移离之发生"（GA 65：74），"移离之发生"说的显然是时间的运作。

那么，为什么多出了一个与空间有关的"迷移"呢？冯·海尔曼亦给出了一个解释：在《存在与时间》中，真理或展开状态的根据在于本源的时间性，并且空间性最终也归结到了时间性中，因此在那里，海德格尔只关注了时间性。但在《哲学论稿》中，海德格尔强调的是

1　很难说清海德格尔为什么会用上这样一些怪异的词语。我们只能揣测，像是"环绕支撑"这样的词语可能是因为其空间含义［"um-（环绕）"和"-halt（支撑）"都有空间内涵］才被用在空间上，而"聚集"或许是因其词性蕴含的过程含义（后缀"-ung"）才被用于时间上。"开裂"意味"一体"之中出现了裂隙，出现了"二"，这或许就意味着"时间－空间"这个"一体"之中又存在着"二"的可能（"区分"）。"时机之所"这个词语很明显是由代表时间的"时机"和代表空间的"场所"构成的，因而同时具有时间－空间的含义。

2　Friedrich-Wilhelm von Herrmann, *Transzendenz und Ereignis: Heideggers "Beiträge zur Philosophie (Vom Ereignis)"* (Würzburg: Königshausen&Neumann, 2019), pp.192-194.

从本有－存有－真理而来思想时间－空间，从而颠倒了之前从时间来思想真理的做法，而且一并要思想与时间共属的空间。[1] 于是，我们要将时间－空间思想为真理或存有的展开，要同时思想时间和空间，相应地，空间也需要有一种与时间不同的运作结构，即迷移。

可以看出，时间在《哲学论稿》中的地位不再像它在《存在与时间》中那样独一无二了。或者说，海德格尔修改了时间在《存在与时间》中的作用：它不再是真理的唯一根据，而仅仅是对"那个东西"的指引和回响，这种东西"作为存有之根本运作的真理而发生于本有过程的唯一性中"。显然，在从稳靠的"唯一根据"到虚位以待的"指引和回响"的变化中，思想的重心已经转移到尚未到来的"那个东西"之上。而吊诡的是，正是在淡化了时间作用的时候，对时间的理解才变得本源起来，我们才能够到达"那个领域，在其中，时间与空间获得了极端的差异性，并因而恰恰获得了（时间与空间之）根本运作的亲密性（Wesungsinnigkeit）"（GA 65：74）。

这里有两点需要评论：

第一，海德格尔以"差异性"与"亲密性"来描述时间与空间之关联。这意味着我们不能够把两者中的任一者归于另一者，反而要保持住二者各自的"Eigenswesen"，即二者各自的独特本质或独特的运作方式。

1　请 Friedrich-Wilhelm von Herrmann, *Transzendenz und Ereignis: Heideggers "Beiträge zur Philosophie (Vom Ereignis)"* (Würzburg: Königshausen&Neumann, 2019), p.191. 需要指出，这个说法只是从文本实际情况上指出了这一改变，但并没有从义理上说清楚为何海德格尔一定要一体性地思想时间与空间。我们在后文中会讨论这个问题，眼下仅提示出要点：海德格尔是以先验的方式来思想时间的，而在引入空间后，随之产生出另一种思想方式，即地形学式的思想。

这大概可以理解为海德格尔对自己在《存在与时间》之中将空间性归于、奠基于时间性的做法的批评。在那里，时间与空间的差异性得到了强调，而亲密性并没有受到重视——毕竟，在奠基和被奠基者之间可以谈得上依赖性，一者全然挂靠于另一者之上，却难得有亲密性。不仅如此，这个批评的覆盖面还更加广阔，它囊括了近代哲学对时间与空间的理解，尤其是把空间归于、奠基于时间的做法。这种做法一般而言是这样的：空间被设想为"共同现成之物的框架区域"，亦即一种并置关系，而并置蕴含了"同时性"。所谓并置，意思一定是说，同时并置在眼前。我们不会说不同时间的东西是并置在一起的、共同现成的。进一步说，把事物"同时"并置"在眼前"并呈现给我们的是我们的表象活动，这种表象活动本身是一种*时间化活动*，即把事物"同时当下化"了。如此一来，我们就把空间性关系（"并置"）化约为了一种时间性活动（"同时当下化"）。（GA 65：377）如前所述，这基本上也是海德格尔在《存在与时间》中的思路。而此时在《哲学论稿》中，海德格尔却明确说："没有任何理由因为关于空间的表－象是一种时间化活动，就把空间归结为'时间'。"因为这种做法"根本没有对空间本身是什么说出什么来"。（GA 65：377）

即便承认了时间和空间的差异性，我们也不能够仅凭将这两个不同的东西拼接起来就产生出亲密性。所谓拼接，海德格尔指的是如下几种做法，如直接把二者拼接为"时段"（"Zeitraum"，字面上看就是"Zeit"加上"Raum"），或者把时间作为一个参数加到三维的空间系统中使之成为第四个维度，又或者是把时间和地点"耦合"在一起作为"何时何地"而归给一个事件。（GA 65：377–378）海德格尔虽然没有明说，但这些做法显然是以计算和测量的眼光来打量时间和空间的，说到底，是以 ουσία 为定向来看待时间和空间。我们不能通过外在的耦合来获得亲密。亲密无间必定是一种整体性的状态，尽管这绝不意味着整齐划一的相同性。我们且先按下相同与同一之间的辩论，暂时跟随海德格尔说："只是借助于这种极端的差异性，两者才归于它们的本源，即时间－空间。"（GA 65：377）这就是我们要评论的第二点。

第二，时间－空间正是思想要转入的"那个领域"。虽然被称为"那个领域"，但这里显然不是说，还有"别的领域"，例如非时间非空间的领域（物自身或许就属于这种领域？）。区域存在学或许可以处理这样的问题，但过渡性的思想却不可以。将区域划分开来的依据是种种不同的 Wesen，亦即种种不同的"什么"。例如"自然"与"精神"之所以分属两个领域，全因其 Wesen 是不同的。而在本源的时间－空间中，"什么"都没有，否则我们仍活动在具体的、区域性的时空领域内——但却依然有 Wesen，依然有着本源发生的"根本运作"！[1] 简言之，过渡性的思想在这里要思的是独一无二的"那个领域"之中独一无二的"那个东西"的"根本运作"，而非诸多领域之间的"某个领域"中的诸多东西之间的"某个东西"的"本质"。

即便如此，对于呼之欲出的"那个东西"和"那个领域"，我们

---

1 我们有意保留了德语原文。海德格尔在这里开始偏离通行的哲学语言，将 Wesen 解释为"根本运作"。这是我们下一小节要详细解释的内容。孙周兴在《哲学论稿》等一系列海德格尔著作的翻译中，将海德格尔特殊用法意义上的"Wesen"或"wesen"译为"本质现身"，"Wesung"译为"本现"，它们之间仅有词性的区分。这么翻译是为了区别于该词的常规用法"本质"。在本书中，我们在解说时会将"本质现身"解释为"根本性的运作"，因此，"存有之本质现身"就是指"存有的根本性运作"。下皆仿此。

现在仍一无所知。或者说，不知道它们是什么，但依然对之有所知晓。知道与知晓之间的差别，就是以存在者为定向的主导问题与以存有为定向的基本问题的差别。欲知晓"那个领域"，还需回溯至"那个东西"，即基本问题（Grundfrage）中的那个"基本/根据（Grund）"。

（二）根据与深渊

在海德格尔之前，不乏谈论根据（Grund）和深渊（Abgrund）[1]的哲学家。海德格尔自己也在《哲学论稿》之前谈论过这两个词语，甚至还写过"论根据的本质"。然而，如同《哲学论稿》中的所有词语一样，海德格尔试图"从本有而来"理解和使用它们，却又无法避免它们"从存在者而来"的含义。而在过渡性的思想之实行中，我们便是要在这两种不同却又相连的含义间过渡。对于根据问题来说，便是要从"作为可能性条件的根据"过渡到"作为离－基深渊的根据"。

1. 根据

为了了解深渊（离基）意味着什么，我们首先需了解何谓根据（根基）。鉴于《哲学论稿》系列的运思风格大异于此前与此后的文稿，我们不妨遵从《哲学论稿》编者的提示（GA 65：513），从同时期的讲座课《哲学的根本问题："逻辑学""难题"选》（GA 45）入手。

1　尤其是在《哲学论稿》的语境中，"Grund"和"Abgrund"两个词都很难"定于一译"。前者一般译作"根据""基础"，后者一般译作"深渊"或"离基深渊"（孙周兴）和"渊基"（王庆节）。我们在本书中未采用统一译名，以凸显这两个词语含义上的丰富性。在强调根据之"有无"时，我们分别译为"根基"和"离基"；在与逻辑学、先验哲学关联的语境中，我们始终将"Grund"译为"根据"。同时，我们也保留使用了"Abgrund"的"深渊"的译名。在可能混淆的地方，我们都附上了原文。

海德格尔在这一讲座课的前半部分中考察的便是一个特殊的根据问题：作为"符合"的真理有何根据？

这个讲座课从流俗的真理理解开始：若认识与事物相符合，我们便说认识是真的。真的认识在正确的命题中被表达出来，于是命题便是真理之所在。命题是一种 λόγος（话语），于是真理问题被纳入到研究各种话语形式的逻辑学（Logik）领域内。作为"符合"的"真理"便是"命题的正确性"，真理问题乃是一个"逻辑学的难题"。海德格尔以一贯的方式继续追问：要谈论命题与事物的符合，事物必须首先被呈现给我们，向着我们敞开自身。"简言之：存在者，亦即我们这里说的事物，必定敞开着。"（GA 45：19）不仅如此，我们和事物之间的领域也敞开着，如此我们才能达及事物，而这复又意味着在进行认识活动的我们自身也敞开着，这样我们才能进入与事物同在的领域。最终，我们把得到的认识告诉他人，我们和他人之间也彼此敞开着。海德格尔在此以少有的明晰性解析出了敞开状态（Offenheit）的四个要素，即事物之敞开、事物与人之间的领域之敞开、人之活动的敞开和他人的敞开。海德格尔将这命名为"四重－一体的敞开状态之运作空间（der Spielraum der vierfach-einigen Offenheit）"，或简称为"四重敞开状态（vierfache Offenheit）"（GA 45：19）。对我们来说重要的是，海德格尔将这四重敞开称为根据：

> 这种四重一体的敞开状态在正确性之中进行着支配。这种敞开状态并非首先由表象活动的正确性产生出来，而是反过来，只是始终作为已经在支配着的东西而获得接纳。仅当表象活动的正确性总是能够在这种敞开状态中确立下来，亦即能够在承载和托

拱着它的东西中确立下来，这种正确性才得以可能。敞开状态乃是一切正确性的根据、根基和运作空间。然而现在，只要真理被把握为正确性，只要正确性被当作某种不可质疑的东西（亦即最终和首要的东西），那么这种对真理的理解——即便它在一个如此之长的传统中一再地得到确认——就是没有根基的。而一旦敞开状态作为使正确性得以可能者和正确性之根据，进入到即便只是预感着的目光中，那么，被把握为正确性的真理就是可疑可问的。（GA 45：20，最后一处着重号为引者所加）

敞开状态清楚地被指为真理（正确性）的根据。若没有洞见到敞开状态，那么真理（正确性）就是无基础的、没有根据的。那么，在真理问题中，什么叫作敞开状态是正确性的根据呢？海德格尔在此没有直接回答这一问题，而是迂回到历史性的考察中。既然符合论的真理观肇端于亚里士多德，那我们就首先回溯至亚里士多德那里，考察这一规定着后世的真理理解是如何开端的。

真理被把握为正确性，这是对真理之本质的规定。在一般理解中，这即意味着所有真的东西都是这样的，因为我们往往把本质理解为普遍者，适用于一切该本质的个例。在此即是说，一切真的东西之所以是真的，是由于它们都体现了知与物的符合。真理的本质，即是规定着一切真理的东西。然则亚里士多德既然给出了一个关于真理的本质规定，他起码得说明这一规定是从何处获得的，有什么理由和根据。我们需要追问真理（正确性）的可能性根据何在，这是一个"向根据回溯"的过程（GA 45：31）。海德格尔在检读了亚里士多德几处关键文本之后给出了一个惊人的断言：这个规定没什么理由和根据，亚里士多德没有论证其根据。

> 所有这些东西都是真的和正确的——其根据乃是一个未经论证的（unbegründeten）关于真理的意见；（所有这些都是）真的，其根据并不是任何的根据（kein Grund ist），它的无根基状态（Bodenlosigkeit）有朝一日必定会进入光亮之中，尽管这一过程只是异常缓慢的，而且只有极少数人能看得出来。（GA 45：72）

亚里士多德给出一个本质断言，却不愿或无法说明其根据何在，这是为何？海德格尔以常见策略处理了这一问题：本质不能从事实中获得根据和得到论证（Begründung），因为我们：（1）不可能穷尽所有既存事实；（2）即便能穷尽，尚还有无限多的可能事实；（3）即便能穷尽既存现实的和可能的事实，根本性的问题却在于我们之所以能够识别出某些事实是某一本质的个例，恰是因为我们已经具有了该本质。因此，将本质建基在事实上是荒谬的。（GA 45：77–79）这意味着我们无法通过回溯到现成事实来为本质命题找到一个根据。

如若本质被理解为普遍者、共同者，那么我们是否永远只能让本质规定悬于无根据的深渊之上？但我们明明拥有那么多的本质规定，比如目前考察的真理之本质。抑或，是我们对"本质"的理解有问题？通过考察真理之本质的根据何在，真理之本质（das Wesen der Wahrheit）的问题不可避免地引向了本质之真理（die Wahrheit des Wesens）的问题，后者问的是本质到底（in Wahrheit）是怎么一回事，本质之本质性何在？（GA 45：46–47）

常见的将本质理解为普遍者的看法源自希腊哲学，一般被回溯到亚里士多德。若要考察这种对本质的理解是否有问题，必须也要回到亚里士多德那里，看看我们后世学者是否误解了亚里士多德关于本质的言说。这便是海德格尔的标志性做法：解构。海德格尔的解构干脆果断，直抵亚里士多德对本质的四个规定：τὸ καθόλου（普遍者）、τὸ γένος（种）、τὸ τί ἦν εἶναι（是过去所是）和 ὑποκείμενον（基底）。[1]

本质乃是那"自上而下"（κατα-）笼罩着特殊之物的"整全者"（ὅλον），亦即 τὸ καθόλου（普遍者）。这个普遍者被视为个别事物的"种"（τὸ γένος），而"种"在进入到逻辑学话语之前实际上说的个别事物的"起源"。只有在逻辑学中，"起源"才拥有了后来种属秩序所具有的普遍性等级，因为有的起源本身还具有起源。知道了某个东西从何处起源，我们就知道它是什么。事物之所是不能一会儿是这样一会儿不是这样，而是必须从起源开始就一直如此，事物现在之所是（τὸ εἶναι，即"现在的是"），就是它过去之所是（τί ἦν，即"曾是什么"），因此事物现在所是的那个过去曾是的什么（τὸ τί ἦν εἶναι），就是事物的本质，它"总是已经"在事物之先规定着事物，在事物"下面"为事物奠定着基础，因而是在事物下面的东西

---

[1] 不同学者对这个段落（1028 b 33–35）有不同理解，其中一个争论点在于最后一个规定，ὑποκείμενον，指的是什么。若将之理解为"载体"，则顺理成章地又可以将载体理解为"质料"，而质料在接下来的一个段落里被否认为是本质。有学者认为，这里的 ὑποκείμενον 应当理解为"主体"，即《范畴篇》确定的"主体性"原则。请参见聂敏里：《存在与实体》，华东师范大学出版社，2011，第 124—139 页。我们在此不介入这个讨论，因为海德格尔也没有进入具体的讨论，而仅仅借 ὑποκείμενον 这个词来对本质的"功能"进行描述，故我们还是译为一般的"载体"，特此说明。

（ὑποκείμενον，即"基底"）。（GA 45：58–59）[1]说到底，这四个规定告诉了我们一个事物是什么，告诉了我们"在我们对待个别事物之时，我们始终在目光中拥有的东西"（GA 45：64）。海德格尔以房屋为例。我们走进一座房屋或围着房屋走动，这时我们总已经把"房屋"看在眼里，否则我不会把门口的石头看作台阶，不会把玻璃看作窗户，更不会懂得如何在一座房屋里活动。"房屋"，即房屋之本质，始终被我们"看在眼里"，它是始终"被看在眼里"的东西——ἰδέα（相、外观、理念）。本质在理念之中得到了表达。

引出柏拉图并没有解决问题，反而招来了更多的问题。理念作为我们先行在目光中拥有的东西，虽然是我们遭遇具体事物的前提，但理念本身却是预先给定的和持续在场的。理念的起源何在，理念的根据是否晦暗不明？我们如何把握理念意义上的本质？在提出这些问题之前或许首先要问：我们是如何把握到本质的？何谓把握本质？海德格尔依然愿意在希腊思想的领域内做出解释：把握本质（Wesenserfassung），即是将本质生产出来（Hervorbringen）[2]：

　　　　　然而对希腊人来说，对本质的把握实在是一种生产。为了认

1　然而海德格尔接着指出，这种将本质理解为普遍者的看法站不住脚，因为"普遍"如上所述，仅仅是本质的一个规定，一个东西因其是本质才是普遍的，而不是相反。并且，一旦我们问一个独特个体的本质何在，例如我们问柏拉图的本质何在，给出一个普遍者（如"人"）作为回答似乎是不够的。海德格尔的这个提问（GA 45：61）虽不显眼，却明确暗示出了他对"本质"的另类理解，即本质（Wesen）不是一个普遍者，而是一种运作或活动（Wesung）。柏拉图的本质是他作为一个独特的人而运作起来的活动。

2　"Hervorbringen"在海德格尔中文著作翻译中常常按字面义被译为"带上（bringen）前来（hervor）"。不过在眼下的语境中，为了强调对本质之把握的开启性、创造性，我们还是选择这个词语本来的意思，即"生产"。

识到这一点，我们必定只能在希腊意义上理解"生产－出来"。根据前面的思考，将本质"生产－出来"首先要在防御姿态下来理解：本质并非作为一般者从个别事例中被搜寻而出；本质有它自己的本源。……必须从字面上理解生产出来。本质被生产出来，从迄今的未知和遮蔽状态中被提取－出来。出来——出来到哪儿呢？到光明中；本质被带向目光那里。这种带－向－目光乃是一种独特的观看。……这是一种提取性的观看，绝非随便看看某人在路上遇到的东西或环绕着某人的东西；绝非仅仅注意一下此前未被注意、但换个方式就能被注意到的东西。观看那种被称为理念的外貌，此乃一种提取性的看出，这种观看在观看中将有待观看者强制到自己面前。我们因此将这种观看命名为开启性－观看（Er-sehen），它首先把要看的东西本身开启性地带入到可见性之中，并开启性地观看之。（GA 45：84–85）

如果本质是在开启性的观看中才被生产出来的，那么，柏拉图之设定持续在场的本质，实际上已经是发生在开启性观看之后的事情了。而涉及本质之根据的问题——本质究竟是以何种方式得到的？——就被海德格尔转化为一个现象学的问题：本质从遮蔽中被生产出来，被带上前来进入无蔽之中。[1] 换言之，我们无需再为本质另寻根据，本质

---

[1] 在近 20 年后的《根据律》讲座课中，海德格尔如法炮制了这里的操作，只不过需要被"观看"的是根据律。请参见《根据律》第一讲相应内容（GA 10：8）。同样在那里，一个"原理"（axion 或 pricipium，或 Grundsatz）揭示的是在最高外貌（Ansehen）之中向外观照（Aussehen）的东西（GA 10：24）。GA 10 与 GA 45 的表述实际上构成了一幅完整的"图景"，一面是作为原理和本质的在最高外貌中运作起来者，另一面是作为原理之把握和根据之把握的开启性观看。

的根据就在它被看到的活动之中：

> 对本质的开启性 - 观看不是被论证的（begründet）（例如诉诸现成事实），而是被建基的（gegründet），也就是说它得到实行的方式乃是它自己把自身带到由它奠定的基础之上。对本质的开启性 - 观看本身就是根据之建基——即设置出那应该是根据、ὑποκείμενον（基底）的东西。（GA 45：86，着重号为引者所加）
>
> 本质认识本身就是奠定 - 根据的活动。（GA 45：94）

要把握某个东西的本质，并非去逐个举出事实然后进行归纳，而是将这个本质设置在无蔽状态之中，把它生产出来，带上前来，开启性地观看之，把本质（即事物的"什么"）从遮蔽状态开放到光明之中，让事物自身在无所掩蔽的状态中显示出自身的"是什么"，这就是对事物本质的把握，亦即开启性的观看。

随着"把握本质"被解释为"开启性地观看本质"，"本质"的意义也在暗中发生着变化。被观看的事物之本质，显然已不是传统说的可以用定义把握的普遍者[1]，而是事物对自身的展示，是事物自身如

---

[1] 继续使用海德格尔的例子。我们问：柏拉图这个独特的个体的本质何在？按照一般看法，我们须得给出"人"这个普遍者。但若依从海德格尔这里的分析，我们会说柏拉图的本质，即是他无所掩蔽地向我们展现自身，展现出他是谁，是做什么的，等等。这些展现性的内容，而非"人"这个普遍者，才是柏拉图所是的"什么"。因此，柏拉图的本质（Wesen）即是柏拉图的本现（Wesung），对柏拉图本质的把握即是让把柏拉图的本质现身从遮蔽中带上前来进入无蔽之中。

其所是地显现——根本性地运作起来（Wesung）。[1] 由此便可索解为什么海德格尔在《哲学论稿》中会说出一句奇怪的话："一切本质都是本现（Alles Wesen ist Wesung）。"（GA 65：66）[2] 从这个意义上来把握 Wesen，已然不再是把握一个普遍者，而就是在把握事物本身。这真是一个令人惊奇的过渡："对本质的开启性－观看意味着：设置出存在者之无蔽，设置出在其无蔽状态中的存在者……"（GA 45：96，着重号为引者所加）我们几乎已经忍不住要把"本质／本现"称为"现象／显现"了！

　　一事物无所掩蔽地展现出自身是什么，被展现出的这个"自身是什么"必定是该事物独具的内容。苏格拉底和柏拉图不会展现出同样的"自身是什么"，而是展现出他们自身独具的本己性的东西（das Eigenes）。海德格尔早就说过，一事物之本质不是该事物归属于其下的一个普遍者，而是该事物的"本质性的东西"（GA 45：37）。这个规定看起来是同义反复，但他指的实际上就是本己之物。一事物的本己之物，其本质或本现，绝非普遍者，而是独一无二者（das Einziges）。

　　将一般被理解为普遍者的本质"强行解释"为独一无二者，似乎暴露出粗疏的无知。然而海德格尔绝非任意妄为。我们一直在讨论的"本

1　在行文中，我们会使用"根本性的运作"来译解海德格尔特殊意义上的"Wesen"和"Wesung"。在引用孙周兴《哲学论稿》译文时，我们有时保留其"本现"的译名，有时根据上下文对"本现"进行改写。

2　请参见《哲学论稿》第 29 节"开端性的思想（关于本质的问题）"。

质（Wesen）"问题，实乃一般而言的"实质（ουσία）"问题[1]，而实质本身就带有歧义：它既可以指普遍者——持续在场的理念形式或"是其过去所是"，也可以指独一无二者——"这一个"是着的东西。由此看来，海德格尔在这个讲座课内对本质或本现的讨论[2]，实际上是隐含地从ουσία的一个含义过渡到另一个含义。经此过渡，我们便能从"本质之真理"的问题回归"真理之本质"的问题了。从前面的讨论和这里的回归中，我们识别出了三个步骤：

（1）最初，我们要探讨"真理之本质"的问题。作为知与物相符合的真理，其根据何在？为何亚里士多德没有为真理之本质给出一个根据？如果给出根据意味着论证，而论证意味着回溯到现成之物上的话，那么真理之本质，乃至一切有关本质的命题，根本就都是不能被论证的（begründungslos）。但如果本质是适用于一切个例之上的普遍者，为何本质命题不能从个例中获得奠基与论证呢？难道所谓"本质"首先并不是指"普遍者"吗？由此我们转入第二个步骤。

（2）探讨"本质之真理"，亦即何谓本质之本质性的问题。如上所述，普遍性是本质的性质，但并非本质的起源，没有什么东西仅因其

---

[1] 从汉语来看这里似乎有概念的错位，因为在汉语中我们已经先行把"本质"理解为"是其过去所是"或"普遍者"了。但从海德格尔引用的亚里士多德原文（如上述 1028 b 33 一段）来看就很清楚，这里要讨论的是 ουσία 的四个含义。

[2] 然而仍留有一个较为专精的、属于诠释海德格尔文本的细节问题：经过含义改变之后的本质或本现，是否能够用在事物身上？之所以提出这个问题，是因为在《哲学论稿》里，乃至此后的写作中，海德格尔似乎把这个特殊意义上的"Wesen/Wesung"保留给了"存有"，并且有"存有不存在，而是本现"和"存在者存在"的并列说法，似乎存在者是不能本现的。尽管如此，我们从 GA45 中读出的"Wesen"一词之含义从名词到动词的演变却分明地体现在后来的用法中。"存有本现"一类的说法正是要表明存有的发生活动是一种显 / 隐运作，并且是独一无二的，绝非普遍的。

具有普遍性就能够成为本质。想要把握本质，并不依靠归纳方法，而是凭借开启性的观看将本质从遮蔽中带入无蔽之中。这种开启性观看本身就是建基性的。带着这些有关本质的考察成果，我们重新回到第一步中的那个问题。

（3）"真理之本质"的问题。第一步骤已经揭示出，符合论的真理观在面对真理之本质的问题时已经失效：关于真理之本质的本质命题不能通过与真的事物相符合而获得论证。这却并不意味着真理的本质是没有根据的（grundlos）。第二个步骤揭示出，唯有在对本质的开启性观看这里，我们才能寻得根据，而这个根据（Grund）实际上是建基（Gründung）。我们不能经由符合论的真理观把握到本质，而是通过将本质带上前来而为本质建基。在后面这个过程中发生的是从遮蔽到无蔽的运动，而无蔽才是有别于符合论的"另一种真理"。

这三步思路的转换可图示如下：

真理之本质	本质之真理	真理之本质
（正确性）	（本质／本现）	（无蔽）
无法论证	从归纳论证到开启性观看	建基

"无蔽之真"这个结论并不稀奇。海德格尔处处都在言说它。我们关心的倒是这个讲座课清楚详尽地展示了根据问题如何与本质问题、真理问题紧密相连。但问题到这里才正要开始：倘若如海德格尔所言，根据是一种"离基深渊般的根据"（GA 65：346），而离基深渊乃是"时间－空间"的话（GA 65：371），那么时间－空间问题和根据问题之间扑朔迷离的关系不过才刚刚露出了端倪。

2. 离基深渊与"时间 – 空间"

比起《哲学论稿》"折磨语言"的写作风格，海德格尔在讲座课中的用语还算比较克制，并且详尽展开了本质 / 本现的问题。在那里，"本现"是一个还可以用在"存在者"之上的动词，其含义如上所述，可以被解说为"独一无二地运作发生"，起到了"建基"的作用。而到了《哲学论稿》中，"本现"这个动词被单独保留给了"存有"，同样指存有独一无二地运作发生，同样指向建基。在这个意义上，本现问题可以说是贯穿讲座课与《哲学论稿》的一条红线，一并把上述有关根据和真理的讨论带到了关于存有、时间 – 空间的问题中。要而言之，当我们把根据从"最终奠基者"这种理解中解放出来，并着眼于独一无二地运作而呈现来理解根据，那么，我们才能开始理解，以时间 – 空间方式运作的存有在某种特殊意义上确实是根据。

从传统哲学的观点看，这种不就论证而言的"根据"大概会被看作是"没有什么根据（Ab-grund）"的。海德格尔显然不是在这种负面意义上使用"离基深渊（Abgrund）"一词的。他的意思既不是说我们顺着根据链条追溯到某处，然后便只能接受而不可追溯了，也不是说根据链条是无穷尽的，因而不可追溯到尽头。深渊仅仅意味着这里需要一种建基（Gründung），而这种建基不再是实质性的东西（ουσία，Substanz），不是某种能够独立存在、他者都必须依之而在的卓越存在者（das Seiendste），不是"是什么（Was ist ... ）"这一追问最终停止之处（essentia）。说到底，不是（ab- ）形而上学所理解的根据（-Grund）。不过这并不意味着海德格尔对"根据"一词的弃用。在了解上述对根据的不恰当理解之后，我们依然可以在全新的意义上使用这个词：独一无二的本源事件根本性地运作起来，这一根本运作本身即是开启性的建基。

时间－空间便作为对这一根本运作"如何"运作起来的描述而出现在"建基"这一关节中。

一方面，时间－空间起源于真理之本现，起源于根据。如果本现是本己之物之独一无二的运作，那么，最为独一无二者——存有——必定最为独一无二地运作着。时间－空间即"对于存有之真理的建基而言的时机之所"，而时间－空间"有待于在其根本运作中作为本有的时机之所而展开"。（GA 65：323）结合上一小节的讨论来看，若存有之本现意味着存有独一无二地运作起来，则这一运作就发生在时机之所中。若如此表述似乎假设了一个"先于"存有的时机之所的话，也可表述为存有之运作本身就是一种开辟时机之所的运作，开辟出本源性争执所打开的那个"之间"。存有之运作，即是作为有所澄明的遮蔽而建基于此－在中，易言之，即将本源性的运作落实在"此"之中。

另一方面，时间－空间又与离基深渊之运作有关，离基深渊起作用的方式便是时间－空间："作为根基的第一次本现，离－基以时间化和空间化的方式建基(让根基作为根基而根本性地运作起来)。"（GA 65：383）根基之为离基，是因为根基不再有另一个根基，根基离失了（Wegbleiben des Grundes），是谓离－基。海德格尔扼要地以一个短句表示这一点："离－基是离－基"（Der *Ab*-grund ist Ab-*grund*）。（GA 65：379）这一本源现象从根基不再有根基来看，是"离－"（ab-），而从根基本身作为存有之建基活动而起作用来看，是"－基"（-grund）。（GA 65：381）因此，只有不脱离于"离"来理解"基"，同时也正确面对"基"这一面，而不是不片面地紧紧攥住"离"，我们才能"让根基作为根基而根本性地运作起来"。在此理解下，本有、真理等本源之运作本身甚至可谓"元－根基"，只要我们跟随海德格尔补充说，这种元根基"在深渊中开启自身"（GA 65：380）即可。

综合时间－空间与根基和离基同时有关这两个面向来看：

> 真理作为基础，却本源地作为离－基而建基。离－基本身作为时间化和空间化之统一性而建基。时间化与空间化因此从本有而来拥有其根本性的运作，由此而来，基础才是基础。（GA 65：383）

为严谨之故，这里还需补充一句：

> 时间－空间作为时间化和空间化的本源统一性，本身就本源地是时机之所……（GA65：384）

由此呈现出如下关联：时机之所、时间－空间、时间化和空间化之统一性，本身就是作为基础与离基的存有、本有、真理之根本运作所起的作用、所运作出来的东西：

> 真理乃作为有所澄明的遮蔽而发生。
> 这种发生的基本结构（Grundgefüge）乃是从中产生的时间－空间。
> 时间－空间乃是对于存有之开裂（Zerklüftung）的判估而言的耸出者。
> 作为真理之接合运作（Fügung），时间－空间从本源上说是

本有的时机之所。

　　这个时机之所乃从作为大地与世界之争执的本有中根本性地运作起来（west）。（GA65：30）

这一系列用词诡谲、一气呵成而又颇具断言性质的主张清楚表明：时间－空间既是本源之发生运作（"从中产生的""耸出者"），也是本源之发生结构（"基本结构"）。做一个不恰当的类比，这就仿佛在康德那里，时间和空间既是直观，也是直观之形式一样。海德格尔为了表示"运作"与"结构"为一体，特意选用了以动词"fügen（接合）"为词根的一系列表述。从时间－空间之为本源的发生来看，其乃"Fügung（接合运作）"；作为发生的结构来看，其乃接合所产生的"Gefüge（接合结构）"。作为本源发生事件及其在时机之所中独一无二地呈现，时间－空间之接合运作乃是建基；作为本源事件发生之接合结构，时间－空间以空无（Leere）的方式离失隐去，是谓离基。合而观之便能明了，时间－空间刻画了本源之差异化运作的"如何"，亦即应答了"存有如何根本性地起作用？（Wie das Seyn west）"这一基础问题。

　　除了关于时间－空间之双重身份（运作和结构）的描述，这几句话还进一步表明了时间－空间运作起来的方式：它源自存有之开裂，作为世界与大地之争执而根本性地运作。无论是时间－空间这个统一体本身就暗示出来的二分，还是开裂或争执，凡此种种，都指向本源以时间－空间为结构差异化的运作。这些根本性的（离基又建基着的）、差异化的（接合又开裂着的）运作，最终都指向那个本源事件（Ereignis）的发生：真理——为遮蔽的澄明。"为遮蔽的澄明"（die Lichtung für die Verbergung，有时被简称为"澄明"）在海德格尔的用语中即"敞开域"。对这样一个自身差异化运作着的本源场域，海德格尔在《乡间路上的谈话》中有着详细的描述和讨论。

二、《乡间路上的谈话》中的空间思想

在《哲学论稿》中，时间－空间问题与存在问题紧密相关，这贯彻了海德格尔以存在问题为唯一问题的思路。从上一节的论述中，我们已经说明，时间－空间以双重身份关涉到存有、即本源的根本性运作及其结构。不过《哲学论稿》的语言和框架均十分晦涩，片断式的表述方式也使得我们无法完整把握存有运作之完整结构——除了一些模糊的词语，如移离和迷移、聚集和环绕支撑。我们认为，这些词语与其说描述出了本源发生运作的方式，毋宁说仅仅表达出了一些初步的倾向和想法。《哲学论稿》中"时间－空间"等相关词汇难以直接"落实"到关于世界之具体发生的言说之中，至少要到几年后的《乡间路上的谈话》中，海德格尔才发展出一套较为稳定的用语，并以之较为系统性地来描述本源发生的结构。这个结构支配了海德格尔"二战"后的思想框架，也使得他能够拥有一套词语来描述本源事件在世界上各个现象身上的体现。概而言之，从《哲学论稿》到《乡间路上的谈话》，海德格尔是在对自己的思想术语进行"转渡"。

本节涉及的是《乡间路上的谈话》一书收录的第一个对话："Ἀγχιβασίη（接近）"。这是一个不易归类的文本。首先，它采用了

海德格尔甚少使用的对话形式。[1] 其次，它包含有一系列海德格尔在战后加以展开的话题，如思想的本质、泰然任之、科学与技术、敞开域和境域等，但这些主题在这个文本中却交织在一起。不过，若要为此对话寻得一个切入口，则本章标题中的"过渡"二字依然最为贴切："我们处于从迄今为止熟知的思想之本质向一种也许更为本源的思想之本质的过渡（Übergang）中。"（GA 77：124）整个对话，连同其中的三个对话者——代表科学的"研究者"，代表人文学和哲学的"学者"，以及代表思想的"向导"——之间的彼此争辩，都将我们引向、使我们过渡到一种我们只能等待其召唤的思想之中。而本书关心的空间思想，就出现在这一有关"新思想"和"旧哲学"的语境中。[2]

（一）表象与先验－境域

我们熟知的思想之本质，在海德格尔看来，就是在"人是拥有λόγος 的动物"这个定义中道出的那个λόγος（理性、语言、思想）。从而，关于人之本质规定的问题与关于思想之本质规定的问题就显现为同一个问题：洞察到思想是什么，也就知道了人是什么。在哲学传统中，λόγος 常常被解释为理性、思想，这种理性的思想能力一般来说指的就是表象性的思想。思想被狭隘化为表象（Vorstellung 或

---

[1] 这意味着海德格尔本人没有直接在对话中出场，不过，对话中的"向导"可以被视为海德格尔本人。对话中的"研究者"代表自然科学家，"学者"代表人文科学或一般而言的哲学。

[2] 同样为简明计，我们将对话中"学者"代表的人文学称为"旧哲学"，将"向导"试图引入的思想称为"新思想"，以彰显新与旧、哲学与思想之区分。

representation），是近代哲学的"成就"之一。这种对思想的理解即便到了当代也是广为人知的，例如，现在人们也常常将思想视为"表征（representation）"，进而通过表征来将意识活动自然化。无论如何，"表象"也好，"表征"也罢，其后的预设都是主体性与客体性之区分。因此，海德格尔在对话中才屡次说起在这种思想模式中显现的事物是"站立（stehen）"的（GA 77：114）。"站立"表明，如此这般被思想着和被表象着的事物是相对（gegen）我们而站立（stehen）的东西，即"对－象（Gegen-stand）"。与这种站立－表象－对象性的思想不同，海德格尔要引入的思想是"躺平（liegen）"的，这意味着事物在这种思想中不是被搞得僵直站立着，而是休憩着、静止着，"静息（ruhen）"于其自身之中。（GA 77：114–115）从站立转入躺平，思想也从主动地施行表象活动转入到既非主动亦非被动的等待中。[1] 随着这种思想方式的改变，我们与本源的关系也发生了改变，这种改变应合于海德格尔此一时期之思想的过渡特性。若以《哲学论稿》的语言表述，这种改变和过渡乃是我们"与存在之关系"的变化。

　　海德格尔就从讨论表象式的思想开始。他指出，表象式的思想总是有所"超出"和"超逾"。具体说来，当我们通过思想而呈现出某事物（即解蔽之、使得事物之所是展露出来）时，我们的思想总是超

1　这里需要澄清一点：作为等待的思想并非被动的。理由有二：第一，"被动"相对于"主动"而言，因此受到"主动"的规定，仍依赖于"主动"；第二，海德格尔要避免一种特殊的情况，即试图主动地进入到被动状态，他称之为拒绝意义上的"不意愿"。与此相对、超出主动－被动和施行－拒绝之对立的那种"弃绝意愿"，即是泰然任之。

出了我们所思想的那个事物。海德格尔以观看一棵树为例。[1] 以表象方式思想某事物，意味着把该事物呈现在思想之前，将其外观呈示出来。某事物的外观总是超出了该事物身上切切实实能看到的东西。我们观看一棵树，除了看到树身上的各种感性性质外，还开启性地观看（erblicken）到了"更多的东西"。按上一节所言，开启性的观看所看到的是某物独一无二的"Wesen"。在树这里，便是"树之性质（das Baumhafte）"或树的"Wesen"。（GA 77：86）树之性质超出了眼前这棵树，它并不像一个感性性质那样就出现在这棵树上。但树之性质却是我们能看到这棵树的前提："我们只有通过这种观出去，超出要看的和被看到的东西，才能看到这棵个别的树。"（GA 77：86）这种超出了某物，却使得某物由之而来得以被理解、被揭示的东西，被海德格尔称为"境域性的东西（das Horizonthaft）"。[2] 境域性的东西对于某物之解蔽来说是必须的，因而也是本源意义上的 τέχνη（解蔽、技艺）所必须的，但却不是我们制作出来的。境域性的东西超出了我们，我们一旦观入境域之中，就意味着实行了某种超出和超逾。（GA 77：87）

　海德格尔于是从 τέχνη 的本源含义入手来解释这种"超出或超逾"。众所周知，他将希腊意义上的 τέχνη 解释为"生产出来（Hervorbringen）"，解释为一种解蔽方式，即一种 Ἀληθεύειν（解蔽

1　在讨论"思想"的语境中以"观看"为例，是因为表象式的思想几乎就等同于意识活动了，因此可以以观看为例。无论是笛卡尔还是胡塞尔，都默认这一点。

2　"境域"的这个含义有一个最为著名的例子，便是《存在与时间》中说的，时间乃是任何一种存在理解的可能境域（SZ：1）。时间之为存在的境域，这意味着我们超出存在、从时间而来理解存在。

活动）。将事物解蔽，意味着将事物生产出来，将之带入在场状态，使之呈现。这种活动看起来只涉及事物，然则事物之得以显现，总是显现为具有某种外观的东西。"τέχνη 并不仅仅意味着把某个个别事物生产和带出来，不如说，它也意味着把一个事物的景象和外观摆置出来、投置出来（Her- und Zu-stellen），事物总是依照这种外观作为具有如此这般外观的东西而被摆置出来。"（GA 77：13）[1] 将一个事物带向显现的活动实际上涉及两个东西：事物及其所依照的外观。[2] 就上述树的例子而言，便是"这棵树"和"树之性质"。看到一棵树，对一棵树有所认识，便是将眼前这东西（"这"）依照树的外观（"树之性质"）而摆置出来（her-stellen）和带出来（hervor-bringen），成为这两个东西的结合："这棵""树"。

在 τέχνη 即解蔽活动之中就有境域在发生运作。具体来说，境域与外观有关。如上所述，思想在运作之时要超越具体事物，这一超越即是一种"看出去（Aussicht，展望）"，而这一超越之何所向，便是"看出去而看入对象之外观（die Aussicht in das Aussehen des Gegenständlichen，对对象性东西之外观的展望）"。（GA 77：98）

1　在这个段落中，为显明"Hervorbringen"和"Herstellen"共有的前缀"her-（出来）"，我们改变了孙周兴一贯将"Herstellen"译为"制造、置造"的做法，将之从字面译为"摆置出来"。

2　就此而言，海德格尔确实继承了希腊人对 τέχνη 的理解。例如在希腊人看来，制作出一个东西，除了材料之外，还需要一个模子。制作活动正是依据模子来塑造材料的。若以柏拉图的话语来说，模子便是"形式、理念"，若以亚里士多德的话语来说，模子便是"形式因"。在海德格尔的希腊理解中，"形式"被阐释为这里说的"外观（Aussehen）"。海德格尔对 τέχνη 的解读并非本书主题，我们不做展开，仅做一提示：这个理解往前可以上溯到 1925 年解读《智者》的讲座课，往后则在《技术的追问》一文中有更加条理化的表述。

这种展望环绕着个别的事物，因而便是这些事物的境域。也是在这一点上，海德格尔引入了康德的先验（transzendental，关于超越的）哲学，并最终将境域因素和先验因素锻造为一个整体。

如上所述，解蔽涉及个别事物和外观，因而解蔽包括将个别事物摆置出来的活动和投置出事物外观的活动。海德格尔将两种活动都称为"置（stellen）"，若以康德的语言说，这两种活动就都是"表象（vorstellen）"：摆置出个别事物是一种表象，对超出事物的境域之投置也是一种表象（zu-stellende Vorstellen）。海德格尔实际上是在以自己的思路来解释，康德为何既把个别事物称为表象，也把概念性的东西称为表象，而后者便是那些"超越"了感性层次，但却对于感性事物之构成来说必不可少的东西。海德格尔说康德恰恰因为这些东西"超越"感性事物而将这类东西称为"先验的东西（das Transzendentale）"。[1] 对于这些东西之呈现和构成，海德格尔说："对康德来说，我们命名为境域的那个东西，乃是先验的表象活动的构成物。"（GA 77：101）或者说，乃是"那种超出了个别对象的表象活动的构成物"（GA 77：98）。若以康德的语汇表达，即是我们通过思想而呈现出那些超出个别感性事物的范畴概念。这种关于范畴概念的思想就是先验的思想。

由此我们便能明了，康德所谓先验因素，和海德格尔所谓境域因素，最终都是指向那些在表象和解蔽活动中超越出感性、个别事物的"外观之展望"。海德格尔认为"人是有 λόγος 的动物"，其中 λόγος 所指的思想活动一般被理解为表象活动，而这种表象活动如上所述，

1　海德格尔对"先验"的理解离不开其字面中包含的"超越"之意。

必定包含有"超越出去"的那个指向境域的部分，就此而言，一切表象式的思想都是先验－境域性的。"先验的东西和境域性的东西是不可分的。"（GA 77：101）由于思想看来构成了人之为人的本质，因此，这种超越的倾向或先验－境域因素便构成了人的本质，海德格尔有时称之为"人类的境域性本质"。（GA 77：90）

我们在面对普通的事物而思想之时，这种先验－境域特性似乎并没有什么问题。然而，一旦我们思想一个特别的问题，就会产生出困难。这个问题就是这个对话的核心问题之一：人的本质。若如上所言，人是思想的动物，而思想总是先验－境域性的思想，那么，人就是境域性的存在物。这个结论本身是由境域性的思想活动得出的，这意味着，这个结论本身也会有一个超出其自身的境域，因为思想必定包含着先验－境域性的因素。这时出现了一个奇怪的处境："我发现，为境域性的东西的本质的问题确定一个境域，这已经是令人困惑的。"（GA 77：93）质言之，人之境域性本质本身还需要有一个境域，才能够被思想，因为一切人的思想都是境域性的。显然，这两个境域是不同层次的、不同"级次（Potenz）"的东西。（GA 77：83）一切境域若还有一个境域，那么，思想后一个境域，岂不是必定又引入新的境域，以至于无穷？[1] 从这个窘境中，海德格尔没有引出一个惯常思路会提出的结论，即人的思想不是境域性的。海德格尔提出了一个见解：人的思想所能接触到的境域、所能超出而观入的境域，也许只是"境域本身"的一部分，即对人打开的那个部分。这意味着，我们的思想之所以陷

1　如果我们回到康德的框架中，这个问题可以被表达为：关于先天之物的思想是先验的，那么，是否有一种关于先验因素的思想？

入无穷的窘境，是因为思想只能够面对向它打开的东西。思想所打开的东西再多，观入的境域再广阔，思想也不能够超出它所打开的境域。这个有些直白，甚至浅显的道理实际上是在肯定境域与思想，或者确切地说，境域与表象式（囊括 Herstellen 和 Zustellen）思想的内在关联。"因此，境域和超越是从对象和我们的表象出发而被经验到的，而且仅仅着眼于对象和我们的表象而被规定的。"（GA 77：111）基于此判断之上，海德格尔才能正面提出，境域还不是事情的全部：

> 具有境域特性的东西，只不过是一个具有环绕作用的敞开域的朝向我们的那一面，这个敞开域充斥着对外观的展望，即对于作为对象显现给我们的表象的东西的外观的展望。（GA 77：112）

这概括了前面的所有说法，并为境域本身划定了界限，使之不再无穷后退：境域在对象之解蔽中总是必不可少的因素，因这种解蔽总是要看出去、看入对象之外观，并带着对象之外观回过头来揭示对象。因此海德格尔说这个部分的敞开域被"外观之展望"所填满。就此而言，这个部分离不开对象之解蔽，离不开表象式的思想。思想若是我们的本质规定，则这个部分的敞开域就是"朝向我们的那一面"。简言之，境域是对于思想来说的敞开域。

既然有"朝向我们"的那一面，敞开域就必定有"不朝向我们"的其他面。

（二）泰然任之与地域

在汉语现象学译文中，"境域（Horizont）"往往被译为"视域"，从而将"朝向我们"的特性明确表达了出来，因为只有我们才有"视（perspective）"可言。海德格尔在论述表象式思想时，虽然只提到了康德，但显然也包括了胡塞尔，因为正是在胡塞尔现象学中，作为境域的世界才成为主题。也正是海德格尔自己在《存在与时间》现象学色彩浓厚的论述中，让世界作为境域而摆脱了存在者之集合这样的理解。可是这些将世界或境域当作一个课题（Thema）来讨论的做法，现在在海德格尔看来，依然仅讨论了"朝向我们的那一面"。

面对此境况，思想必须转变。在海德格尔看来，唯有停止以表象方式思想，唯有以"躺平"的方式思想，唯有泰然地等待，我们才能够对敞开域本身、而非仅仅对敞开域朝向我们那一面有所洞察："这个敞开域在我看来就像一个场所（Gegend），通过这一场所的魔力，归属于这一场所的一切都回归到它们静息之所。"（GA 77：112）但"场所"这个词依然让人误解，因为其中的"gegen（相对）"会让人听出"entgegen（迎面而来）"的意思。对话中的"学者"就这样误解了，从而把场所理解为"向我们迎面走来的东西"。（GA 77：113）我们认为这虽然属于用词带来的误解，却也隐含对《存在与时间》之中空间观的批评，因为"场所"乃至敞开的空间在那里恰恰就是"对我们而言"的。为了与这种理解划清界限，海德格尔启用了一个古词"gegnet"

或"Gegnet"，我们译为"地域"。[1] 其含义为"自由开放的浩瀚之境（die freie Weite）"。（GA 77：114）海德格尔将之视为"敞开域（das Offene）"的同义词。仅仅从用词上看，比起"境域"和"场所"，新启用的词语有一种疏离化、去人类中心的倾向。这种倾向也应合于海德格尔强调的躺平、静息、归于自身的运作。

这种运作正是海德格尔着力要描述的，它是一种毫不显眼的运作：

> 就仿佛什么都没有发生似的，场所（或地域——引者按）把每个朝着每个，把一切朝着彼此而聚集入一种栖留之中，栖留于它们在自身之中的驻留。地域化即是聚集性的返回庇护，返回到在逗留之所中的浩瀚驻留。（GA 77：114）

敞开域或地域（Gegnet）起作用的方式，即地域化运作（gegnen）。这种运作让每一者归于其自身，驻留（beruhen）于自身，静息（ruhen）而躺平（liegen）。显然，事物之驻留于自身，而非相对于表象站立，这发生在浩瀚之境而非境域之中，所以这种驻留被称为"浩瀚驻留（weiten Beruhen）"。

在上述引文中，归于自身的"每个（Jegliche）"和"一切（Alles）"不仅包括事物，也包括人。海德格尔正是在这个地方确立了战后思想的基本格局：本源事件之发生同时关联物和人，因此可以就物而言（物

---

[1] 孙周兴在中译本中将这个词语译为"开放地域"。我们以为，"开放"二字或是受英译影响所加，实际上"地域"二字已经足够。请参见海德格尔：《乡间路上的谈话》，孙周兴译，商务印书馆，2018，第 108 页注释三。

化），也可以就人而言（居住），详见本书第四章。眼下我们专注于描述《乡间路上的谈话》里对这一格局的描述。这一格局涉及本源、人、物三者之运作：

（1）作为本源的地域本身之发生运作被称为地域化。

（2）一方面，上述本源运作使得思想之本质，亦即使人之本质发生了转变，而人和思想的这种改变被海德格尔称为域化（vergegnen，Vergegnis）。（GA 77：122）

（3）另一方面，本源运作在事物身上也引起了变化，使得事物从站立的对象成为躺平静息的物。物的这种变化被命名为物化（bedingen，Bedingnis）。（GA 77：139）

可以看到，这两个词语（"域化"和"物化"）都颇为生硬，后来也被海德格尔弃用了，仅见于从《乡间路上的谈话》中摘录出来的"对泰然任之的探讨"（GA 13：37–74）。但这个格局——本源事件之发生需要人和物，尤其需要人的思想、人之本质发生改变——则保留了下来，最终化入海德格尔战后关于物与居住的地形学探讨之中。这种地形学探讨要求我们人以有别于技术的方式呵护物，从而展开汇聚于物这个位置之上的本源事件。

地域的本源运作及其环节既然排斥表象式的思想，当然也就无法在表象式的思想中呈现出来："地域之域化，同样还有物化，本质上是排斥一切作用和引发的，这一点已然表明，它们多么确实地与一切意志本质格格不入。"（GA 77：143）就此而言，关于本源空间的思想也是"与意志格格不入的"，由此而来方能理解为何"对泰然任之的探讨"竟是对空间问题的探讨。思想与空间、敞开域，进而与真理的关系至此显明了出来——与意志有关的思想和真理是格格不入的，因为真理之根本运作就是地域之根本运作：

> 地域也许是隐蔽地运作的东西（das verborgen Wesende），我会说，是真理之根本运作（Wesung der Wahrheit）。（GA 77：144）
>
> 我们现在把地域标识为真理之被遮蔽的根本运作（das verborgene Wesen der Wahrheit，真理之遮蔽本质）。（GA 77：146）

由此见出，关于地域的讨论实质上是对本源事件之发生运作的讨论。在眼下的语境中，本源事件说的和《哲学论稿》相同，乃是指（存有之）真理之根本运作。这种运作之所以是隐蔽的、被遮蔽的，是因为它逃离了惯常的思想方式——我们通常只能思想它朝向我们的一面，即境域。在用词上经过从"地域"到"真理"的转变，则上述判断可以改写为：我们通常思想的真理，也只是真理朝向我们的一面。当然，虽然就与我们的思想之关系而言，地域和真理是类似的，但这还不足以将二者直接联系起来。真正建立起二者关联的中介，是对"决心（Entschlossenheit）"的重新阐释。

在《存在与时间》中，真理从本源上说是此在的展开状态，而最本源的真理、即本真的展开状态，乃是此在的决心（SZ：297）。决心是对敞开域的自行开启。换言之，决心一方面是本源的真理与无蔽，另一方面是此在与敞开域的关系。然而在《存在与时间》的框架内，此在的真理与敞开域本身是叠合的。如本书第二章第三节所述，这种叠合带来了一个问题，即公共空间与个人生活空间纠缠不清。如此一来，敞开域所是的那个此（Da）与此在之此（Da）就等同了起来，敞开域完全变成了"朝向（我们的）此在的那一面"，成为境域性的东西。决心本身因而缺乏"隐蔽地运作"，由是，敞开域本身也是一派光明。这种将此在之无蔽理解为敞开域本身的做法在《存在与时间》之后被放弃了，换言之，海德格尔区分开了敞开域本身及其"朝向我们的那一面"。只有基于这一区分，海德格尔才能言说真理之中的遮蔽[1]，或眼下语境中的"真理之被遮蔽的根本运作"。若海德格尔对真理之发生有了这种进一步的申述，则相应地，对于决心的理解必定发生改变："思想的本质，也即对于地域的泰然任之，或许就是对于真理之根本运作的决心（die Entschlossenheit zur Wesung der Wahrheit）。"（GA 77：144）

这意味着决心被重释为泰然任之了。这个重释只能从德语字面上去理解，因为"决心 / 决断"这个词在德语中含有非常强的意愿和意志色彩。要将之解释为非意愿性的"泰然任之"，这无异于把水火不容者搅到一起。"决心"一词只有从字面上解释，即"去除（Ent-）锁闭（-schlossen-）的状态（-heit）"，才能够被解释为对地域、对真理之根本性运作的开放等待。

决心演变为泰然任之，意味着我们和本源事件的关系发生了转变，我们"域化"了。海德格尔从两个方面来分说这一点：一方面，随着我们放下表象式思想而泰然任之地等待，地域才得以运作起来：

1　海德格尔对真理之本质 / 本现的理解在某个时刻发生了巨大的改变，这个时刻现在可以精确定位到"论真理之本质"这个讲演的第 5、6 节之间。海德格尔自己在第 5 节末尾的注释中说："在第 5 节和第 6 节之间，跳跃入（在本有中运作着的）转向中。"（GA 9：193）

"若没有人之本质，地域就不可能如其根本性地运作那样根本性地运作起来。"（GA 77：146）另一方面，这种人之本质也不再是以表象式思想为特征，人之本质也被地域或真理之运作而改变了："人之本质被转本给了真理（der Wahrheit übereignet），因为真理需要使用（braucht）人之本质。"（GA 77：147）

从两个方面言说转变，并不意味着转变有先后之分。这种转变不是单向的，而是共属一体的。为了强调这一点，海德格尔总是提及的"转向（Kehre）"绝非我们随性而为之的改变，而是发生于实事中、归属于实事的转向。应合此转向的思想因而不是强制性的，我们只能以等待的方式思想。这一点在关于泰然任之的言说中清楚显露出来：既非意愿（强制去转向），也非不意愿（强制着不强制去转向），而是对意愿的戒除（等待转向之发生，从而被转向所需用和改变）。（GA 77：108）

转向或改变总是共属一体的，因此，既然决心得到了重释，我们对作为敞开域的真理的理解，眼下即对地域这种本源性的空间的理解，也必定同时发生了改变。这种改变的线索稍稍曲折一点，因为这条线索必须途经《哲学论稿》。我们在本章第一节已论述，《哲学论稿》中说的时间 - 空间乃是本源事件发生的结构，这种结构在眼下的语境中指的是地域。地域的两面（向着人的一面和隐蔽于意志的一面）之共属一体，在《哲学论稿》中亦有相应的描述，即"为澄明的遮蔽"。"为澄明的遮蔽作为本源 - 唯一的根本运作，乃是根基之离基，此（das Da）就作为根基之离基而运作。"（GA 65：350）易言之，作为敞开域、作为真理的此，乃是差异化运作的本源空间。《哲学论稿》和《乡间路上的谈话》试图显明的一个质朴然而核心的要义就是：这种本源的、差异化运作着的空间不能被表象式、科学式的思想所洞察，即便被洞察，也无法被此类思想所谈论和恰当地对待；唯有在本质上改变了的思想中，在泰然任之的等待中，思想才能恰当言说本源之发生及其发生之格局。

这样的本源空间或本源的时间－空间，即地域，海德格尔后来以"世界"命名之。从上述本源事件之发生的格局的角度来看，这已经很明显了。从文本上看，海德格尔也留下了痕迹。在《乡间路上的谈话》中，海德格尔在谈及地域时，突然没有任何征兆地将地域改写为世界，将地域化改写为世界化。（GA 77：149）而在生前发表的、出自"对泰然任之的探讨"的这个段落里，海德格尔又恢复了地域和地域化的说法。（GA 13：69–70）这或许是因为引入"世界"一词过于突兀了。但背后也透露出，在海德格尔心目中，这两者实乃同一者。

关于这同一者的作用及其运作方式，我们现在已有所了解。但这同一者如何被描述，具有何种性质呢？它具有一种非常特殊的性质，即"切近"。

（三）"Ἀγχιβασίη（接近）"

在以"Ἀγχιβασίη（接近）"为题的这个对话末尾，对话中的三个人物想要找到一个词来命名改变了的思想的本质。满腹诗书的"学者"于是从赫拉克利特残篇中拈出了一个由单词成篇的残篇，即残篇第122："Ἀγχιβασίη（接近）"。这个词语何以能担此重任呢？三人就此展开了讨论。从字面上看，这个词语由两部分构成：Ἀγχί（近）和βασίη（走）。这个残篇仅此一词，故释义空间较为丰富。对话中的"研究者"和"向导"便分别对之作了泾渭分明的阐释。

研究者基于科学研究的做法，将之解释为"认识的本质"，即"向着对象前行和接近于对象"。他甚至还想以此词语为题做一篇关于现代科学之本质的论文呢。（GA 77: 152–153）在此理解中，所谓"近"，被研究者理解为近于事物，或事物之近。所谓"走"，便是尽可能清楚地逼近事物、认识事物。于是，"走近"事物就意味着逼近对象以攫取出知识，这背后是"研究者"一贯的表象式思想在作祟。

为海德格尔代言的"向导"却不甘如此。他对"走"和"近"作了另一番阐释，要"以希腊的方式"来思想这个希腊词语。

"走"意味着人与事物之间的关系，人行走于事物之间。希腊人理解的事物，即存在之物（was ist）。存在在希腊人理解中即在场。存在之物，即是在场事物（Anwesende）。在场事物"在无蔽状态中现身（west）"。如此一来，人行走于事物中间，便是行走于在场事物中间，行走于无蔽状态中现身的东西中间，于是这种行走也是"内在于无蔽状态（innerhalb der Unverborgenheit）"的。（GA 77: 154）

相应地，希腊理解中的"近"也不是仅仅来自事物。无蔽中现身的在场事物在希腊语中叫作 παρόντα（在场存在者）。海德格尔有时也把这个词写作 παρουσία（在场）。其前缀 παρά 意为"在旁边、在近旁"。海德格尔由此从字面上将在场事物诠释为"在近处在场的东西"。若如上所述，在场事物即在无蔽中现身者，那么，所谓"在近处"也就是"在无蔽中""在真理之中"了。[1]

---

[1] 这种对切近的理解从此贯穿着海德格尔后期思想，后文第四章第三节和第五章第二节末尾会继续讨论相关话题。

合而观之，"Ἀγχιβασίη（接近）"这个残篇的意思也就显明了："走入切近之中（In-die-Nähe-gehen）。"走入切近中，即是让自身向着真理、敞开域、地域开放，以泰然任之姿态，等待着来自切近的要求（Anspruch）。（GA 77：155）对"走"和"近"的分别重释，实际上再度显明了存在问题（"在场"）与真理问题（"无蔽、敞开域"）之同一性，借此显明出存在问题与空间问题（"地域、切近"）的同一性。

回顾本章开头所引用的晚年海德格尔的自述，眼下我们或许有更深的理解："时间和空间及其统一性起源"的问题，在《哲学论稿》中以时间－空间的形态、在《乡间路上的谈话》中以地域的形态得到了充分的探讨。这个统一起源不是别的，正是存在、存有、本有、真理的根本运作。根本运作是二重性的，当海德格尔将此二重性阐释为时间－空间以建基－离基方式发生而构形时，他就克服了早期思想中寻求最终奠基、以时间诠释一切的先验哲学的要素；当他将此二重性阐释为地域之"面向我们"和"逃离我们"的二重面相时，同时也就克服了早期思想中将此在之此等同于敞开状态之此的主体主义境域要素。这两方面合在一起，便是时间－空间／地域／敞开域等一系列说法对先验－境域式思想方式的克服。这种克服也促使我们实行一种过渡，过渡到泰然任之的等待之中。

总括而言，时间－空间和地域这两种形态虽然看起来差异很大，但都是对本源事件之发生结构的探讨，都关系着海德格尔的存在之思。延续这条思路，在下一章中我们将专注于描述海德格尔在"二战"之后发展出来的所谓"存有之地形学"。这套以"位置"为核心的话语，正是对此间探讨过的地域或世界问题的继续展开，具体说，从人之居住和人对物的呵护这两个方向同时展开。无论是居住还是呵护，抑或位置，这些说法均有针对技术世界图景的意图。关于本源空间的地形学实际上针对的是技术带来的危险。

第四章　居住与空间

　　海德格尔关于居住的言说常常被理解为一种惬意乃至诗意的言论。尤其是当"Wohnen"的汉语译名"栖居"广为流传之后，再配上荷尔德林的诗"人诗意地栖居于大地之上"，显得无比美好。人们还发现，海德格尔关于空间的讲法同样十分玄妙，天、地、神、人在莱茵河上的古桥那里汇聚起来，神秘莫测又意味悠长，切近切近着，遥远遥远着，听来有一种莫名的诗意。"诗"和"远方"一应俱全。

　　然而，这种臆想距离海德格尔讨论居住与空间的语境还很远。相反，海德格尔是出于很多一点都不美好的理由——被他命名为强迫性的"急难"（Not）——来谈论居住的：从历史处境看，如德国"二战"后的住房困难问题；从学理上看，居住的姿态针对的是以科学－技术来理解和操纵事物的做法。空间问题也是一样，海德格尔关于居住空间的探讨针对的就是科学－技术对世界空间的铲平和伤害。

　　海德格尔对技术的沉思也不是技术性的。他从存在问题出发来看待技术：技术现在已经影响到了我们关于"存在／是"（Being）的理解，具体而言，影响我们对世界和事物是什么以及如何是的看法。凡是技术不能理解和解释的东西，就丧失了存在的权利；侥幸被技术赋予存在权利的东西，马上就被安排到有待利用和榨取的存在链条之中；整个世界一旦被技术如此框定起来[1]，就导致我们不再能够将事物理解为事物，将人理解为人，而只能将事物和人理解为资源存储材料。简言之，技术不仅仅造成一些枝节的技术性问题，而且影响到了我们对整个世界的理解。我们不再能够将世界理解为自然而然（sich ereignet）的世界，这在海德格尔看来是莫大的危险。因此，针对技术而发的有关居住与空间的谈论是面对危险而被激发出来的沉思，不是风花雪月的呻吟。

技术的危险首先从根本上呈现在存在问题的层次中，影响到了我们对存在这一本源事件的理解，因此，海德格尔的相关谈论也是以存在问题的形态展开来的。这些谈论可以被总括在海德格尔自己的一个说法中，即"存有之地形学"（die Topologie des Seyns）。地形学的核心是位置（Topos），位置是由事物提供出来的，而事物唯有在人恰当的对待——即居住——之下才展开出此位置上发生的本源事件。

本章第一节首先将简略澄清"地形学"与"位置"这两个词语，为接下来的讨论进行准备。第二节重新捡起"存在"与"居住"之间的关联，简明地展示出海德格尔不同时期对此关联的两种不同看法。海德格尔之所以改变了看法，缘由在于他对科学技术所导致的无家可归状态有了更加深入的理解。为了应对这种与存在之被遗忘状态携手同行的无家可归状态，海德格尔重新思考了居住，也重新思考了由居住活动展开的居住空间，这是本章第三节要讨论的内容。

---

1 也许出于对"框定"的理解，人们在汉语中也愿意将技术的本质"Gestell"按照这个词的日常含义译为"座架"，或者在英语中将之译为与"框架（frame）"相关的"enframing"。我们依从孙周兴的译法将此词译为"集置"。理由有二：第一，海德格尔明说过他对Gestell 的理解不是日常理解；第二，海德格尔有时会就这个词的前缀 ge- 和词根 -stell 做一些引申和联想，这时"集置"的翻译更容易在汉语中呈现这一点。

一、存有之地形学

就一般用法而言，"Topologie"指的是对形状及其形变的研究：几何形状在经历剧烈的形变时是否保有某些独特的性质？在这个意义上这个词被译为"拓扑学"。海德格尔根本没打算讨论几何问题，他是完全独立于几何来使用这个词语的。因此首先我们必须明确"Topologie"一词在海德格尔那里的特殊含义。

"Topo-"来自希腊文 τόπος，其含义是事物所在的那个"位置、处所、地方"。因此，我们可以合理地将"Topologie"硬译为"位置学/处所学/地方学"。孙周兴将之译为"地志学"[1]。我们采取"地形学"这一译名。需要注意的是，地形学中的"- 学（-logie）"不能被解释为名词意义上的"学说"，而应当从 λόγος（话语）的动词意义上来理解：λέγειν（言说）。这一点得到了海德格尔本人的确认。在 1958 年末，奥托·玻格勒（Otto Pöggeler）曾去信向海德格尔求教"Topologie"一词的含义，海德格尔回信说："我完全是在字面上使用'Topologie'这个词的：关于位置的道说；亦即，关于存有之真理（自行遮蔽的解蔽）的思想。"[2] 这句话颇值得注意，因为它直截了当地表明了两点：第一，"道说（sagen）"与"思想（denken）"是同一的动作；第二，"位置"关乎"存有之真理"。因而，地形学的意思在海德格尔这里并不是一套"关于位置的学说"，而是去"言说位置"，如此才能理

---

[1] 请参见 GA 13 的中译本《从思想的经验而来》（商务印书馆，2018 年）。
[2] Martin Heidegger and Otto Pöggeler, *Briefwechsel 1957–1976* (Freiburg: Verlag Karl Alber, 2021), p.16.

解，为何海德格尔将地形学等同于对位置（Ort）的探讨（Erörterung）[1]，并进而等同于诗性 / 创造性的思想或思想性的作诗 / 创造[2]："而思想性的作诗，实乃存有之地形学。"（GA 13：84）换言之，诗人之思或思者之诗正是去言说、去探讨、去思想存有发生和根本性地运作于其中的位置。地形学言说的是位置，但它思想的是于位置上发生的存有。

就现有文献来看，"Topologie"这个词在 1946 年第一次出现在海德格尔的著述中[3]：

> 思想的诗性 / 创造特性（*Dichtungscharakter*）。——有朝一日，存有之地形学可能会变成这样的东西：仅仅像是失败地被创造出来的乌托邦。随着存有之本质现身，思想保持为它所是的东西：作诗 / 创造的严格，这种作诗 / 创造让最后之神在存有之地方中的居留（之所）来到语言之中。在"区分"中，存有之经受被聚集于存有之真理的地方之道说中，被聚集于存有之真理的地方中。"精神现象学"是其终结。存有之地形学乃是开 - 端。它涉及的

1　请参见"面向存在问题"："……必须有一门地形学：就是对那样一个位置的探讨……"（GA 9：412）。另外，海德格尔将"地形测绘学"与"地形学"进行了对比。二者的关系可以说是"形而上学"与"形而上学的形而上学"的关系，就此请参见 Ott Pöggeler, *Philosophie und Politik bei Heidegger* (Freiburg: Karl Alber, 1972), pp.71-72.

2　Eiho Kawahara, "Technik und Topologie des Seins im Denken Martin Heideggers", *Kunst und Technik: Gedächtnisschrift zum 100. Geburtstag von Martin Heidegger* (Frankfurt am Main: Vittorio Klostermann, 1989), s.56-58.

3　这个出处是杰夫·马尔帕斯提供的，请参见《The Cambridge Heidegger Lexicon》第 765 页。Patrick Unruh 编制的索引也指明了这个出处，请参见《Register zur Martin Heidegger Gesamtausgabe》，第 435 页。二人均只指明了出处，马尔帕斯也未提供可供参考的英译文，下面的译文是我们根据德文原著做的试译。

> 不是黑格尔，不是海德格尔，不是这两人之间的关系。存有之地形学乃是区分。（GA97：201–202）

除了"言说位置"这层基本的字面含义，地形学还有另一层涉及思想方式的含义。这层含义需要加以解释才得以彰显。海德格尔将地形学等同于对位置之探讨。这种特殊意义上的关于位置之言说要做的是指引我们去留意存有之真理发生的位置或地方，引导我们逗留、居住于这个地方。[1] 由是可见：语言、位置、居住是存有之地形学题中应有的三个要素。而位置无疑是地形学思想的核心要素。"位置"一词在《存在与时间》中就出现了，但并未被赋予"聚集"含义，而正是这层聚集含义凸显出地形学作为一种思想方式的特性。

杰夫·马尔帕斯将地形学描述为一种对抗"先验式"思想方式的尝试："地形学是一种表述位置的尝试，这种尝试并不依赖于从一个奠基性的原则或根据中引申出什么来，而是试着就属于位置本身的差异化的、但又统一着的特性来表述位置。"[2] 所谓从根据中进行引申，指的即是把某一者思想为另一者的"可能性根据（Grund）"的做法，亦即一般而言的"先验哲学"。在这种思想方式中，我们往往把存在思想为存在者的可能性条件，思想为存在者的存在性。在海德格尔眼中，

1　Eiho Kawahara, "Technik und Topologie des Seins im Denken Martin Heideggers", in *Kunst und Technik: Gedächtnisschrift zum 100. Geburtstag von Martin Heidegger* (Frankfurt am Main: Vittorio Klostermann, 1989), s.56-61. 川原（Kawahara）的这个研究较为细致地紧扣海德格尔文本，不过也因其过于细致，似乎陷入了文本之中。真正不拘泥于文本而揭示出地形学要义的还是奥托·玻格勒（Otto Pöggeler）、莱纳·舒曼（Reiner Schürmann）和杰夫·马尔帕斯等人。

2　Jeff Malpas, *Heidegger's Topology: Being, Place, World* (Cambridge: The MIT Press, 2006), p.222.

这就是形而上学。《存在与时间》虽然没有这样来理解存在，但其基础存在学依然留有这种做法的痕迹，因为海德格尔曾经想从存在理解入手通达存在本身，而存在理解本身又基于此在的某种时间性结构。[1]因此，基础存在学的思想方式是以此在的时间性结构为存在本身的"基础"和"可能性条件"。

海德格尔在《存在与时间》之后显然意识到了这种思想方式的问题，于是明确拒绝了这种思想方式，并针锋相对地提出了作为"离基深渊（Abgrund）"的存有。这个想法后来展开成为"地形学式的"思想方式。在这种思想方式中，存有并不被思想为一个奠基性的独一根据，而是被思想为诸多同等重要的元素的彼此聚集互动，由此而有"本有之圆舞""四方之映射"等一系列玄奥的说法。马尔帕斯从操作层面描述了地形学的思想方式："并不描述某种为其奠定基础的东西，而是描述其构成要素之间的动态交互运作。"[2]例如在艺术作品这里，我们并不是要去描述艺术作品背后的某个基础（形式－质料），而是去描述其中来自世界和大地的不同部分之间的交互运作。又例如在描述事物时，不是去描述事物背后的构成结构（四因说），而是描述天、地、人、神四方如何在事物这里交互运作。或有人反驳说，地形学式的思想方式不也设定了一个聚集的核心——"物"吗？物难道没有起到"基础"或"载体"的作用吗？海德格尔恰恰没有止步于此，而是继续将物的核心解释为一个"位置"，而如果处于谈论中的物恰好是某种中空的

1　Jeff Malpas, *Heidegger's Topology: Being, Place, World* (Cambridge: The MIT Press, 2006), p.212.

2　Jeff Malpas, *Heidegger's Topology: Being, Place, World* (Cambridge: The MIT Press, 2006), p.225.

物（例如"壶"），那么他还会进一步把这个位置解释为"空无"，从而彻底消解了有一个核心和基础这样的想法。

初步澄清了"地形学"的字面含义和作为思想方式的含义，我们还需简要考察一下何谓"位置（τόπος，Ort）"，因为海德格尔对这个词语的使用并不是单义的。"位置"一词的严格用法，一如上述，指存有之真理发生的本源场域。不过，海德格尔也常常在广义上使用"位置"一词，例如他把桥和壶都称为是一个位置，这时就较为接近我们日常的理解，即把"位置"理解为世界中的某些地点。尽管这种日常理解尚未让我们明白，一个物为何不是处在位置上，而是本身就是一个位置。据海德格尔说，这种意义的"位置"意味着"聚集"。

"位置"为何会有"聚集"的含义？海德格尔至少提供了两个词源学的依据：第一，作为位置的物（Ding），其古高地德语形式"thing"就有聚集的含义（GA 7：176）；第二，德文中的"Ort（位置）"一词本义是"矛之尖端"，一切都汇聚到这个尖端上，从而是一种聚集（GA 12：31）。这两个说法似乎把"位置"与"聚集"的关联轻易打发过去了，使得我们操非德语的读者只能够接受这一说法。其实要理解"位置"与"聚集"的关系，我们还有别的路径：回到亚里士多德的文本中。

希腊词语 τόπος 在亚里士多德那里不仅有物理学用法（汉译为"位置"），而且还有逻辑学－修辞学用法，这个用法的 τόπος 一般被译为"论题"，考察诸论题的著作即是被统称为《工具论》的系列著作中的 Topica（《论题篇》）。查《哲学历史辞典》和《亚里士多德辞典》[1]，前者在 τόπος 词条下首先解释的就是逻辑学－修辞学意义上的 τόπος，后者甚至为 τόπος 的这两个含义分别列了两个词条：具有空间含义的 "topos₁/Raum" 和具有逻辑学－修辞学含义的 "topos₂/Topos，Ort"。正是在后一种用法的 τόπος 中，最容易看出其"聚集"含义。

这种含义下的 τόπος 与所谓"修辞论证（ἐνθύμημα）"有关。修辞论证是一种推论的方式，其推论的前提并不是必然的，而是大多数情况下如此的，往往是听众熟悉的正确意见（ἔνδοξα）。有选择地从听众熟悉的前提出发得出的推论不一定是真的，但常常是听众爱听的，于是修辞论证被用来唤起听众的情绪。τόπος 指的就是修辞论证的一些大类："因为……τόπος 包含了许多的修辞论证。"（1403 a 17）[2] 也就是说，τόπος 是一些类型、模式或结构，我们因此不能从汉语的"论题"出发把 τόπος 理解为命题形式的个别论题。正是在 τόπος 之下聚集着一系列的修辞论证，它们尽管在具体内容方面各不相同，但却有同样的 τόπος。对应于不同的 τόπος，可以有不同的方式击破具有该 τόπος 的修辞论证。因此亚里士多德把 τόπος 称为这样一些"位置，从这些位置出发（对手）应当被击破"（155 b 4）[3]。在这里，τόπος 指的是某个修辞论证可以被攻击的地方，而这个地方实在不是这个论证中某

1　Joachim Ritter, Karlfried Gründer (Hg.), *Historisches Wörterbuch der Philosophie*, Band 10 (Basel: Schwabe & Co AG Verlag, 1998), p.1263. Otfried Höffe (Hg.), *Aristoteles-Lexikon* (Stuttgart: Kröner, 2005), pp.603-607.

2　Otfried Höffe (Hg.), *Aristoteles-Lexikon* (Stuttgart: Kröner, 2005), p.606. Aristotle, *Art of Rhetoric*, trans. J. H. Freese (Cambridge: Harvard University Press, 2020), pp.342-343.

3　Otfried Höffe (Hg.), *Aristoteles-Lexikon* (Stuttgart: Kröner, 2005), p.606. 括号内补足语为笔者所加，略异于转引德译文提供的补足语。

个具体的地方（如某个词语），而是聚集着、包容着许多此类修辞论证的类型。τόπος 一词含义中的"聚集"与"位置"之关联由此明朗可见。海德格尔虽然没有使用这个说法，但凭此可见，位置的聚集含义并非海德格尔的牵强附会。[1] 另外，τόπος 的这个兼具"聚集"与"位置"的用法还曲折地在英语"topic"一词中保留了下来："topic"即是那个把相关事务聚集起来的位置，也是把论辩或交流凝聚起来，不致跑题错位的核心所在。

以上对"地形学"含义的初步澄清帮助我们更清楚地看出空间问题如何在主题与思想方式两方面规定着海德格尔此时的思想活动。而对"位置"一词含义的溯源也呈现出其本有的聚集含义。我们将继续展开此一阶段的空间问题，考察海德格尔对"位置"的"探讨"。

二、无家可归状态

"家""家园""家乡"都是某种位置和场所，有时是我们深深扎根于其中的地方，有时又是我们不能再回归的地方，甚至是我们始终向往，却从未到达或永不能到达的地方。不能归家的经验对于 20 世纪的人来说或许尤为强烈。国家权力的集中，加上统治阶级的强大，使得许多人踏上流亡道路，从一个地方迁徙至另一个地方。法西斯势力在欧洲的抬头迫使大批犹太人和非犹太人避走他乡，"被抛"于独裁

---

1 需要指出，τόπος 一词本来的"聚集"含义还不能完全等同于海德格尔强调的、来自 λόγος 的"聚集"含义。

国家却又渴望自由的人士只能通过危险系数或高或低的方式逃离自己所处的地方。例如，《海德格尔与空间问题》一书有一个副标题，叫作"基于流亡的思想（thinking on exilic grounds）"。其作者亚历杭德罗·瓦莱加（Alejandro A. Vallega）本身就是一名智利流亡者，他把自己的"流亡经验"别具一格地融入对海德格尔空间思想的解读中。

随着城市化进程的推进，不少新兴城市建立了起来，不过更多的情况是对既有的城市进行重新规划和扩建。城市规划的活动往往被看作生产、规划和分配空间的活动。从前没有规划的聚居区被重新规划，老旧的房屋被打上危房的标记等待拆除，曾经是居民区的地段重新被规划为商业片区，等等。无数人因为空间分配的问题离开自己惯于居住的地方，很少有人能够有幸迁回原来的家中。在有的情况下，原本居住于中心老城区的居民在旧城改造之后再无可能负担起居住于旧址的生活，只能搬离至城市边缘的郊区：贫富差距致使穷人只能住在郊外。这一脉络下的空间问题在西方马克思主义的语境中得到了较多的探讨，非本书论题所能及——但离家的经验的确是同样深刻的。

上述状况还是比较"常规"的无家可归状态。来得更为措手不及且更为猛烈的，是战争带来的无家经验。20世纪之前的战争从未将某块空间（无论是无人居住的自然还是人群聚集的乡村和城市）夷为平地过，而经历过两次世界大战的人却目睹城市不止一次被狂轰滥炸，乃至被原子弹夷为平地，自身和家园一起被消灭。在20世纪种种的"急难"之中，海德格尔大谈"家园"，要求本真的人"扎根于乡土"，这是不是一种奢侈，一种乡土气的天真，一种不招人待见的反动？

就"居住"这个话题而言，眼下我们首先关注的是海德格尔于20世纪30年代起逐渐提起的"家园"主题。从2014年起，海德格尔于

20 世纪 30 年代初期开始写作的《黑皮本》陆续出版。这使得"家园"主题变得更加尖锐，因其不仅关乎思想，而且牵涉到严重的政治问题：怎么看待四处漂泊而缺乏固定家园的犹太人？海德格尔的立场与《存在与时间》中一脉相承：本真的人立足于自身，本真的民族则扎根于家园乡土。我们几乎能够直接推出：犹太人并不扎根于某处乡土，因此不是本真的民族。也就是说，是否在空间中占有一个稳固的居住位置，被海德格尔当作评判的标准。

若是从切身的经验看，我们总是居住在家里。早在《存在与时间》中，"居住"就和"存在"联系在了一起，从而具有核心地位。人在世界中存在，就是居住于世界中。由居住展开的世界和空间，必定具有家园的性质，毕竟我们并不居住在随便什么地方，而是居住在家中：没人会自豪于"住在办公室""住在宾馆"；学生虽然住在宿舍，但总是愿意放假回家，可以住得舒服些；偶尔，我们会邀请别人到自己家居住，但都是家里的亲人或家人一般亲密的朋友。居住活动总是带有一种对世界的亲近感。可是，海德格尔在《存在与时间》中却并没有沿着这个亲近、舒适的方向来思索居住和人在世界中的存在。[1] 人和世界的关系很快就从居住滑向了使用甚至利用。海德格尔进而以使用或利用为准绳来理解世界和空间。和使用有关、被使用打开的空间是更本源的，远离使用、被静观的空间是派生的。甚至，从自然科学那里被拯救出来的世界和空间还要在畏这种可怕的情绪中得而复失。无论怎么看，居住一旦和使用、畏扯上关系，似乎就变味了。更令人困

---

[1] Edward Casey, *The Fate of Place: A Philosophical History* (Berkeley: University of California Press, 1997), p.246.

感的是，由畏所展开的状态是惶然失所、异于家常的非常或异常状态（Un-heimlich-keit）。这恰恰颠倒了安居乐业的日常生活和惶然失所的非常状态的地位：居住是盲目的，人只有离家，才能看清自己的居住活动和作为居所的世界。这样一来，"将存在释为居住的做法"和"将惶然无家视为本真存在之开端的做法"之间显然有难以调和的张力，因为前者说到底是要将居所看作人之存在展开活动的本源领域，后者则把家园之外的地方看作更本源的领域。在《存在与时间》中，海德格尔显然采取了第二种看法。在"二战"的岁月中，海德格尔似乎又推崇第一种看法。这中间发生了什么？

（一）无家可归的创造者

《存在与时间》体现的这种关于居所和家园的非常看法，延续到了1935 年的讲座课《形而上学导论》中。其中对《安提戈涅》的解读也彰显出走出家园、脱离家常的一面。海德格尔的解读集中于《安提戈涅》第一合唱歌，即所谓的"人颂"。已经有学者指出，海德格尔的解读忽略了《安提戈涅》的戏剧性，他对第一合唱歌的解读是脱离上下文的，甚至他的翻译也不无曲解之处。指出这些偏离和差错不是我们的主题。[1]这些偏离和差错并不妨碍我们理解海德格尔本人要表达的意思。就我们这里关心的主题而言，我们只需要指出：海德格尔的这个解读表明，真正的创制行为要求的不是"在家"，而是"离家"；在希腊语境中，

---

1 请参见韩潮：《海德格尔与伦理学问题》，同济大学出版社，2008，第 307 页注释 1、第 323—327 页。

就是要求出离到城邦之外。

海德格尔说的"家（Heimat）"当然不只是狭义的、个人的小家。"家乡""故土"也是"Heimat"。人在故乡总会有某种熟悉的、习惯了的生活方式，这些方式可以说是"heimisch"的，即居家的、本乡本土的，或是"heimlich"的，即太过熟悉因此隐而不彰的。希腊人大概还没有那种属于德国浪漫派的乡愁式的家园观。对希腊人而言，他们的家乡就是他们所归属的城邦，即πόλις（城邦）。我们现在就只关注海德格尔对πόλις所做的解读。

《安提戈涅》第一合唱歌的上下文是：安提戈涅违背了新王克瑞翁所立下的法令，偷偷为曝尸在外的兄长举行了葬礼。此时人们尚不知何人如此大胆，竟违抗新王的法令。歌队于是惊叹道："非常的东西真是多，但没有什么比人还要非常……"（GA 40：155）[1]由此开始了六段献给人和技术的"颂歌"。这首颂歌的调子却不是一味高扬的，尤其是按照海德格尔的读法，最后几句颇为诡异：

> 人在大地的法规和向诸神起誓的合式之间穿行。在高耸出处

1　本章对《安提戈涅》的引用只涉及第一合唱歌，因此均转引自海德格尔的《形而上学导论》。此句中"非常的东西（τὰ δεινὰ, das Unheimliche）"一词备受讨论，有多种译法，如："奇异"（罗念生）、"莽森"（熊伟、王庆节）、"厉害"或"神奇"（刘小枫）、"非常"（韩潮）。我们跟随韩潮的译法，理由是这种译法最能从字面上体现"非常（unheimilch）"与"家常（heimlich、heimisch）"之间的关系，因此在行文方面较切于我们对家园、居住和空间的讨论。请参见韩潮，《海德格尔与伦理学问题》，同济大学出版社，2008，第304页。韩潮对海德格尔的《安提戈涅》解读也做了精审的分析和批评，请参见同书，第295—327页。刘小枫也对这个解读做了长篇分析，请参见刘小枫：《海德格尔与索福克勒斯》，载《重启古典诗学》，华夏出版社，2013，第63—188页；关于"非常"这个词的讨论，请参见该书第78—80页、第91—93页。

所之际，人没有了处所，对人来说，非存在者总是为冒险之故而存在着。（GA 40：156–157）

即便我们忽略海德格尔把"城邦（πόλις）"译为"处所（Stätte）"，把"正义（δίκαν）"译为"合式（Fug）"的做法，和通常的翻译相比，海德格尔的翻译仍可以说是面目全非了。罗念生将这段话译为："只要他尊重地方的法令和他凭天神发誓要主持的正义，他的城邦便能耸立起来；如果他胆大妄为，犯了罪行，他就没有城邦了。"[1]从句法上看，通常的译文由两个分句构成，其中每一个分句都是一个条件句："只要 / 如果……便能 / 就。"海德格尔的翻译把第一个分句的条件部分单独划为一句，于是第一个分句的结果和第二个分句的整体就构成了一个新句子。这一做法的"好处"是可以让海德格尔把第一个分句的结果（"高耸出处所 / 城邦耸立起来"）和第二个分句的结果（"没有处所 / 没有城邦"）并到一个句子中，并使之发生某种关系："Hochüberragend die Stätte，verlustig der Stätte is er……（在高耸出处所之际，人没有了处所）。"这是海德格尔对句法的第一个改动。他对句法的第二个改动，是将"耸出 / 耸立"的主语，从城邦改成了人。其目的显然也是为了建立起"高耸出处所"和"没有了处所"之间的联系，即使得这两个动作或状态的主语成为同一个东西：人。

那么，海德格尔不惜曲解原文也要建立起来的某种关联，是何种关联？从海德格尔提供的译文看，这里有一个分词结构（"hochüberragend die Stätte"），表明这个分词的动作状态是伴随

---

[1]　索福克勒斯：《索福克勒斯悲剧五种》，罗念生译，上海人民出版社，2016，第31页。

着主句的动作状态，或与之同时发生的。分词的这种用法有时还带有
因果关系。鉴于海德格尔对因果关系的批评，我们最好慎重地先将之
悬置起来，看看海德格尔自己是怎么说的：

> 当他们高耸出历史处所之际，他们同时就变成了 ἄπολις（没
> 有处所、没有城邦），无邦无所，孤－独，非－常，在存在者之
> 整体中走投无路，同时又无法规无界限，无章无法，因为（weil）
> 这一切都必须有待他们首先作为创造者才建得起来。（GA 40：
> 162）[1]

就此看来，高耸和失去确实都是有原因的。城邦中的一切都有待
创造，"作为"创造者的人必定不受这些被创造之物的限制，因此是
没有城邦和处所的（ἄπολις）。同时，"作为"创造者的人竟能为城
邦和处所赋予法则，因此是高耸出城邦和处所的（ὑφίπολις）。创造者
因其创造而不得不高耸出城邦，不得不出离于城邦——不得不成为无
家可归的非常者。

就人的这种地位可以展开政治哲学式的解读。[2] 对于我们的主题来
说，重要的是点明创造者的"非常位置"：他在城邦和处所之外。开
天辟地的创造者并不居住在习常和家常的地方。创造者必须无家可归，

1　对王庆节中译本有改动。在中译本里，我们讨论的这个分词结构被理解为了因果关系：
因为高耸出处所，所以没有了处所。请参见海德格尔：《形而上学导论》，王庆节译，商
务印书馆，2017，第185—186页。但这一句里真正的"因为（weil）"其实只出现在了最后：
因为人是创造者，所以人既高耸出处所，又没有处所。
2　例如，韩潮就此展开了一番关于自然法和实定法，以及自然、礼法和技术的讨论。请
参见韩潮：《海德格尔与伦理学问题》，同济大学出版社，2008，第315—323页。

其他人才能有家。就此而言，无家可归状态（Heimatlosigkeit）只有从其他人的视角看才是凄惨的。海德格尔此时所推崇的创造姿态，说正是无家可归的姿态，拒绝安居，拒绝习常。这和《存在与时间》中惶然失所状态（Unheimlichkeit）的重要地位一脉相承。我们还能在 1927 年和 1935 年之间找到类似的态度，例如，在 1929—1930 年讲座课中，极度的无聊引发此在漠然于存在者整体，进而开启出一种下决心面对自身最本己可能性的状态。这种"漠然（Gleichgültigkeit）"在学者的解读中被视为某种意义上的"无家可归"。[1] 无论是漠然还是无家可归，这种在常人眼中显得消极、低落甚至凄惨的状态，恰恰引发出了人最本己的决心，引发出了创造者开天辟地的创造。在这个意义上说，海德格尔在此一时期中并未将无家可归状态看作负面的状态[2]，也并未把无家可归状态和技术统治的时代联系起来——确实，"人颂"中赞美了人所具有的一些技艺，但这些技艺凸显了人的非常之处，它们和把人当成存料来摆置的（现时代）技术还不是一回事情。

1　请参见 Andrew Benjamin 在 2021 同济海德格尔论坛上的讲座 "From Indifference to Solidarity: On the Possible Phenomenology of the Fourfold"，中译本未刊稿。

2　海德格尔的曲解 / 解读还产生了其他的问题。他将"人颂"这一段合唱歌的最后几句解读为对作为创造者的人的描述，但在《安提戈涅》剧中，这几句尤其是"如果他胆大妄为，犯了罪行，他就没有城邦了"这句指的并不是创造者，而是安提戈涅，所以才有后文"我不愿这个为非作歹的人在我家做客，不愿我的思想和他相同"的说法。安提戈涅在剧中是一个违背城邦法规的人，根本不是一个海德格尔眼中的创造者。这属于海德格尔忽略悲剧语境而做出的曲解。

（二）技术对空间的进攻

或许是在战争中看到了太多由技术、机械、科学等因素导致的对家园的毁坏，海德格尔在"二战"时和"二战"后思考无家可归状态时加入了对技术的理解。并且，对无家可归的态度也发生了改变：创造者之得以开天辟地，实在是由于他"切近于本源而居住"，为本源所需用；"离弃本源之位置"而无处安居的无家可归状态是一种失去家园之切近、远离本源的状态——无论这一家园和本源指的是具体意义上的家园，还是"存在的家"。

比起海德格尔生活的年代，技术[1]在今日变本加厉地占领了人类的家园和空间。科学或技术对空间的敉平，在《存在与时间》中已有申述：数学和几何把日常生活空间筹划成了同质的、在各个位置上没有差异的空间。在"二战"后的20世纪50年代，海德格尔依然持有同样的看法，但因为他对技术的理解较早期更为深刻，格局更为宏大，于是，他对技术摧毁了家园和空间的看法，也较之前更为深入。本小节论述的重点会放在控制论这门技术学科对家园空间，具体说是对"切近"这一本源的空间规定的伤害上。

海德格尔在谈论技术问题，或广义而言谈到科学的思想方式时，通常会提到数学和物理学，有时他也会将二者合写为"数学的物理学（mathematische Physik）"或"数学－物理学式的（mathematisch-

---

[1]　海德格尔在技术问题上的一大"贡献"就在于区分了科学和技术，颠倒了在一般理解中作为"应用科学"的技术与科学的地位，将技术之本质视为规定着一切科学的核心因素。不过由于本书并不专论技术问题，我们在行文中还是宽松地使用"科学"与"技术"这两个词语，仅在必要处做出区分。

physikalisch）"。支配这一系列学问的核心是计算与确定性，即当我们以数学－物理学方式筹划世界时，我们就把世上的一切都视为可计算的，把其真理视为计算的确定性。由于海德格尔总是显出一副"诗人思想家"和反技术主义者的样子，人们常常怀疑他对科学的理解。但既有的事实性证据表明，海德格尔从学生时代起就极为关注科学问题[1]，也与同时代德国科学家保持着交流。所以，当海德格尔开始大谈控制论（Kybernetik）的时候，我们也不必大惊小怪，毕竟这门新兴学科在其产生之后的几十年中展现出了无以复加的前景，在意识形态严重分裂的世界各地都赢得了同样热情的追随者。[2]关注同时代科学进展的海德格尔根本不可能忽略控制论的出现和壮大。

海德格尔对控制论的了解直接来自对控制论之父诺伯特·维纳（Nobert Wiener）著作的阅读。在生前出版的著作中，海德格尔虽然多次提到控制论，但并没有提到过维纳。在身后出版的著作中，我们可以发现海德格尔至少读过和引用过维纳的两本代表著作，即《控制论》和《人有人的用处》（德文版名为《人与人机》）。[3]诚然，海德

---

1 请参见《海德格尔对自然科学与数学的学习》，载《海德格尔与其思想的开端》，商务印书馆，2009，第234—247页。

2 控制论在社会主义国家阵营中的传播过程颇具戏剧性。苏联先是批判控制论，又彻底拥抱控制论；著名科学家钱学森把控制论带回了中国，控制论的创始人维纳也曾在清华大学工作过；智利在阿连德主政时期把控制论应用在了国家的各个层面。关于控制论的传播，请参见彭永东，《控制论的发生与传播研究》，山西教育出版社，2008。关于控制论在智利的应用，请参见伊登·梅迪纳，《控制论革命者》，华东师范大学出版社，2020。

3 由于海德格尔全集卷帙浩繁且至今未出齐，我们的统计也不是完备的。海德格尔至少在这几个地方提到了维纳：讲演"流传的语言与技术的语言"（1962年7月18日）、"思想之实事的规定"（1965年10月30日）（GA 80.2）、《措利孔讨论班》（GA 89），都集中在20世纪60年代。

格尔并非要对控制论有所推进，但他的姿态仍是一个批评者的姿态。他关于控制论的核心判断是：控制论是科学的完成形态，把各门科学统一了起来。这个判断紧跟着海德格尔的另一个判断：哲学或形而上学终结在了科学之中。如果传统意义上的哲学终结、完成在了科学中，科学又从控制论而来获得规定和统一（GA 14：71–72），并且，控制论表现出来的一切特征都全然符合技术之本质（"集置"），那么，海德格尔如此重视控制论也就不是多稀奇的事情了。

　　海德格尔对控制论的理解与讨论并没有深入技术细节之中，仅停留在控制论的理念层次。他抓住了控制论的核心，即控制（steuern）问题。[1] 无论是控制论对世间事物的关系，还是控制论对人的关系，抑或控制论对各门科学的关系，都被海德格尔视为控制关系。这基本上也是控制论科学家们的自我理解，即控制论通过研究世界万物之间的信息交换，尤其是人与机器之间的信息交换，来达到以信息传递来统一控制事物的目的。

　　海德格尔如何理解控制？在 1966—1967 年度与欧根·芬克（Eugen Fink）合开的讨论班《赫拉克利特》中，他们讨论的第一条残篇就是赫拉克利特的残篇 64："闪电控制着（steuert）一切。"[2] 接着，二人开始讨论"闪电"和"一切"的关系，进而引入了其他残篇进行讨论。在变得愈发繁琐的讨论中间，海德格尔突然说："眼下我们要理解控

1　控制论的另一核心问题乃是"信息（Information）"问题。海德格尔其实就此问题发表了更多的看法，因为控制论对信息的处理涉及语言问题。语言一旦被当作信息，成为可以被计算和编辑的东西，那就无法具有"道说"和"显示"的作用了。

2　按照通常的翻译，这句话被译为："雷霆支配着一切。"由于我们这里讨论控制问题，而"steuern"是一个关键字，因此我们都统一将之译为"控制"。

制现象。这个现象恰恰在当今这个控制论时代中变得如此基本，以至于它占据和决定了全部自然科学和人的行为。……我们尝试对这一现象进行更准确的描述。"（GA 15：25）

谈到控制，芬克马上就提到，控制意味着一种暴力。例如在风暴中，舵手通过控制而引入一股干预性的力量使船保持在某个方向上——若出于自然，则船就不会沿着这个方向运动。[1] 因此，控制是一种出自暴力而加诸物的运动。芬克显然很熟悉海德格尔的一些说法，例如他提到，当今科学通过暴力和事先的可计算性达到控制人的目的。海德格尔并没有毫无保留地赞成芬克，他始终在问："难道就没有一种无暴力的控制吗？""在控制和暴力之间真的存在一种必然关联吗？"（GA 15：26）言外之意是有一种非暴力的控制。在这里，海德格尔重提控制论与信息之间的关联。控制论想要把各门科学都形式化为信息传递的操作，而这种信息传递似乎是非暴力的。海德格尔以遗传学为例：基因中的信息在人这里展开，决定了人的行为。这种信息的传递就是非暴力的。芬克马上就争辩说，科学家对基因的控制虽然没有使被控制的人感受到暴力，但这种控制是侵入性的，是一种施暴。我们可以替芬克举一个他那时还不曾有过的例子，即基因编辑。科学家对人的胚胎中的某些基因进行编辑，以改动或剔除某些成分。作为遭受者的胚胎当然不可能有被施暴的感受，但这种编辑作为对自然进程的侵入，如同舵手对船自然航程的改变一样，是暴力性的。就此而言，芬克总结说："终有一日，药剂师将统治这个世界。"（GA 15：27）

---

[1] 芬克提到舵手的例子并非偶然。按控制论之父维纳的说法，"控制论（Kyberneitk）"这个词就是根据希腊语的"舵手"一词而造的。

芬克与海德格尔关于控制是否必定是暴力性的争论，乍看似乎芬克更有道理和预见性。不过，海德格尔并没有打算否认控制在事实上的暴力性。他试图区分的是科学技术在事实上的控制和科学技术在筹划开抛中就已经决定好了的控制："我们必须区分一个双重的东西：一方面是对生物学的信息理论解释，另一方面是建基于这个解释之上的积极控制的尝试。"（GA 15：28）芬克指出的是后一种控制，它当然是暴力性的。但海德格尔想指出，早在某种"解释"之中就已经有了控制或控制的可能性了，但这种"解释"还不是积极和暴力性的。就此而言，当我们把生命活动视为信息传递时，控制就已经发生了，即便我们并没有积极去控制生命，甚至立法禁止施行这种控制。

这就是海德格尔理解的控制，即通过开抛而实行的、不显眼的，将一切都信息化、数据化，或广义而言科学化的"解释"。控制实际上已经成了某种意义上的"存在理解"。海德格尔曾经对近代哲学和科学下过一个断言，即这一世代的存在理解乃是"存在 = 被表象为对象"。[1] 言下之意是若一个东西存在，它必定是作为表象活动之对象而存在的。反过来说，若一个东西不能成为表象活动的对象，则这个东西就什么都不是。若海德格尔对他同时代科学的存在理解下一断言，他必定会说："存在 = 被控制。"存在的东西都能被控制，这是当今科学乐观主义的信念；眼下不能被控制的东西，终有一日会被控制；无论如何都控制不了的东西，科学也会说，尽管事实上控制不了，但

1　请参见《世界图像的时代》："只有如此这般地成为对象，如此这般地是对象的东西，才被视为存在着的。"（GA 5：87）"存在 = 被表象为对象"也可译为"是就等于是表象之对象"（GA 15：378）。主题所限，我们无法在此重述海德格尔的这一断言，相关内容请参见《世界图像的时代》和《技术的追问》等文本。

理论上是可能进行控制的。

"被表象"和"被控制"都是某一世代的存在理解，或者用海德格尔的说法，是存在之天命在各个时代中的自行发送。在当今技术统治时代，被发送给人类的存在理解乃是"集置"。集置（Gestell）作为各种类型的摆置（-stell）之聚集（Ge-），代表当前时代对存在的理解。海德格尔在《黑皮本》里说得很明白：集置并不是一种"比喻"，仿佛是书架（Buchergestell）那样的东西。集置"把这种（作为摆置的）促逼作为在场性之方式聚集了起来"（GA 102：214），换言之，集置所聚集的种种摆置方式，其实是种种在场方式，或者说，是在场在当前技术时代的方式。海德格尔将存在释为在场，如此，则集置实际上代表了当前技术时代的存在方式，是一种对存在或在场的理解。技术的追问实乃存在的追问。

若我们进一步看到控制与集置的关联，就能看到海德格尔以控制所指的无非就是技术对人和自然的种种摆置（Stellen），而种种实际已经被控制和在可能性中预先被控制，也即是被订置（Bestellen，来自动词 stellen）的东西，就是海德格尔所谓存料（Bestand，来自动词 bestellen）。海德格尔之所以重视控制论，我们认为，是因为他在控制论这门学科中看到了集置在诸科学领域的体现：终于出现了一门科学，能够像诸门科学摆置和控制事物那样，以形式化的科学方式摆置和控制诸门科学及其内容，而不用再费心根据各门科学去区分例如物理学的摆置、生物学的摆置等。"现在，自我确立的各门科学将很快被控制论这样一门新的基础科学所规定和操纵。"（GA 14：72）

我们在本小节开头提到过，诸门科学之统一在控制论中，与哲学完结在诸门科学中，这两个论断在海德格尔那里属于同一个大事件：

　　哲学之发展为独立的各门科学——而各门科学之间却又愈来愈显著地相互沟通起来——乃是哲学的合法的完成。哲学在现时代正在走向终结。它已经在社会地行动着的人类的科学方式中找到了它的位置。而这种科学方式的基本特征是它的控制论的亦即技术的特性（kybernetischer，d.h. technischer Charakter）。（GA 14：72）

　　最后这句话清楚表明，"控制论的"就是"技术的"。随着同时代科学的发展，海德格尔渐渐看出了控制论中体现出来的技术之本质。[1]

　　接下来我们要说明，控制论及其体现出来的技术之本质究竟对我们理解空间产生了何种影响和后果。这些后果中最重大的一个乃是同质化空间的产生，但其源头却是对"切近"这一本源空间规定的消除。眼下我们仅联系于一个例子来说明这点。并非偶然的是，海德格尔对技术问题的言说开始于对距离的观察。在《物》这个讲演的开头，我们可以看到一段非常具体的描述："时空中的一切距离都在缩小。"《演讲与论文集》以《技术的追问》开篇，《物》虽然位列第二组文章，但《技术的追问》很大程度上脱胎于 1949 年的《观入存在的东西》这

1　我们总是强调，"随着同时代科学的发展"，海德格尔"逐渐看出"控制论体现了技术之本质。这是因为从 21 世纪事后的角度看，控制论在 20 世纪的起起落落的确是一目了然的。但海德格尔在 20 世纪五六十年代就要对一门产生于 20 世纪 40 年代的新兴学科下一个"本质性的"判断，他当然需要谨慎。他虽然从 1949 年起就开始关注控制论（目前最早的文本是《关于人道主义书信》中的一个写于 1949 年的边注（GA 9：341）），但自 60 年代他才形成了一些关于控制论的稳定说法。除了这里引用的文字，"明镜访谈"里说得更加直白："海德格尔：……哲学消散在几种特殊科学中了：心理学、逻辑学、政治学。/《明镜》：谁现在占据了哲学的地位呢？/海德格尔：控制论。"（GA 16：674）

组《不莱梅讲演》的第二讲，《物》则脱胎于其第一讲。在讲演的原始结构中，关于距离之消失的观察以"提示"为题单独列于所有讲演之前。（GA 79：3）这段提示最终落脚于"切近"的消失。换言之，技术要为切近之消失负责，对技术的追问要从追问切近开始。

"切近"的含义在海德格尔思想中并非一成不变，我们在下一小节开头会有简单讨论。撇开其含义的改变，海德格尔始终将切近视为本源的空间规定。处于切近之中的事物[1]承载了更多意义，以区别于不在切近中的事物。就此而言，若切近消失了，则一切事物就将同样不近不远，失去了彼此间的差异，成为从形式上说彼此可替代的东西。事物间没有差异，切近与遥远没有差异，家园与异域没有差异，这是海德格尔不能接受的。若技术需要为此距离之消失、切近之消失、事物之间差异之消失负责，那技术必定有其敉平差异之功能。

若我们承认海德格尔在战后有一个大致稳定的技术理解[2]，那么在这种理解中，技术抹平差异的功能就是上文所述的"控制"。海德格尔在论及近代科学时，往往拈出"表象活动"作为科学思想方式的特性，被表象的事物由此成为"对象"。在面对自己同时代的科学时，海德格尔虽然没有明确修改他关于表象的说法，甚至往往承认近代科学和

1　海德格尔说的"in der Nahe"眼下必须严格译为"在切近中"，并且不能被解释为"在（我们）近处"。详见下一小节的讨论。

2　这个理解有多重来源。按照杰夫·马尔帕斯的总结，至少有三个：第一，路德维希·克劳斯（Ludwig Clauss）写了一部名为《日耳曼人灵魂》的书，其中对技术征服一切的描述非常类似于海德格尔的理解，只不过海德格尔是批评而非鼓吹这种理解之下的技术的；第二，来自尼采的权力意志学说；第三，来自恩斯特·云格尔的"总动员"理论。请参见 Jeff Malpas, *Heidegger's Topology: Being, Place, World* (Cambridge: The MIT Press, 2006), pp.282-288.

现时代科学的连续性 [1]——例如将集置追溯到 17 世纪——但他也透露出一种看法：表象活动及由之产生的对象似乎还没有完全概括现时代科学的特征。这一未能被概括的特性，就是与表象（vorstellen）同属于摆置（stellen）的"订置（bestellen）"。虽然从近代开始，一切事物都被哲学和科学表象为对象，但我们并不会把手伸向所有的对象。"订置"的出现却跨出了这一步：人类终于要事先、在可能性中控制古往今来的一切对象了。从表象之对象的对象性（Gegenständlichkeit）到订置之存料的持存性（Beständigkeit），这是科学在海德格尔那个时代跨出的一步。而这一步说到底已经暗含在海德格尔说的"方法"之统治中了。

对于表象与订置之间的差别，海德格尔有明确的意识。他描述了一架停在跑道上的飞机：把这架飞机仅仅看作一个对象、一个现成之物，这种做法现在已经不够了！即便把飞机看作表象活动之对象，它仍"在它是什么以及如何存在这个方面遮蔽了自身"（GA 7：17）。按照我们通常的理解，一个事物若被海德格尔判为"对象"或"现成之物"，几乎就等于在哲学上被判了死刑。但海德格尔现在却说，这样还没有触及现时代科学眼光中事物的真相。他在这个关节处还要推进一步，以彰显现时代科学的进展："解蔽之后，它只是作为存料（Bestand）而停留在滑行道上，因为它被订置（bestellt）而保障着（sicherzustellen）运输可能性。为此，在它的整个结构上，在它每一

1　我们很难在事实上和用词上划分肇始自伽利略、培根和笛卡尔的"modern"科学与海德格尔那个时代甚至我们当前时代的科学。为简便起见，我们分别称之为"近代科学"和"现时代科学"。

个部件上，它本身都必须是能够订置的，也就是做好了起跑准备的。"
（GA 7：17–18）这大概是现时代科学区别于近代科学的一个未经明
言的特征：把事物表象为对象、把它的每一部分表象为对象，这已
经不够了，我们还要预先为事物的每一个部分安排好功用并"确保
（sichern）"之。科学已经不满足于局部性的控制了。它必须要进行
全局的控制。按照海德格尔的说法，若现代技术是一种解蔽方式的话，
那么：

> 控制（Steurung）和保障（Sicherung）甚至成为促逼着的解
> 蔽的主要特征。（GA 7：17）

这种不分事物种类、不分学科界限，却要在现实性和可能性中控
制事物直至其最小尺度的控制特征，就是上文所述海德格尔在控制论
中看到的那种非暴力的控制。在当前的这句引文中，海德格尔将之称
为"解蔽的主要特征"。换句话说，正是现时代科学中的这个控制特征，
把事物揭示、解蔽为没有远近，亦即没有距离差别的存料。海德格尔
显然对此控制特征印象深刻，以至于在"技术的追问"中花了很多段
落来描述人类对各种自然资源的储存和预先征用。

"预先"是一个不可或缺的限制条件。这一指向未来的规定表明了
海德格尔强调的自然科学的开抛特性和存在理解。控制论在形式上以
同样的方式——即信息和信息反馈的方式——深入到事物的每一个毛
孔中实行的控制，以事物可以被信息化、被以数据的方式计算为前提。
而可计算性的前提在海德格尔看来是人与事物均遵循同样的法则，是
合法则性。控制论之所以能把人与事物都视为合乎同样的法则，是因

为它把二者的存在方式做了同样的理解，将二者视为同质世界中无区分的东西。控制论之所以将世界作为同质的世界收入眼中，最终是因为它将时间和空间开抛和筹划为同质的东西。切近之消失与空间（还有时间）的同质化都源自某种存在理解和开抛[1]，而这种技术时代的存在理解在海德格尔看来处于存在之被遗忘状态中。

　　存在之被遗忘状态在家园主题中的投射就是无家可归状态。海德格尔对家园内涵的理解全依赖于"切近"这个本源性的空间规定。从本源空间的这个角度看，如果现代科学抹除了切近，那么，"切近于本源而居住"就不再可能了。[2]另一方面，从存在之天命发送的角度看，海德格尔把无家可归状态联系于存在之被遗忘状态。在现今这个以集置为存在理解和真理理解的时代，存在完完全全被理解为对象性、持存性，存在就是被控制。事物与人都在这种存在理解中被视作可被控制的存料，无法成其自身和拥有自身（sich ereignen），无法作为物和人而现身在场（anwesen）。现时代科学的这种通过将存在狭隘化而遗忘了存在的做法，必定使得人无家可归，无"存在之家"可归。

1　海德格尔晚期会刻意削弱人在理解存在时的主体性，倾向于不谈"存在理解"而谈论"存在之天命发送"。无论控制论所具有的存在理解从何而来，控制论事实上确实将人与事物之存在、时间与空间之存在理解为被控制的同质的东西。

2　这里还有一个本文无暇展开的主题：技术和集置对一切的敉平伴随着神性者与神圣领域的消失，即海德格尔借荷尔德林之口说的诸神逃遁的世界黑夜。这一情况在空间方面的表现就是以往被认为是神圣领域的天空最后也被人类征服了。人把自己送上了外太空，从而消除了"天上空间"的神圣性。这一过程从近代科学革命就已经开始了，只不过当人类真的进入太空之中时，上帝就真的"死了"。

三、居住、物与空间

　　无家可归意味着不得安居，不得"切近于本源而居住"。无家可归者无法如居住于家园那样居留于世界之中。作为对现时代科学所导致的无家可归状态的反动，我们自然要关心何谓居住，何谓居住于切近中。如前文所述，《存在与时间》并未真正展开有关居住的话题。在那部著作中，与科学空间相对的更本源的生活空间，是一个由使用关系构建起来的领域。到了"二战"后时期，海德格尔依然对自然科学所筹划的空间保持警惕。但此时与科学空间对举的那种空间已不再是由使用关系确定的空间，而是由居住关系标明的空间（为简明计，我们称之为"居住空间"）。简言之，即如下图式：

　　　　《存在与时间》　　　　科学空间　　　　生活空间
　　　　第二次世界大战后　　　科学空间　　　　居住空间

　　如果海德格尔对科学空间的理解没有发生太大变化，那么，为何与科学空间对举的空间类型发生了变化？是海德格尔在生活空间中发现了更深层的维度？还是他认为，使用关系并不是人与世界之间唯一本源的关系？在试着阐释这一转变的意义之前，我们首先要描述这一转变。最简明的描述方式，莫过于细察与本源关系紧密的"切近"之含义的改变。上手的东西是近便的，居住的地方是亲近的，既然都是切近，使用的近与居住的近有何区别呢？

　　在《存在与时间》中，"切近"本来是上手事物的特性。"在切近处（in der Nähe）的意思是：在以环视方式首先（zunächst）上手之物的范围内。"（SZ：107）进而，事物之远近有待此在的环视性照料来裁决。此在的照料活动能够消除距离，从而是一种近化或带近（Näherung）。（SZ：105）事物之切近，源自此在将之带近、使之近化。而在"二战"后的著作中——例如在 1950 年的《物》这个讲演中——事物也是切近的，然而这切近却并非源自此在，人反而因其对事物的呵护（而非照料）才得以是切近的。人与事物之间的切近关系似乎颠倒了过来。不仅如此，我们还要问：事物又因何而切近呢？海德格尔的说法颇为玄奥：因切近本身而切近，或者说，"近化是切近的本质"（GA 7：179）。这又接近于同一反复（Tautalogie）了。幸而海德格尔没有停留于此。他提示出了事物与切近的微妙关联：

切近运作于近化之中，近化即物之物化（Nähe waltet im Nähern als das Dingen des Dinges）。（GA 7：179）[1]

事物与切近的关系是通过事物的某种运作（"物化"）和切近的某种运作（"近化"）而建立起来的，并且这两种运作还被视为一体两面的运作（"即"）。尽管我们尚未澄清这两种运作，但这句话还是提示了我们：要理解切近，必须从事物这里寻找切近之踪迹。

可是，纠缠于事物与切近之关系似乎让我们离居住与家园的主题越来越远了。但在海德格尔的思路中，这却势所必然，因为居住恰恰关系于物，家园恰恰就是切近之处，"居住总已经是在物那里的逗留"

1　孙周兴译为："切近在作为物之物化的近化中运作。"为显明语句结构，我们对孙周兴的译文做了改动，尤其是把其中的"作为（als）"译为"即"。

（GA 7：153）。

（一）居住

当技术把家园和空间都同质化为可以控制的冷冰冰的数据信息时，人在世界上就无家可归、无处可居了。是以首要之事便是建造出可供居住的场所。由于无家可归的困境源自技术对空间世界的控制和筹划，因此，建造出居住场所并非简单地借助于技术来制造和改善人的居住条件。即便我们把城市规划得富丽堂皇，不断突破技术的极限把高楼大厦建设得高耸入云，都无法改变无家可归的事实。"大都市（cosmopilitan）"这个理念所暗含的普遍性就是抹消了区域和地方所本有的空间差异之后的结果，亦即失去了本土性（Bodenständigkeit）的无根状态（Bodenlosigkeit）。

建造居住场所诚然是重要的，毕竟"二战"后德国面临着住房短缺（Wohnungsnot）的问题。但对海德格尔来说，真正急迫和急需的（Not）不在于住房（Wohnung），而在于人们没有思考无家可归状态，没有思考其中透露出来的急难（Not）。如上一节所述，当前时代人类的无家可归状态这种急难来自存在之命运发送给我们的集置。集置不是人造成的后果，而是规定着人类命运的大事件。[1]集置是技术的本质，因此，我们当然无法通过技术来克服集置，也无法通过进一步发展技术来消

---

[1] 海德格尔曾以比喻来暗示集置和（本有）事件的关系："集置就好像是本有的底片（photographische Negativ）。"（GA 15：366）或者将二者的关系描述为"雅努斯"这一双面神的形象。（GA 14：73）

除无家可归状态。在面对急难而不知所措的情况下，与其求助毫无救治力的技术，海德格尔认为，我们或许首先应当把这种急难当作急难来思考。如果住房短缺／居住急难之解决和克服并不在于住到房屋里，也不在于建造更多的房屋，我们首先当然要问：何谓居住？

如果说技术伤害了家园、事物与空间，那么恰当的居住活动可以将之恢复和建立起来。这也是海德格尔思考居住问题的动机所在：以居住的姿态抗衡技术的力量。由此我们方能理解，为何既非城市规划者、又非建筑师的海德格尔要去思考居住和建筑的问题，为何这种居住所涉及的家园与空间并不一定是实际上的建筑物。

"居住"是海德格尔在 20 世纪 50 年代关心的核心问题之一。结集于 1954 年的《演讲与论文集》中的第二组文章，都直接地在思考居住问题。尤其是在广为流传的《筑·居·思》一文中，海德格尔就专注于思考居住和空间。我们认为，必须如上所述的那样联系于技术和无家可归状态的问题，才能真正理解这篇文章的主旨。把这个文本当作指导和启发建筑设计的指南，就像把《艺术作品的本源》当作艺术创作的指南，把《荷尔德林诗的阐释》当作写诗的指南一样，是错失了重点，或者说是本末倒置了。这些文本与其说是在事实上先于建筑、艺术品和诗作的指南，不如说是在事后思考它们的记录——不过海德格尔一定会坚持，这种实际上事后的思想是先行的、开抛性的。[1]

1　我们并不想否认海德格尔的思想对诸多创制门类有极大的启发。单就建筑而言，亦有许多伟大建筑师宣称自己深受海德格尔的影响。我们所要强调的是，海德格尔致力于做的、他想要做的，不是去指导具体的建筑设计，而是去理解建筑物、居住活动，理解人与居所之间的关系。这种关系之所以要被重新理解，乃是因为技术和科学的思想模式已经以强制和僵化的套路来理解这些事物和关系了。

　　这层本末关系在《筑·居·思》这个文本中表现得最为直接，因为其中有一个关于"思"的部分，或者说，给"思"留出了一个位置。类似的部分在《艺术作品的本源》或《荷尔德林诗的阐释》中都是没有的。作为阅读者的我们在面对这个文本时，首先产生的疑惑就是题为《筑·居·思》的文本似乎仅仅专注于建筑问题、居住问题，甚至专注于没有出现在标题里的空间问题，却没有一个专论"思想"的部分。[1] 要言之，文本的标题和文本的实际内容之间有着不寻常的错位。在一篇 17 页（GA 7：147–164）的文章中，除了靠近文章结尾处的两段话之外，根本没有提到思想这个主题。而且，仅有的这两段话也实在是聊胜于无，[2] 其中仅模糊地暗示了两点：第一，所谓"思想"，指的就是在这个文本中尝试和实行的思想过程；第二，思想和建筑共同归属于居住。而思想与建筑的"相互共属""彼此倾听"云云，也可以理解为场面话，因为这个文本是为了与建筑师奥托·巴特宁（Otto Bartning）对话而准备的。（GA 80.2：1586）

1　海德格尔在文章开头规划了《筑·居·思》的内容，他提了两个问题作为线索："什么是居住？建筑在什么意义上属于居住？"（GA 7：147）2020 年，随着《筑·居·思》（第一稿）的面世，我们可以看到这个文本最初的规划，海德格尔本来打算处理三个问题："什么是居住？居住为何是建筑与思想的中介？（我们居住的位置是何种位置？）"（GA 80.2：1067）我们会在后文中讨论这两个规划的差别，眼下我们只想要指出："思想"本身在这篇文章中是不可或缺的第三个要素，但它往往被忽略了。

2　"不过，思想本身在相同意义上就像建筑一样——只不过是以另一种方式——归属于居住，这一点也许可由我们这里所尝试的思路来加以证实。

　　建筑和思想以各自的方式对居住来说是不可或缺的。但只要两者并不相互倾听，而是互不搭界地搞自己一套，那么，两者对居住来说也是难以达到的。如果建筑和思想这两者都归属于居住，如果两者保持在它们的限度之内，并且认识到一方如同另一方都来自一种长期经验和不懈实践的场所，那么，两者就能够相互倾听。"（GA 7：163，着重号为引者所加）

我们想要借助思想这个主题来说明居住乃是对抗技术的一种方式，这条线索似乎因为海德格尔的语焉不详而中断了。直到《筑·居·思》（第一稿）在全集第 80.2 卷中首次被发表出来（GA 80.2：1065–1090），我们的尝试才得以推进一步，因为在这个第一稿中，海德格尔更为明确地谈到了思想，也更为明确地谈到了筑、居、思三者间的关系：

> （本文）标题把居住放在了中间。这是要表明：建筑和思想都各自以其方式有赖于居住。……居住是建筑和思想的中心。……对于建筑和思想来说，其中心都是居住。（GA 80.2：1067）

而且海德格尔还明确提到了，在这个文本中实行出来的思想是一种什么样的思想：

> 终有一死者的全部居住活动——如果居住是将世界之四重整体呵护到物之中的话——都被某种能力贯穿并支配着，即能够允许世界和物进入到自由域中（in das Frye）、进入它们本质的被解放者之中。这种允许本质之能力即我们说的学习。学习的意思是：从自由（Fryheit）而来为了本质性的东西而倾听世界与物之本质的呼唤。而学习也只有在学习活动中才是其所是。我们学着去学习的道路，便是思想。（GA 80.2：1088，着重号为引者所加）

思想就是学着去学习，学习意味着倾听呼唤，这种学习和倾听贯穿着居住活动。唯有从思想而来，居住才得以是海德格尔所思的居住，而非普普通通地获得一个容身之地。如此这般的思想和居住引发出自由。自由即不受强力逼迫（unnötigend）。自由地思想和居住，即是不从急难而来思想和居住。在眼下讨论居住的语境中，亦即不从住房短缺／居住急难而来思想和居住。这样的思想和居住不受利用和使用的支配，也不受集置的逼迫和强制。

我们无法在此展开论述自由与急难、强制之间的关系。对此问题的论述，可参见海德格尔在 1945 年德国刚刚战败投降之后的一个短篇演讲《贫困》，其中有言：

> 不急需的东西是不从急难而来的东西，它不是从强制，而是从自由开放（Freien）而来。而什么是自由开放呢？按照我们最古老语言的预感性道说，自由开放，fri，就是未受伤害者和被呵护者，是没有被纳入到利用中的东西。"自由开放"根本上真正意味着呵护——通过庇护让某东西静息于它自己的本质中。而庇护的意思是，在守护中保持着本质，而本质只有在可以通过返回它自己的本质而静息之时，才持留在守护之中。庇护意味着：始终协助和等待这种静息。这才是呵护的发生性本质。呵护根本无法穷尽在否定性的不触碰和仅仅是不利用之中。[1]

这段写于 1945 年的话，其中的所有主题乃至思路，都被保留在了几年后论述居住与物的一系列文章之中。其最为特别之处在于展示了海

---

[1] Martin Heidegger, "Die Armut", *Heidegger Studies*, Vol. 10 (Berlin: Duncker & Humblot, 1994), s. 8.

德格尔对自由与急难、强制之关系的理解。在"二战"后发表的著作中，海德格尔在谈到自由开放（das Freie）[1]和自由（die Freiheit）时往往着力于展现其与"敞开（die Offenheit）"的亲密关联，但甚少如这里一样强调自由与急难、强制之间的彼此对置（Auseinandersetzung）。在我们看来，这个隐匿的对置关系[2]最终勾连起了上文所述的那个看似中断了的线索：思想打开了居住中的自由维度，这种自由针对和对抗的乃是急难与强制，后者在我们这个时代的体现便是技术与集置带来的无家可归状态。这也是海德格尔大谈居住的真正意图。[3]唯有以此意图为定向，我们才能理解《筑·居·思》中借一系列有关居住、家园和空间的论述其实处处都在针对技术带来的无家可归状态。

不过我们必须澄清，海德格尔并不认为这种急难需要，或可以被消除，例如在居住问题上，便是把居住急难消解为住房短缺，以为只要建造够多的房屋就能满足人们的需要，从而消除急难状态。从 20 世纪 30 年代中期开始，海德格尔就已经开始大谈一种，或者说独一无二的那种特殊意义上的急难：存在之被遗忘状态。其之所以是急难，恰

1　这个词以及"das Freye"一般被译为"自由域"或"自由之境"。我们在行文中据上下文分别译为"自由域""自由开放""自由开放的东西"等，不强作统一。但我们始终把"die Freiheit"和"die Fryheit"译为"自由"。

2　其实这个关系在别的思想家那里，在常识中，甚至在《存在与时间》中都并不"隐匿"。自由之为不受强制，本身就是针对强制而言的。但由于海德格尔充分强调了自由中的敞开维度，反而导致这种平常的关系隐匿了起来。

3　我们还是要在此强调海德格尔的思考并不仅仅针对建筑物。例如《筑·居·思》所着力思考的呵护（Schonen）问题在"贫困"这个完全不同的语境中原样出现了。这充分说明海德格尔借建筑活动，借建筑之为呵护的说法，并不真的只针对建筑物和建筑规划。另一个理由是，海德格尔理解的"建筑活动"包括对有生命物的养护和对无生命物的建立（GA 7: 150），后者指的才是严格意义上的建筑活动。

恰就在于人们无视它，逃避对它的沉思。（GA 65：24）逃避急难本身就是一种急难，是谓无急难状态之急难 [1]。这种状态的后果便是谋制或集置，亦即海德格尔在谈论居住时所针对而言者。急难本身就具有强制的必然性，迫使思想面对它。但思想，尤其是这里说到的归属于居住的思想并不受制于这种强制和必然，亦即受制于谋制和集置，因为它并非以使用和利用为目的来进行筹划——后面这种受制于谋制和集置之急难的思想，海德格尔称之为"计算性的思想"。[2] 居住之思没有把自己当作谋制和集置的一个环节，也没有逃避对急难的沉思，而是把急难思想为急难，在这个意义上，思想倾听着自由之呼唤，贯穿在自由的居住活动中。

澄清了海德格尔谈论居住问题的意图，我们可以具体来看看他是如何借居住问题来对抗技术之宰制，借居住空间来对抗科学空间的。

一旦我们真正面对《筑·居·思》这个文本，就会发现海德格尔重新捡起了早在《存在与时间》中就已经提示过的居住与存在之间的词源关系：居住就是存在。"所谓人存在，也就是作为终有一死者在大地上存在，意思就是：居住。"（GA 7：149）这个乍看平平无奇的表述似乎是对《存在与时间》中将人命名为此在的做法进行某种"修正"。在《存在与时间》中，是人即意味着此在。现在，是人即意味着是终有一死者。"终有一死者"这个从荷尔德林诗中取来的名称显

---

[1]　无急难状态之急难是《哲学论稿》中反复出现的一个重要主题。（例如，请参见 GA 65：113，234 等处）

[2]　"沉思性的思想"和"计算性的思想"之间的对比，可参见《泰然任之》这个讲演。显然，从居住而来的思想属于海德格尔说的沉思性的思想。

然不只是为了强调人终有一死。此在也不得不死。[1] 这个表述的意义毋宁就如这里所言，表达的是"在大地上"的终有一死者和大地有一种根本性的关联，即居住。[2] 终有一死者和大地处于根本性的关系中，这表明人是一种关系性的存在者。失去了和大地的关系，"不在"大地上了，人也就不再是人了。如有学者指出的那样，这是对早期强调人的个体性、独立自驻性乃至孤独性的一种反驳。[3] 当然，因为海德格尔在这里谈到了居住，所以特别强调人与大地的关系。但这种关系却并非人唯一具有的根本规定。"但'在大地上'就意味着'在天空下'。两者一道意指'在神面前持留'，并且包含着一种'向人之并存的归属'。从一种本源的统一性而来，大地和天空、神性者和终有一死者四方归于一体。"（GA 7：151）将"天、地、神、人"四方当作海德格尔的某种诗意表达，或者当作继承自荷尔德林的习语，都错失了这一表述的本性。诚然，海德格尔对四方中的每一者都有深思，这似乎表明四方并不是偶然凑数而得到的。但我们认为这依然没有切中四方这个

1　孙周兴在《演讲与论文集》中译本的译注中指出了海德格尔在用词上的讲究：海德格尔在早期提到死亡时往往使用名词"Tod"，而后期提到死亡时往往用动词"sterben"，此处"终有一死者（Sterblichen）"即派生自该动词。

2　这个想法至少可以回溯到《艺术作品的本源》："Φύσις 同时也照亮了人在其上和其中赖以居住的东西。我们称之为大地。"（GA 5：28）这固然是 1950 年的文本，不过眼下我们已经能看到，1935 年《艺术作品的本源》（第二稿）里就已经有这句话了："（Φύσις 的）涌现乃一个整体，是人在其上和其中赖以居住的地方。我们称之为大地。"（GA 80.2：600；括号内文字为引者补足语）1935 年第二稿的加工稿中也有这句话："在（Φύσις 的）涌现中显现出了人在其上和其中赖以居住的那样一个东西。我们称之为大地。"（GA 80.2：632–633；括号内文字为引者补足语）当然，这个想法最终能够回溯到荷尔德林的诗句"人诗意地居住在大地上"——海德格尔自己给出了提示。（GA 80.2：624）

3　请参见 Andrew Benjamin 在 2021 同济海德格尔论坛上的讲座"From Indifference to Solidarity: On the Possible Phenomenology of the Fourfold"，中译本未刊稿。

说法最核心的关切。这个关切表达在另一个貌似平平无奇的表述中。这一表述有几个大同小异的版本：

> 当我们指出（其中一方），我们就已经一道思及其他三方，但我们并没有思索四方之纯一性。（GA 7：151–152，着重号为引者所加）
>
> 当我们说到（其中一方）时，我们同时就已经出于四方之纯一性而想到了其他三方。（GA 7：179–180，着重号为引者所加）

海德格尔每次都会将这句话重复四遍，每一遍中仅提到四方中的其中一方，同时提点出四方共属一个整体：四重整体。为何每次都要重复四遍？我们认为，这里与其说是强调四方彼此关联构成一个整体，不如说是在强调构成一个整体的四方彼此关联。上述终有一死者和大地的关系，只是某一种关联。究竟有几方、有多少种关联，说到底都是次要的。具有决定性的是，某一方要是某一方，就必须处在和其他几方的关联中。[1]

四方之关联所构成的纯一整体，即四重整体，即是世界。从中译里已很难看出这里面的空间意味。我们不难理解世界是一空间，无论这空间是物理空间［世界作为近代意义上的宇宙（cosmos）］、秩序空间［世界作为古代意义上的宇宙（cosmos）］，还是生活居住之空间［世界作为生活世界（Lebenswelt）］。但"四重整体"在德语中本身就是一个颇具空间意味的词："Geviert（四重整体）"的字面意

---

1 我们同样可以以《艺术作品的本源》为例。其中的"世界－大地"结构就是这样的关系。

思是合四方（Vier）为一整体（Ge-），其日常含义是四边形或正方形，亦可指如此形状的场域。[1] 也正是因为有空间含义，海德格尔偏好以图示来表示四重整体，因为图像比拼音文字更具空间性，更能够直观地表示四方形的空间场域。于是，世界作为四重整体，即是由四方构成的一个关联性空间。在《筑·居·思》第一稿中，海德格尔甚至将世界和四重整体连在了一起，写为"Weltgeviert"，即"世界四重整体"或"世界四方域"。

回到居住的主题。人存在，就意味着人居住在世界四方域之中："终有一死者通过居住而在四重整体中存在。"（GA 7：152）何谓居住在世界四方域之中？为澄清这一点，我们以两个句子作为引导：

居住的基本特征乃是呵护。（GA 7：151、152）
呵护的意思是：将四重整体保护在其本质中。（GA 7：153）

显然，呵护（Schonen）[2] 是沟通居住和世界四方域的活动。那么，居住是怎样一种呵护呢？我们记得，海德格尔曾说居住是建造和思想的"中心"。除了从上述思想和自由的角度来理解居住外，我们还能从建造活动来理解居住。也是从与建造的关系中，海德格尔厘清了居

1　这个空间含义即便在英译"fourfold"中都已经失落了。有学者为了保留这层空间含义而译之为"四方域"。在翻译时，我们严格坚持"四重整体"这个贴近字面的译法。但在本书的行文中，我们试图把握住写作的小小自由，根据语境交替使用"四重整体／四方域"这两个表述。尤其是在强调空间性含义时，我们采用"四方域"的表述。

2　为区分"schonen"和"hüten"，我们分别将之译为"呵护"和"保护"。

住与呵护的关联。据海德格尔在《筑·居·思》中所言，从词源上看：一方面，"建造"意味着居住。这个意思还保留在德语"近邻（Nachbar）"一词之中。"Nachbar"可以回溯到"Nachgebur"和"Nachgebauer"，其中"-bauer-"的部分和"建造（bauen）"或"建筑（Bau）"一词有明显的同根关系。近邻之为在切近处居住者，他的居住活动同时也是某种建造活动。另一方面，"建造"也意味着呵护。从古意上看，"呵护"的意思首先是"爱护和养护"，这是就自然中能生长者而言的。例如，耕地、种葡萄这样的活动，就可以用上"bauen"这个词语。对于"制造和建立"非自然生长物的活动，例如造船、建屋，也可以用上这个动词。由是，养护有生命物之生长，或建立起无生命物，都可以用上"建造"这个词。统而言之，建造活动就是将无论有生命还是无生命的物养－护起来的活动。

居住与呵护之关系就由如此被理解的建造活动勾连了起来。以居住的姿态在世界中存在，就是呵护事物。例如，种植葡萄之为呵护，就是养护葡萄，让葡萄成熟，护送葡萄进入自身之所是。在这个意义上，呵护除了保护葡萄免受自然或人为强力的摧残外，还是一种积极正面的、使葡萄成其所是的活动。对于无生命的事物亦是如此。再如造船之为呵护，即是通过制造活动使船成为自身，成为可供航行和载人载物的东西，而非充满漏洞，根本就无法入水的东西。在这个意义上，呵护就是"把某东西保留在其本质中，特别地庇护某东西回到其本质之中"（GA 7：151）。海德格尔大概是想避开"本质"这个属于形而上学的词语，于是他在边注中将"回到其本质之中（in sein Wesen）"改写为"回到其本己之中（in sein Eigenes）"，并将这个"拥有其本己"的过程标明为"本有事件（Ereignis）"。（GA 7：151，作者边注）呵护事物，就是使事物成为自身、回归自身、作为自身而在世界中出现。以呵护事物的方式居住在世界中，就是使世界中的事物作为自身而显现。在这个意义上，居住使事物成为自身。

从人的角度看，使事物成为自身、回归其本己的活动是作为呵护的居住。从事物的角度看，这种活动被海德格尔称为"物化（dingen）"。物之物化就意味着事物回到了其本己之中并显现为自身。那么，什么是物的那个"自身"呢？一旦我们又把这个自身看作某种本质性的设定，如物自身、理念自身，那我们就马上落回到感性与超感性对立的形而上学视域之中了。若我们细察海德格尔的文本，他在讨论事物之时并不关心具体事物的具体规定，例如房屋的本质规定是什么，水壶的本质规定是什么。他关心的是这些事物作为事物是如何运作起来的。物之物化，即事物作为自己而运作起来。

那么，事物怎么样作为自己而运作起来呢？海德格尔把这种运作命名为"聚集"，亦即种种关联（这里主要指的是四重整体之四方的关联）汇聚到事物身上。这样一来，事物的"自己"其实存在于"其他"东西身上，存在于与"他者"的关联之中。成为自身（Ereignis）的同时也意味着失去自身（Enteignis）。严格说来，并非世界中的随便什么东西都是海德格尔说的"物"。唯有以上述方式起作用者，如海德格尔常说的在物化之际聚集起天、地、神、人四方的壶，才是真正的物。呵护事物，即是让事物回到本己之中，作为物而物化，聚集起四方而成为四重整体。居住、呵护、四重整体之关系至此才明朗了起来。终有一死的人作为四方中的一方，在物之物化、物回归自身本己之际，人也才成为其自身，回归其本己，作为终有一死者而出现在世界之中。

现在我们可以澄清"近化即物化"与"居住"的关系了。从实事方面看，所发生的事件乃是四方被带近到物这里，在物这里聚集而各自成其本己（sich ereignen）。海德格尔称此实事为本有事件（Ereignis）。又因为海德格尔称四方"之间"为世界，故这一事件也被称为世界的"世界化"。同一件发生的实事，亦即同一个本有事件，从四方而言便是近化，从世界这个"之间"而言便是世界化，从物而言便是物化。人的居住便是对近化、世界化与物化的呵护。有此呵护，则有人在天空与大地"之间"的那块自由开放的维度，那块可供居住的世界与空间；无此呵护，则天、地、神、人均成为有待榨取的存料，"之间"的维度成为"三维"，世界与空间成为同质的可供测量的数学性的东西。

（二）居住空间

上文大致澄清了居住是针对技术统治的抵抗姿态。下面我们专题性地就居住活动展开的空间来呈现这种对技术的抵抗。具体而言，就是聚焦于居住空间与科学空间之对置。在本小节中，我们首先看看海德格尔对两类空间的规定与描述；然后表明在空间问题中，何以居住是对技术统治的抵抗。

我们主要依据的文本是《筑·居·思》的第一稿和成稿。二者尽管都有很长的部分涉及空间问题（GA 7：156–161；GA 80.2：1081–1088），但这两个部分不完全相同。我们可视成稿为海德格尔对空间问题的定论，而视第一稿为一个较为自由的表述。为了和本书第二章论述《存在与时间》中各种空间规定的部分相对应，本小节所讨论的空间规定，我们都直接使用德语原词，或是在解说中附上原词。

在以使用和利用事物为主导的生活空间中，处于核心的空间规定当然是属于上手事物的位置，即"Platz"。海德格尔后来没有专题性地使用这个词语。在由居住活动展开的空间或世界中，最为重要的空间规定乃是聚集四方之物的位置，海德格尔启用了一个在《存在与时间》中颇不起眼的词语"Ort"来表示物的位置。从海德格尔的做法来看，他是把"Ort"看作古希腊语 τόπος 的德文对译，并从其德语词源中取来这个词的"聚集"含义。[1] 物的规定是一个聚集起四方关联的位置。四方之共属一体，即四重整体，聚集在物提供的位置上。在爱德华·凯西的提示下[2]，若我们细究海德格尔的表达，他实际上区分了两种位置：

> 这些物乃是位置（Orte），它们为四重整体提供了一个场所（Stätte），这个场所总是开辟出一个空间（einen Raum）。（GA 7：157）

严格说来，四重整体汇聚而彼此转让、共属一体而相互作用之位置，是"Stätte"。而在第一稿中，海德格尔甚至混用了"Stätte"和"Gegend"：

> 这些开敞的物作为位置（Ort）为世界四方域提供了一个场所（Stätte）。（GA 80.2：1082）

1　请参见本章第一节。

2　Edward Casey, *The Fate of Place: A Philosophical History* (Berkeley: University of California Press, 1997), p.247.

> 开敞之物的本质在于，这些物作为位置（Orte）将世界四方域聚集到它们的场所（Gegend）之中。（GA 80.2：1082）

值得注意的是，在成稿中海德格尔一次也没有使用过"Gegend"这个词。或许是海德格尔为了词语使用的严格性，觉得用两个词表示同一个东西似乎不是很必要？也许他有别的考虑？在本书第三章第二节对《乡间路上的谈话》中有关"Gegend"及"Gegnet"的讨论中我们可以看到，"Gegend"之为"场所"，它就是包含显隐于一身的那个自由开放的浩瀚之境（Weite）。在眼下的语境中，它所指的应当是世界或世界四方域。既然如此，那么说它被聚集于其中的位置本身又是一个"Gegend"，就难免遭到"恶性循环"的指责了。

即便如此，为何海德格尔又要区分物所是的那个位置（Ort）和物所提供出来的那个位置（Stätte）呢？我们以为，这是海德格尔为了完善本源的空间规定所致。他说："但只有那种本身是一个位置（Ort）的东西才能为一个场所（Stätte）开辟空间。……从这种场所而来，一种空间（ein Raum）之得以被开辟的那些处所和道路（Plätze und Wege）才得到了规定。"（GA 7：156）也就是说，海德格尔为本源的居住空间也设定了一种类似于谱系学的生成路径：从"Ort"到"Stätte"，再到"ein Raum"或"Räume"。

在汉语和西方语言中，"一个空间（ein Raum）"或"诸空间（Räume）"听起来都颇为奇怪。空间一般被认为是无所不包的容器。即便对这个无边的容器加以限定，也很难说清怎样的空间才算得上是一或多"个"。但对海德格尔来说空间的可数性（无论是一个还是多个）很重要，与可数的空间对举的是唯一的空间或"这个"空间（'der'

Raum），后者是自然科学设想的绝对空间。（GA 7：156，158）

"诸空间是从诸位置那儿获得其本质的……"（GA 7：156），而且"……成为位置的物向来首先提供出诸空间"（GA 7：156）。每个被人之居住所呵护的事物都是一个本源的位置，从这个位置上能够开放出与此事物相关的"一个空间"，在这个空间中聚集起了天、地、神、人四方。时常有一种对海德格尔的误解，认为海德格尔无论在谈论什么，最后都会导向天、地、神、人四重整体，仿佛他对事物的描述只是摆摆样子，无足轻重。确实，每个事物都开放出一块聚集四重整体的空间，但每个事物开放出这一空间的方式都是不同的。究其原因，还是因为事物在世界中所处的"位置"不同。仅以海德格尔常用的几种物为例：希腊神庙大概离诸神和神性者更近一些，河上的桥与大地关系更加密切，盛酒的壶是终有一死者之居住必不可少的用具，而里面的酒主要还是来自天空和大地的滋养。如上所述，海德格尔到底标举出了"四方"还是"X方"，这是不太重要的。重要的是在海德格尔看来，某一事物总是处在某一独特、本己的位置，这个位置聚集起了多种要素并处于多种要素之相互关联中，而事物与事物之间的差异就在于各个事物所是的那个位置与汇聚于该位置上的诸多要素之关系是各个不同的，因此，各个作为位置的事物所开辟出来的空间也是彼此不同的，由此而有可数的、复数的空间。这些空间的每一个都依赖于开辟出它的那个作为位置的事物。

在本源空间的谱系学中，在位置和诸空间之间可能还有一些其他的阶段或种类（"场地和道路"）。但重要的是，本源的居住空间的诸种规定之间并非物理意义上的包含关系，因为这种包含关系是科学空间特有的，如点－线－面－体之间的关系。那么，这些本源的居住空间规定彼此之间是什么关系？我们认为这和上述"物化、近化、世界化"一样，仅是方便法门而已：在物，则言"位置（Ort）"；在四重整体，则言"场所（Stätte）"；在人之居住，则言可数的"空间（Raüme）"或"建筑物（Bau）"。如同本有事件之发生可以就人、就物、就四重整体这些不同要素来描述一样，本有事件所发生的本源空间也可以就这些不同的空间要素来刻画。在这个意义上，若我们强说位置被处所包含，处所被空间包含，就错失重点了。海德格尔论述的重点因而没有放在怎么"演绎"出本源空间的诸种规定——这些规定之间本就不是演绎关系——而是和《存在与时间》一样，着力于描述从居住展开的本源空间如何派生出科学空间。

在《筑·居·思》中，海德格尔描述了在科学视角下某座位于海德堡的古桥及其展示出来的空间规定。一条河流流经许多地方，在这条河流的某个地方有一座桥。为了确定这个地方的具体位置，我们可以说桥离河流的源头有某个距离。在桥建成之前，离河流源头处这个距离的地方是没有桥的，不过，这个地方显然是有的。这种可以以科学测量方式，在地图上精确定位的地点，海德格尔称之为"Stelle"——与《存在与时间》中的做法相同。未建桥时，这个离河流源头某距离的地点已经在那儿了；建起桥后，桥就占据了这个离河流源头某距离的地点。地点可以无限地划分下去，从而使得测量更加精确：桥头在河岸这边有个地点，这个地点不同于河岸对面桥尾所在的地点，也不同于桥拱所在的地点；非得严格说的话，桥头和桥尾的地点并不在"河上"而在"河岸"；更严格地说，桥的每一块砖石都处于不同的地点上。

确定了诸个地点，例如河流源头的地点和桥所在的地点，就能够确定这两个地点之间的距离（Abstand）。距离除了可以被精确测量外，还在这两个地点之间开辟出了一块场域（Zwischenraum），它囊括了在这之间的所有地点。这个意义上的距离，海德格尔说在希腊语中叫作 στάδιον（距离），这个词在拉丁语中被译为 spatium（延展、间隔）。[1] 两个地点的距离或间隔在实际上可能会受到地形的影响，例如一段距离在山区就比在平原更加难以测量，也更难测出最短的距离。我们当然可以忽略地形的差异，在思想中将这段间隔或距离理想化、抽象化，使之成为一种纯粹的抽象物（abstractum）。这种抽象物并不直接就是一组数据，而是抹去了感性性质的纯粹距离，只留下了方向和延展。方向之所以不能够被抽象掉，是因为有的方向之间不能彼此还原，例如长、宽、高三个方向就不能彼此还原。这种在三个方向上的纯粹延展被海德格尔称为"三个维度的纯粹流形（die reine Mannigfaltigkeit der drei Dimensionen）"。就这种作为抽象物的距离而言，它已经不再是上面说的作为 στάδιον 或 spatium 的距离了，而是 extensio（广延、延展）。不论是纯粹的、抽象的 extensio，还是不那么纯粹的 spatium，它们都是可以被量化、被计算出来的。"我们可把这种在数学上被开辟的空间称为'这个'空间。"（GA 7：157–158）至此，从地点（Stelle）到距离（Abstand），从距离到间隔（στάδιον，spatium），从间隔到维度、流形和延展（Dimension，Mannigfaltigkeit，extensio），最后到"这个"空间（"der" Raum）的生成路径就已经描述出来了。海德格尔认为这些空间规定之所以能

---

[1]　查 *Lewis&Short* 拉丁辞典，拉丁语的 spatium 是对希腊语 στάδιον 的翻译，后者的意思有"一段固定的标准长度"，还有"跑步竞赛赛道"的意思，总之，就是一段测量好的距离。

以数学方式被计算，是因为从最开始，我们就以数学方式筹划或开抛出这些空间规定了。换言之，空间的可计算性不是抽象化的结果，而是最初的出发点。

不过，这只是所谓"空间谱系学"的一半。海德格尔对空间问题的贡献也不在于此类描述是否无懈可击或无所不包，毕竟和真正的科学家比起来，海德格尔的描述还是过于简单了。海德格尔对空间问题的贡献在于空间谱系学的另一半，即这一类以可计算性为标志的科学空间规定是如何从本源的居住空间规定中派生出来的。这两半谱系学的交界点就在于：作为一方之起点的地点（Stelle），其实是作为另一方之起点的位置（Ort）的退化版本。

如上所述，这另一类以位置为核心的空间规定彼此之间并不是演绎或派生的关系。所以，另一半的空间谱系学并不包含一系列的规定，而只包含一系列的同一者（das Selbe）：物、位置、场所、可数的诸空间、世界、四重整体。其中的每一者都有其特殊的内涵，在本有事件中有其特殊的作用，因此它们不是相同者（das Gleiche）；但它们全都指向同一个本有事件之发生，因此是同一者。

这两类空间规定是否可以彼此转换？或者聚焦于两类空间规定、两半空间谱系学之交叉点，即聚焦于"Stelle"和"Ort"这两类位置来说，它们是否能彼此转换？海德格尔没有明确把这个问题专题化。他总是强调"Ort"在某些条件下会成为一个"Stelle"，本源的居住空间在某些条件下会退化为科学空间。就桥这个例子而言，"桥所提供出来的空间包含着距桥远近不同的一些处所（Plätze）。这些处所眼下可以被看作单纯的地点（Stellen）……"（GA 7：157）。

将本源的居住空间数学化，这个过程较容易实现。我们只消测量整个空间世界就可以了：测量物、测量物与物、测量人与物，甚至在思想实验中测量抽离了人和物的空无。但反过来，将我们惯于测量和量化的空间思想为本源的居住空间，这可能吗？是如何可能的？毕竟，在技术统治的时代我们更关心的是已然技术化了的空间能否再度被激活，再度成为可供人类居住的空间？在一些学者看来，两类空间之间的转化是单向的。例如，爱德华·凯西就断言，"从（'这个'）空间无法返回到位置，但从位置却（逐步）产生出（'这个'）空间。这是一条单行道"，或更简洁地说，作为位置的物"潜在地（*in potentia*）包含"空间。[1] 凯西引为依据的是海德格尔的一段话。[2] 我们认为，海德格尔这句话的丰富含义需要更加细致地得到理解。至少，凯西说的那种"单行道"或"潜在地包含"有待于进一步澄清。如果我们粗疏地理解这种"单行道"关系，就会产生一个困境：既然在当今时代，本源的空间少之又少，反而处处都是被技术化了的科学空间，那么，面对这一事实，除非在世界创生之初到处都是本源意义上的位置，否则我们既不能说明这些科学空间是从何而来的，也不能说明现在被呵护的本源空间是从何而来的。而如果一切空间确实都是从本源空间发端的，我们为何还要实行海德格尔意义上的建造和呵护？为何还要

1　Edward Casey, *The Fate of Place: A Philosophical History* (Berkeley: University of California Press, 1997), p275. 引文内括号内容为引者补足文意所添加。另外，凯西之所以要论述从位置到空间的转变是单向的，还和他整本书的规划有关。他这本关于空间的著作有一个宏大的脉络，就是要说明空间（space），尤其是科学空间对于本源空间，特别是位置（place）的后起性。这从文化发展和哲学史的角度看是势所必然的，但是具体到我们眼下讨论的海德格尔这里的说法，则不一定是这样。

2　"但在此意义上的'这个'空间并不包含诸空间和处所。我们在其中找不到位置，也即找不到桥这种物。恰好相反，在由位置所开辟的诸空间中，总是有作为间隔的空间，而且在这种间隔中，又总有作为纯粹延展的空间。"（GA 7: 158）

在海德堡某河流上建起一座桥梁？何况，本源的空间有赖于人去呵护，在一个尚未出现人类生命的世界里，又何来本源的空间呢？从这个荒谬困境中引出的问题也是荒谬的。

因此我们要澄清这种"单行道"或"潜在地包含"关系。显然，这种关系不是事实性的关系，而是就本性而言的关系，或者用海德格尔自己的话说，这种不可逆关系涉及诸种空间规定的"本质来源（Wesensherkunft）"或"本质根据（Wesensgrund）"。（GA 80.2：1086）地点之起源于位置，科学空间之起源于居住空间，是就本性而言的。即便事实上世间没有一处本源性的空间，我们也不可能说，人一开始居住于世界中就是居住在科学空间之中。就算世间没有一处本源性的空间，我们也能通过思想、居住、建造等行为将之创制和开放出来。凯西从海德格尔的话中总结出来的不可逆关系，是空间诸规定在本性上的秩序。就此而言，凯西确实发现和标明了一个重要的结论。但海德格尔未明言而凯西又未置可否的，是空间的诸种规定在事实上转化的可能性。

实际上，海德格尔确实表达过这种可能性。就在谈论海德堡的那座桥的时候，海德格尔说在桥建起来之前，这个地方可以说是有许多的地点（viele Stellen）：

其中有一个地点作为位置（Ort）而出现，而且是通过桥而出现的。（GA 7：156）

这句简短的话包含有三个要点：第一，海德格尔说在有桥之前这个地方已经有着许多"可以被某物占据的地点"了，这说的地点诚然是科学空间式的理解，即现成的、不因有无事物而改变的地方。第二，这些地点中的一个，在科学的视角下也就是桥恰好占据的那个地点，"作为一个位置而出现了（ergibt sich als ein Ort）"。海德格尔显然认为"Stelle"可以转变为一个"Ort"，而这种转变之发生的条件，也就是第三点：加了着重号的"通过桥"。这分明提示我们，"Stelle"之转变为"Ort"，是通过一个物（Ding）而发生的。桥作为一个海德格尔意义上的物，如前所述，是由人所呵护，而非被人利用和使用的东西。要言之，是以居住姿态而非技术姿态所对待的东西。

现在我们可以断言，以居住姿态抵抗技术统治，从科学空间中恢复或创建本源的居住空间，其关键就在于、仍在于对事物的呵护。这也是从本有而来的思想对集置的抵制和拯救。杰夫·马尔帕斯给出了一个非常漂亮的说法，以总结"本有－集置"这一雅努斯双面形象与空间的关系："如果说本有事件可以被理解为'空间转变为位置……'，那么我们就可以把集置看作将位置转变为空间——从而掩盖起了空间本身所源出于其中的位置。"[1]

这样我们就可以回应本节开头提出的问题：同样是面对科学空间，生活空间与居住空间有何区别呢？在生活空间中，对事物的使用远不是海德格尔这里说的对事物的呵护。对事物的使用建立起了一个以人为中心的指引关联总体，在其中，事物的"自在"就是人的照料活动所揭示出来的那个样子。（SZ：106）照料事物与呵护事物的差

---

1 Jeff Malpas, *Heidegger's Topology: Being, Place, World* (Cambridge: The MIT Press, 2006), p293.马尔帕斯这句引文之中又嵌套了一句引文，我们在保留原意的前提下稍作改动。显然，马尔帕斯这里说的"空间"是常识理解下的科学空间。

别由此可见，因为呵护事物是让事物成为自身、静息于自己的本质中（GA 7：151），"毫不显眼地（unscheinbar）顺从于（fügsam）其本质"（GA 7：183）。这样的"每每以自己的方式物化"的物被海德格尔称为"轻微的、轻柔的（gering）"物。（GA 7：184）

这个位于讲演《物》末尾的段落是一个十分令人费解的段落。[1] 在我们看来，"轻微、轻柔"乃是海德格尔对由居住而产生的本源空间的描述。我们在这里试图借与"Fug（合式）"相关的一系列词语来解释这一毫不起眼的"Gering（轻微、轻柔）"。

人对事物的呵护让事物各归其位，如此得到呵护的事物展开自身为世界四方发生的位置，进而使得构成世界的各要素在彼此转让、失其本己（Enteignis）的四方之圆舞中成其自身（Ereignis）。这样得到呵护的事物同样也身处于世界诸要素的运行脉络之中，而当此之时，事物彼此之间、事物与人之间的关系不是上述从人发出的、以使用为导向的关系，而是彼此成就、各自成己的关系。人的居住所施行的呵护仿佛将事物接合（fügen）入一个彼此映射游戏的世界之中，在世界世界化之际而物化。物化之物因人的呵护而顺从于（fügsam）其本质，静息于自身，成为生生不息的世界发生的位置，亦即因接合入世界而顺从于世界之发生。人之居住把物呵护入世界之中，从而产生了一个世界四方域的结构（Gefüge）。这一结构中的诸个要素之间彼此圆成，世界四方"进入其纯一性的柔和（Ringe）之中"，这种纯一、柔顺而

1　例如，在孙周兴的两版中译本中，这句话被分别译为："唯从世界中结合自身者，终成一物"（GA 7：184）和"唯世界中轻柔者，才成一物"。（GA 79：21）两种译文分别见《演讲与论文集》和《不莱梅和弗莱堡演讲》的中译本。

毫不显眼状态即海德格尔称为"正义、合式（Fug）"的状态。[1] 在这段的一个作者边注中，海德格尔将此状态称为"收摄入毫不显眼的东西之中——简朴的东西"（GA 7：183）。大化流行所彰显出来的正义与合式在海德格尔眼中已经不再呈现出斗争的态势，而是进入到了泰然、单纯、质朴、毫不显眼的状态。[2] 如此这般的事物因其顺从于世界大化之流行，从而是轻柔的、柔顺的；因其作为位置而融入世界之发生中、自身就是世界的一部分，从而是从世界而来轻微的、毫不显眼的。因此而有海德格尔那句令人费解的话：

> 唯有作为终有一死者的人，才在居住之际通达世界之为世界。
> 唯从世界而来轻微者，才成一物。（GA 7：184，着重号为引者所加，以显明其中的三个要素）

现在看来，这话无非是说：人在居住之际（"成为终有一死者"）呵护物之物化（"使物回归其本质""成物"）而开放出世界之世界化运作。这便是实行呵护的人、轻微的物、简朴的世界结构三者之间柔顺而不显眼的关联，这种关联所构成的，即是轻微而本源的居住空间。所谓"存有之地形学"，便是借助关于位置的言说，言说出构成本源空间的诸要素之关联，最终道出存在、本有、世界之流行运转。

在这本源空间之中（"位置"）不仅发生了人通过居住而对事物

1　对"正义、合式（Fug）"以及其希腊源头"δίκη"的解释超出了本文的论题，请参见《林中路》中《阿那克西曼德箴言》一文。

2　借用张振华的研究，可谓"从斗争到和谐"的道路，请参见张振华：《斗争与和谐：海德格尔对早期希腊思想的阐释》，商务印书馆，2016，第9—10页。

之存在有所理解和把握（"意义"），而且还发生了世界四方域之本有事件（"真理"）。无怪乎海德格尔晚年为自己的思想道路做了一个大总结，是谓：

意义（SINN）——真理（WAHRHEIT）——位置（ORT）（GA 15：344）

以"轻微、轻柔"来描述本有事件之发生和本有事件中的诸要素，这使得我们对"毫不显眼的东西（Unscheinbare）"有所经验——尽管这经验只是一丝若有若无的"轻微"而已！然而，毕竟有所经验！存有之地形学所致力于言说的本源事件和本源空间似乎是某种极其抽象玄奥的东西，但海德格尔非得致力于将这不显眼的东西提示出来、表露出来、描述出来。难怪海德格尔要说这是本源意义上的现象学：毫不显眼者的现象学（Phänomenologie des Unscheinbaren）。下一章我们将进一步澄清这一特殊意义的现象学。

第五章　艺术与空间

　　愈接近生命晚期，海德格尔就造型艺术及其中的空间问题所做的表态也越来越多。有的是深思熟虑的文稿[1]，有的是笔记或片断[2]，还有隐藏于文件、谈话、书信中的只言片语[3]。这些文本的实际状态决定了本章的讨论方式：以全集第一部分，即生前发表过的定稿为主，辅以其他的材料。

　　海德格尔对艺术的思考与他对技术的忧虑是并行的。在没有思想现代技术之谋制和集置时，海德格尔并没有特别地思索艺术问题。在著名的《艺术作品的本源》（1936）和同年开始写作的《哲学论稿》中，艺术、技术以及它们的希腊源头 τέχνη（技艺）是共同出现的——尽管在不同的主题和文本限制下，三者各自占据的比重不同。本文并非专论海德格尔思想中的技术－艺术关系，因此仅采纳一个简单的看法，即面对技术（Technik）之危险，艺术（Kunst）重新退回到本源意义上的 τέχνη，是一种拯救。

1　按写作日期排序，计有《艺术作品的本源》（1936；2020；载于 GA 80.2），《艺术作品的本源》（1950；载于 GA 5），《关于艺术－雕塑－空间的评论》（1964；1997，2020；载于 GA 80.2），《艺术的起源与思想的规定》（1967；1983，2020；载于 GA 80.2），《艺术与空间》（1969；载于 GA 13）。

2　目前笔者收集到的有《关于克利的笔记》（简称《克利笔记》）。

3　谈话可参见佩茨特的记录，Heinrich Wiegand Petzet, *Auf einen Stern zugehen: Begegnungen und Gespräche mit Martin Heidegger 1929–1976* (Frankfurt: Societäts-Verlag, 1983)。其余请参见《艺术与思想》（GA 16：552），《摘自海德格尔致阿尔科普莱的信》（GA 16：562），《相互映射的镜像》（GA 16：776）。

由此便能明了海德格尔对艺术中空间问题的讨论与上一章对居住空间问题的讨论实乃异曲同工：它们都是与技术抗衡的论说，都是拯救的尝试。[1]就二者之关系而言，本文想要论述的是，对艺术中的空间问题之关注，实乃对居住所呵护的物之空间问题的推进。这种推进首先表现在海德格尔从"物"这个更广大的主题来到了某一类物的领域中：雕塑作品的领域中。在本章第一节中，我们首先论述海德格尔对雕塑作品及其展现出来的空间问题的看法，指出对雕塑的讨论何以是对上一章内容的推进；接着在第二节中，我们专门关注雕塑中展现出来的一种特别的空间规定：空无（die Leere），指出海德格尔对空无的关注贯穿他对物、对雕塑的讨论，甚至可以回溯至他 20 世纪 40 年代开始的对《老子》的解读；我们进而把空无问题与存在学差异或二重性问题联系在一起，以阐明海德格尔对空无问题的关注是想要将之当作一个我们可以经验到存在学差异或二重性的切入点和契机；最后在第三节中，顺着差异或二重性这条线索，我们来看看海德格尔对塞尚的解读，以及他试图提出的有关差异或二重性这一"不显眼的东西"的现象学。

一、雕塑艺术与空间

与空间结合得最为紧密的造型艺术是雕塑艺术。海德格尔写下的

1　"终有一死者居住着，因为他们拯救大地——'拯救'一词在此取莱辛还识得的那种古老意义。拯救不仅是使某物摆脱危险；拯救的真正意思是把某物释放到它本己的本质之中。"（GA 7：152）这是通过居住问题来抗衡技术之危险：技术把万物变成存料，从而使万物没有处于自己的本质之中。

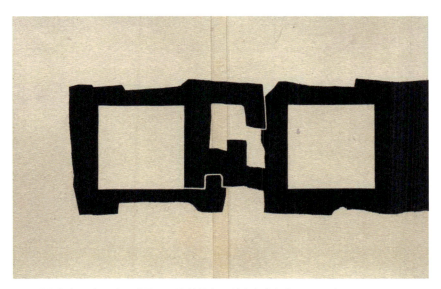

爱德华多·奇里达，《马丁·海德格尔：艺术与空间》，1969 年
奇里达的拼贴画与海德格尔的文本曾于 1969 年合印刊行，图为奇里达所作拼贴画中的一幅

专论雕塑的文本并不太多，主要有两个演讲稿和一篇与展览有关的沉思笔记。两个演讲稿按写作时间顺序来看分别是《关于雕塑－艺术－空间的评论》（1964）和《艺术的起源与思想的规定》（1967），一篇沉思笔记是《艺术与空间》（1969）。这三个文本的发表过程也各不相同：《关于雕塑－艺术－空间的评论》写得最早，但发表得最晚，迟至 1997 年才由圣加仑画廊（St. Gallen）印制了单行本，目前收录于全集 80.2 卷；《艺术的起源与思想的规定》在海德格尔身后的 1983 年同时发表于瓦尔特·比梅尔（Walter Biemel）的纪念文集和《思想

经验》[1]这个文集中，目前收录于全集第80.2卷；《艺术与空间》在写作的同年就已经由圣加仑画廊出版单行本，随后被收入全集第13卷中。

下面我们从海德格尔论述雕塑的文本出发，首先概述和解析一下其中体现出的海德格尔晚期的空间思想。

（一）何谓雕塑

我们首先需要澄清海德格尔理解的雕塑艺术是什么。海德格尔对雕塑的看法并非一经形成，永不改变。可令人震惊的是，海德格尔在短短五年内就给出了两种彼此相反，或者说几乎相反的说法：

> 雕塑能够以某种方式被理解为对空间的探讨。（GA 80.2:
> 1292）[2]
>
> 雕塑恐怕不是（wäre keine）对空间的探讨。（GA 13:
> 208）[3]

1　《思想经验》（*Denkerfahrung*）可以看作是全集第13卷《从思想的经验而来》（*Aus Erfahrung des Denkens*）的前身。二者都是海德格尔的次子海尔曼·海德格尔编辑的，所录文章基本相同，唯一一个重大区别就是前者中收录了《艺术的起源与思想的规定》这个文本，但在全集第13卷中却被《艺术与空间》取代了。Martin Heidegger, *Denkerfahrung* (Frankfurt am Main: Vittorio Klostermann Verlag, 1983), pp.135-151.

2　本文对"关于雕塑－艺术－空间的评论"的翻译参考了张振华的未刊中译文，张振华译文请参见本书附录。

3　诚然，海德格尔在《艺术与空间》中对此问题的表态经历了一个过程。在短短的几页中，他的态度从"雕塑诚然（freilich）是对艺术空间的一种探讨"，变为"现代艺术自视为一种对空间的探索，它不也随着（nicht auch）促逼亦步亦趋吗？"，再变为此处引用的"雕塑恐怕不是（wäre keine）对空间的探讨"。这几个语气词或虚拟语气完全表现出海德格尔试图引导我们得出某些结论。

　　伟大的思想家恐怕不会轻易承认自己的疏忽。海德格尔当然没有像我们在这里做的那样，如此触目地将这两种对雕塑的理解放置在一起。但这两句话显然并非各自孤立的规定，而是相隔五年后，自己与自己的一次有意对话。若不是已经有了"……能够被理解为……"的断定，又何来"……恐怕不是……"的质疑呢？按照常理，后出的说法总是更加深思熟虑，可以成为对早先说法的修正。何况海德格尔确实提供了一些理由，以解释为何雕塑与空间之间不再有一种探讨（Auseinandersetzung，往往被译为"争辩"）发生了：

　　　　空间——是眼下以日益增长的幅度愈来愈顽固地促逼现代人去获得其最终可支配性的那个空间吗？就现代造型艺术自视为一种对空间的探讨而言，它不也随着上面这种促逼亦步亦趋吗？现代造型艺术不是借此以其合乎时代的特性证明了自己吗？（GA 13：204，着重号为引者所加）

　　显然，这里说的空间具有促逼的特性，已经是科学理解中的空间了。科学空间是客观、同质的。对此科学空间进行探讨的现代造型艺术，自然也沾上了其对象身上带有的技术之促逼特性，成为"合乎（技术）时代"的东西。面对作为客体和对象的空间，留给所谓现代造型艺术——这里显然是泛泛而指，没有囊括海德格尔自己欣赏的现代造

保罗·克利（Paul Klee），《望向窗外的神圣者》，
1940 年

海德格尔在自己的"克利笔记"中评点过克利这
幅画，他将克利视为非形而上学艺术的代表

型艺术 [1]——的出路只有一条，就是成为主体的活动 [2]，成为广义的科学研究，于是也就不再是一种艺术了。最终，雕塑艺术与空间彼此分离，一者成为主体的活动，另一者则成为这种活动的对象。

　　安朱·米切尔在解释雕塑艺术和空间之间的分离时，专门注意到了"探讨（Auseinandersetzung）"这个词，其字面义是"彼此分开（auseinander-）而设置（-setzen）"。如果说雕塑艺术是对空间的探讨，那么雕塑和空间就必须被分离开来。这并不是海德格尔在讨论雕塑艺术时要表达的意思。在米切尔的解释中，雕塑作品是由关联构成的作品（a work of relation），雕塑的空间是关联在空间中的发生（the spacing of relation），雕塑作品和空间无论如何都不会是"彼此分开"、没有关联的。[3] 除此之外，米切尔还认为"探讨"这个词所包含的"争辩"义项具有太强的斗争与意志的意味，这就很容易让我们把雕塑理解为某种对空间的"攫取（occupying seizure，Besitzergreifung）"。[4]

1　在"克利笔记"中，海德格尔以类似的方式概括了几种重要艺术流派的本性："当今的艺术：超现实主义＝形而上学；抽象艺术＝形而上学；非对象艺术＝形而上学。"或者"'艺术'本身就具有形而上学的本质。"虽然海德格尔常常作出此类仿佛是全称的判断，但从语境看，其实并不包括一切形式的艺术。例如在后一句中，"'艺术'"一词被加上了引号，以示区分，就像他也常常给"'世界'"加引号一样——以区别于自己所谈的世界。相应地，海德格尔有时为了标明自己看中的艺术理解，他会在"艺术"这个词上打叉，就像他也在"世界"一词上打叉一样。请参见 Martin Heidegger, "Notizen zu Klee / Notes on Klee", *Philosophy Today*, trans / eds. María del Rosario Acosta López, et al., Vol. 61, Issue 1 (Winter 2017): 7-17，第 15、13、22 条笔记。

2　请参见《世界图像的时代》一文，其中特别讲到了属于近现代的存在理解：存在等同于被表象。主客关系必定从中产生。（GA 5：109–110）

3　Andrew Mitchell, *Heidegger Among the Sculptors* (Stanford: Stanford University Press, 2010), pp.66-68.

4　Andrew Mitchell, *Heidegger Among the Sculptors* (Stanford: Stanford University Press, 2010), p.68.

如果雕塑与空间之间不是探讨的关系，又是什么关系呢？海德格尔用的词是"交互游戏（Ineinanderspiel）"。（GA 13：208）这个词语同样在字面上可以分为两个部分："进入彼此（ineinander-）运作（-spielen）。"我们将之与"探讨"这种雕塑和空间之间的"不恰当"关系做对比：

探讨／争辩（Auseinander-setzung）　　　"彼此分离而设置"

交互游戏（Ineinander-spiel）　　　　　"进入彼此而运作"

在对比之下，海德格尔改换用词的苦心已昭然若揭。"交互游戏"的说法，更能表达雕塑与空间彼此应合，相互作用，最终形成一个关联整体的格局。现在在这种交互游戏的状态中，我们必定会期待一种有别于主客二分和科学式的对雕塑与空间的理解。

这次，海德格尔会怎么看待雕塑呢？他说得很谨慎：

雕塑大概是（wäre）对位置的体现。（GA 13：208）

此处的虚拟语气正是承接上文所述的那个"恐怕不是"而来。就在下一页，还有一个更加详细的规定。这个更详细的规定甚至连"大概是"这样含糊的系词都没有，而是以一个冒号连接起句子的两个部分：

雕塑：以体现方式把诸位置带入－作品－之中，并借助这些位置开启出人之可能居住的场所和环绕、关涉着人的物之可能栖留的场所。（GA 13：209）

　　这两句话可视为同一个规定的不同表达。其区别有二：第一，对"体现"有一个补充，即"带入作品之中"；第二，后者更加清楚地列举了位置所开启出来的空间类型——人的空间和物的空间。不过两句话对雕塑艺术的规定却是同样的，即"体现位置（die Verkörperung von Orten）"。这表明海德格尔所理解的雕塑艺术是把位置或空间[1]化入（ver-）到某种物体（Körper）之中。这样一来，对于理解雕塑艺术来说，物体和空间就是关键。"艺术与空间"这个标题若依据其实事内容进行改写和扩充的话，就是：在物体中体现空间的雕塑艺术与被带入雕塑作品这种物体之中的空间。要理解雕塑艺术，就要搞清楚海德格尔在这里说的物体和空间分别具有何种规定，以及二者的关系是怎样的。

（二）作为物的雕塑

　　我们先来看《艺术与空间》中的物体规定。海德格尔的用词有些曲折。他虽然谈论"体现"，但在他谈论这种物体的时候，用的却大多是"物（Ding）"这个词。[2]在"艺术与空间"中，"物体（Körper）"一词只是一个中性的、日常的用语，其含义偏向感性的、材料性的那

1　"位置或空间"并不是一个随意的表述。海德格尔在《艺术与空间》开头引用了亚里士多德的一句话，其中提到了"Topos"一词，海德格尔并没有单独以"Ort（位置）"译之，而是使用了一个含糊的表述"Ort-Raum（位置－空间）"。位置和空间当然是有区别的，但无可否认，这里存在着某种有待澄清的关联。因此在泛指时，我们愿意使用"位置或空间"这样的表述。

2　"物"从20世纪30年代中期起就代替了《存在与时间》中说的"用具"，成为海德格尔描述世界中事物的固定用语。请参见前文已经讨论过的海德格尔的其他文本。

一面。例如海德格尔在文章一开始就以日常口吻说："雕塑形象是物体。其由各色材料组成的团块，被塑造为多样形态。"（GA 13：204）[1] 无论是这句话中的名词"形象（Gebilde）"一词包含的动词含义（"被塑形的东西"），还是这句话中的动词"被塑造（ist gestaltet）"，还是这两个动作（塑形和塑造）施展于其上的"各色材料（Stoffen）"，都暗示出在谈及雕塑的语境中，"物体"指的是一个由材料构成、被赋予形态的东西。显然，这种在《艺术作品的本源》中已经被批评过的"质料－形式"模式并未切中海德格尔使用"物"一词的意图。诚然，也不与这个意图相冲突。由于"物"和"物体"毕竟是两个不同的词语，我们首先要澄清和确认的是：海德格尔是在《物》的意义上，而不是在"物体"的意义上说雕塑作品体现位置。有关物与位置的初步解析，本书第四章第三节已有初步描述。我们眼下关心的是在具体论及雕塑艺术时，作为雕塑作品的物与位置的关系。

在稍早的讲演《关于雕塑－艺术－空间的评论》中，海德格尔把"物体"这个词回溯到了希腊语中。在希腊人眼中，"人本性上就想要知道"（980 a21），而所谓知道或认识即是解蔽，把放在眼前的东西展示出来。"这些自发显现出来的现身在场者是无生命的和被赋予生命的物体（σώματα）。"（GA 80.2：1295）"σώματα"是"σῶμα"的复数，海德格尔均以德语"Körper"对译。同样与此德文词语相应，这个希腊词本身既可以指无生命的物体，也可以指有生命的物体，包括人的

1　这里对中译文有一处重要改动。"团块（Masse）"原译为"部件"。我们以为从语境来看，它的意思更偏向于指属于物体的材料性、实质性的那个面向（例如一块大理石、一团黏土），而非相对于整体来说的一个部件。下一句紧接着讲到了物体的内外界面，说的也是这个被赋予了形态的团块在日常意义上有一个"界"，界外是外面，界内是里面。

身体。但海德格尔在同一个讲演中还使用了"Leib"一词指人的身体。（GA 80.2：1297）这充分说明，海德格尔说的"物体"泛指一切具有形体、由某种材料构成、有生命或无生命的事物。既然"身体"也能被如此看待，那似乎也可以说身体是一个物体——虽然身体不只是一个物体。

　　这和现象学对身体的理解相去甚远，也和着力发掘身体在海德格尔思想中之作用的研究相去甚远。关于身体在海德格尔思想中的位置，本文无力深究。不过若仅限于雕塑艺术这个话题，则海德格尔并未在身体这个话题上"特别用力"。这尤其是因为就雕塑而言，雕塑显然不是一个身体。在《艺术与空间》中，海德格尔没有特别谈到人的身体。在《对艺术－雕塑－空间的评论》中，海德格尔显得像是在突出身体的作用。他说：

> 　　人拥有的绝不是物体，人也绝非物体，而是说，人生活着他的身体。人通过身活而生活，由此被允许进入到空间之敞开中并通过这种允许从一开始就已经居留在与他人和他物的关系之中。（GA 80.2：1297）

　　毫无疑问，这句话怎么看都像是在突显身体的独特性和身体与物体的区别。海德格尔甚至用了一个颇为奇特的、来自名词"Leib（身体）"的动词"leiben"来表示身体的活动和人特别的生活方式（我们因此译之为"身活"）。但我们可以举出两个理由来说明为什么对于雕塑艺术来说，身体和物体的区别并不是特别重要。第一个理由是，海德格尔之所以在这个讲演中谈到身体，并不是为了说明雕塑艺术，而是说明人进入雕塑艺术所打开的开放领域的方式。雕塑是一个物体，但不是一个身体；人有身体，但人不是雕塑。第二个理由是，海德格尔在突出身体的同时，也不断在抹去身体的痕迹。例如，在上述引文中的"身活"一词这里，海德格尔注释道："'身活'？逗留在－世界－中（－存在）。"（GA 80.2：1297）他似乎在犹豫，或是在质疑"身活"这个表述，并决定以"逗留（Aufenthalt）"取代之，又以"在－世界－中（－存在）"来解说"逗留"。在后文讲到身体的时候，海德格尔也总是在进行这种改写。例如就在上述引文的下一段里，海德格尔在正文中使用了"逗留"一词，又在其后的括号内写道"（'身活'）"。紧接着，海德格尔还说到"由……在－世界－之－中－存在打上印记的身体现象（Leibphänomen）"。在仅有的几个提到身体的地方，海德格尔始终在进行着对身体的抹除和改写，我们认为这充分说明了海德格尔并不想在他已有的基本词汇之外多引入一个"身体／身活"。毋宁说，人的"在世界之中"的"逗留"，就已经囊括了人与空间的关系。

安朱·米切尔认为，晚期海德格尔对艺术作品，尤其是对雕塑的思考重塑了物体或身体与空间的关系。他创造了一个词，叫作"身体、物体的绽出状态（the ecstaticity of body, all bodies）"。物体[1]显现出来，

1　把"body"译为"身体"或"物体"都不够全面，译为单字"体"又不是很符合汉语语感。迫不得已，我们还是依从孙周兴的中译，选择将之译为"物体"，请参见海德格尔：《海德格尔文集：从思想的经验而来》，孙周兴、杨光、余明锋译，商务印书馆，2018，第210页。我们的理由是：说身体是物体还可以理解，但说物体是身体就太不可思议了。何况，英语文献一般以"lived body"或"living body"来表示现象学说的"肉身（Leib）"，也不至于混淆作为物体的身体和作为肉身的身体。

就是突破自身之界限而进入种种关系之中，闪现[1]入这些关系构成的世界或空间中。[2]雕塑艺术是对空间的直接制作，因此无疑，雕塑作品最为显著地展示出"我们自己融入了空间之中"[3]这回事情。这一实事正应合于米切尔多次提到的那个海德格尔喜欢的说法：边界并非一物之终结，而是其存在的开始。在我们看来，米切尔的说法恰当地诠释了海德格尔说的"身活"，也恰当展现了为什么身活可以被改写为在世界之中的逗留，因为身活即是从空间方面来说的绽出到世界之中。

总之，海德格尔之谈论雕塑作品，他并不是把雕塑作品当作一个由质料和形式构成的物体来看的。雕塑作品当然也不是身体意义上的物体，因为它没有生命。因此，无论从"物体"一词哪个含义看，雕塑作品都不是一个物体——尽管我们当然可以将之看作一个物体。海

1　"闪现（radiate，传播、发射）"，实乃米切尔对海德格尔"scheinen"一词的英语翻译。米切尔特意选用这个词，显然灌注了他对海德格尔后期空间观的理解：空间是一种中介或媒介，是"间隙（Zwischenraum）"，显现就意味着进入空间，进入与他者的关联中。如此方能理解海德格尔重复多次的一个奇特表述："我们始终是这样穿行于空间的，即：我们通过不断地在远远近近的位置和物那里的逗留而已经承受着诸空间。当我走向这个演讲大厅的出口处，我已经在那里了；倘若我不是在那里的话，那么我就根本不能走过去。我从来不是仅仅作为这个包裹起来的身体在这里存在；而不如说，我在那里，也就是已经经受着空间，而且只有这样，我才能穿行于空间。"（GA 7：159）我之所以能在肉身上没有走过去之时就"已经在那里"，是因为我的在空间中存在意味着我已经和那里关联在一起了，那个位置已经将作为人的我聚集过去了。类似而相反的一个例子不是"我""过去了"，而是"别人""过来了"："当我回想起在布斯克拉兹的勒内·夏尔时，谁或者什么在此被给予我了？当然是勒内·夏尔本人了！"（GA 15：384）按海德格尔的说法，夏尔是在我的思想之聚集（Ge-danke）中呈现出来，尽管他就肉身而言不在这里。

2　Andrew Mitchell, *Heidegger Among the Sculptors* (Stanford: Stanford University Press, 2010), pp.1, 92.

3　Andrew Mitchell, *Heidegger Among the Sculptors* (Stanford: Stanford University Press, 2010), p.93.

德格尔会说，雕塑作品是一个物，因其展开出有别于科学空间的、别具一格的空间规定。

（三）雕塑的空间

既然雕塑作品一方面可以被看成是一个普通物体，在自然科学和技术式的表象中呈现出来、得到计算；另一方面也可以是海德格尔所言严格意义上的物，作为一个位置而聚集起世界四方域，那么相应地，作为物体和作为物，雕塑作品就能够展开不同类型的空间：科学空间和本源空间。

1. 雕塑与科学空间

雕塑之为物体，它和空间的关系错综复杂。就最日常的理解而言，物体占据某个地方。海德格尔最开始提到了一个介于物体和一般而言的绝对空间之间的东西，叫作"形体（Volumen）"。形体产生自物体占据空间之时："空间为雕塑形象所占有，遂造就为封闭的、可穿透的和空洞的形体。"（GA 13：204）"形体"一词在汉语中容易和上述"形象""物体"相混。从德语原文看，它的意思却很清楚：空间被造就为形体（er[Raum] wird... als ... Volumen geprägt），形体指的并不是物体，而是某种空间规定。形体之产生条件，即空间被雕塑占据。一旦我们回想起"Volumen"乃是物理学中所言的"容积、体积"，我们就能理解，所谓"形体"实为物体所占据的那一部分空间，但是却又从中把物体抽离了出来。如此这般操作后剩下的空间，就是封闭的（有物体轮廓的）、可穿透的（因为物体被抽离了，没有什么不可入的东西在阻挡着）、空洞的（没有东西去填充这一轮廓所包裹的空间）。因此，海德格尔以"形体"描述的是一种因物体而产生的空间，与这种空间相对应的当然就是由材料构成的物体。"物体与形体"是科学态度下对事物与空间的描述。尽管如此，海德格尔却要通过破解这种"仅仅像现代自然科学技术一般古老"的形体观念，通过描述在雕塑之形体所体现的位置中究竟发生了什么，从而来破解科学空间观。（GA 13：209）简言之，通过对比形体和位置这两种空间规定来显示出后者的本源性。这是后话了。接下来我们以《艺术与空间》和《关于雕塑－艺术－空间的评论》为依托来澄清科学态度下与雕塑有关的其他空间规定。

日常理解中默认和熟悉的空间就是牛顿物理学里的绝对空间，亦即我们在前文论及《存在与时间》和居住空间时说的科学空间。科学空间在《艺术与空间》中被称为带定冠词的"空间（der Raum）"或"物理学－技术所开抛出来的空间（der physikalisch-technisch entworfene Raum）"。顾名思义，这种空间是科学为我们揭示、建构出来的空间。海德格尔对此空间的描述是一贯的：同质均匀，在任何可能的地点上都不突出，在一切方向上都等价，不能被感性觉知到。（GA 13：204）倘若如此来理解雕塑作品的空间，雕塑就只是个物体，其空间也仅是个形体而已。雕塑和别的事物也没什么分别。所有事物都处在"唯一真实的空间（der einzig wahre Raum）"中。

然而这种似乎绝对地包裹着物体、不受物体特性影响的科学空间，却依赖于物体。海德格尔大刀阔斧地将从古代直到近现代的空间观称为"从物体而来得到设想的"。（GA 80.2：1296）我们稍作分析。

古代的亚里士多德以两个词语来描述空间：τόπος 和 χῶρα。前者一般被译为"位置（Ort）"，后者一般被译为"场所"，或干脆就是"空间（Raum）"。

　　τόπος 对亚里士多德来说是一个重要的空间规定，但他说的 τόπος
还不是我们现在理解的物体所处的某个位置点或坐标系里的某个点，
也不是上文所述的形体。在《物理学》卷四章 4 中，经过一系列辨析，
否定了 τόπος 不可能是的东西之后，亚里士多德正面提出，τόπος 乃是
"τὸ πέρας τοῦ περιέχοντος σώματος"（212 a 5），"属于包围着的物
体的边界"。所谓"包围着的物体"，例如水在壶中，壶就是包围着
水的物体，空气是包围着壶的物体，最后，以太是包围着空气的物体。
（212 b 20–22）亚里士多德并不认为有虚空存在[1]，因此，世界是充
满物体的，一个物体总是与别的物体相接触、被别的物体包围着的。
正因为如此，作为包围者的 τόπος 与被包围者之间没有间隙，"καθ'
ὅ συνάπτει τῷ περιεχομένῳ"（212 a 5–6），"依照与被包围者的接触
面"。一个物体的 τόπος 就是直接接触、包围着这个物体的接触面。
在壶和水的例子中，就是壶壁内侧。最后，亚里士多德基于自己的考
虑又补充了一个性质，说这个接触面必须是"Ἀκίνητον πρῶτον"（212
a 20），"第一个不动的"。例如，若是一艘船运行在河中，船和河
的关系虽然是被包围者和包围者的关系，但船和河的接触面还不是船
的 τόπος，因为这个接触面是运动的。船真正的 τόπος 是整条河，因为
整条河本身才能被视为不动的（212 a 19）。总之，一个物体所占据的
τόπος 不是一个"点"，亦不是一个"形体"，而是一个"边界或轮廓

1　关于"虚空（κένον）"，海德格尔早年曾在讲课稿的笔记中提到过，在德谟克利特、
留基波和柏拉图看来，虚空也是存在的东西，是空间的一个"积极正面的规定和维度"。（GA
22：244）需要提示的是：海德格尔此时用的词是"Leere（虚空）"，这是词语的惯常用
法，和战后海德格尔谈论的"Leere（空无）"并不能等同起来。

（πέρας）"。

τόπος 还有一个特性，即异质性。在亚里士多德的宇宙论中，我们一般而言的世界，即月下世界，由水、火、土、气四种元素构成。四种元素性质不同，在未受强力支配的自然状态下趋向不同的 τόπος：轻的上升，重的下降。这即是元素的自然位置。这样一来，不同的 τόπος 并非全然相同，而是充满着差异："空间拥有独特的方位（Örter）和 διαστήματα，即彼此之间的间隔 [≠（不等于）extension（广延、延展）]。"（GA 80.2：1295）正是由于这种独特性，使得空间的各个部分、各个 τόπος 都彼此不同，这就是空间的异质性。海德格尔专门在括号里提醒我们，间隔不等于近代哲学说的广延，因为广延已经预设空间处处都是同质的了。

人们对 τόπος 的理解还算稳定，至于 χῶρα 就不是这样了。我们为避免过多的讨论——这些讨论已经汗牛充栋了[1]——暂且直接接受海德格尔的说法。他的描述是："与 τόπος 相区别的 χῶρα 指的就是空间，因其能够接纳（δέχεσθαι）、包围和保持（περιέχειν）这些位置。χῶρα 因此是 δεκτικόν（接纳者）和 περιέχον（包围者）。"这样被描述的 χῶρα 是否就是绝对空间的前身，海德格尔没有细说。他着力强调的是：τόπος 和 χῶρα——"位置和位置之保持（Ort und Ortbehalt）"[2]，在希腊意义上都是从物体出发被看待的。概言之，空间规定完全依赖于物体，

1　例如在哲学领域，德里达的长文《Khora》, Jacques Derrida, *On the Name*, ed. Thomas Dutoit (Stanford: Stanford University Press, 1995)，以及萨利斯的专著，John Sallis, *Chorology: On Beginning in Plato's Timaeus* (Bloomington: Indiana University Press, 1999)。其他从科学或科学史出发的讨论更是不胜枚举。

2　前文说 χῶρα "保持着这些位置"，所以有此处 "位置之保持" 的翻译。

没有存在着的物体就无法设想空间。

海德格尔断言，从亚里士多德而下，经伽利略和牛顿，直到近代的康德，空间都是基于物体而被设想和表象的。这里需要稍加解释的是笛卡尔和康德，他们二人可以说代表了从物体设想空间的两极。

笛卡尔是"客观性"的一极，因为笛卡尔将物体的本质规定为延展，从而将物体的本性与空间的本性等同了起来。在《哲学原理》第二部分，笛卡尔明确说："空间与物质实体之间没有实在的区分。我们可以容易地认识到，构成一个物体之本性的延展与构成一个空间之本性的延展是完全相同的。"[1] 以及"'位置'和'空间'这两个词所指的无非是据说存在于位置中的物体"[2]。于是空间和物体共同成为世界中与精神、主体相对的那个客观的部分。

康德属于"主观性"的一极，因为康德把空间看作主体的直观形式，似乎是独立于物体之内容、归属于主体的东西。这诚然和把空间视为"客观的"理解不同，然而，经验虽然可以在思想中分为形式和内容两个部分，但在实际中无法分离。我们总是已经设想了触动着直观、进而引发直观形式运作起来的对象。就此而言，空间是从事物或物体而来得到制定的，尽管它归属于作为主体的人。

若我们在上述科学式的空间理解中来看待雕塑，则雕塑无非是一个在同质空间中占据位置的物体而已。就此而言，雕塑作品确实"与地窖里的马铃薯无异"（GA 5：3）。

1　John Cottingham, Robert Stoothoff, Dugald Murdoch trans., *The Philosophical Writings of Descartes: Volume I* (Cambridge: Cambridge University Press, 1985), p.227.

2　John Cottingham, Robert Stoothoff, Dugald Murdoch trans., *The Philosophical Writings of Descartes: Volume I* (Cambridge: Cambridge University Press, 1985), p.228.

2. 雕塑与艺术空间

但实情并非如此。雕塑"体现位置"。雕塑对空间本身有所作为，它就是对空间的塑造。海德格尔拈出"艺术空间（der künstlerische Raum）"一词以标示雕塑所打开的本源空间。诚然，除了艺术空间外，还有其他类型的空间，如《存在与时间》描述的日常生活的空间，或《筑·居·思》中着力描述的居住空间。这些较科学空间而言更为本源的空间——"复数的空间（Räume）"，它并不像科学空间那样，自身标榜为唯一真实的空间，尽管后者往往把前者看作自己的预备形态，看作"尚未科学的"空间。除了唯一与多样、真实与不真实之外，更根本的一个对立是主观与客观。唯一真实的空间是客观的，其他五花八门的空间都是主观的。对此，海德格尔指出这个说法是时代错乱的：客观性总是只有作为主观性意识的相关项才能得到理解，而主观性的确立是近现代哲学的成就，那么对于前现代的人来说（以及对于像海德格尔这样决意批判意识哲学的人来说），难道就经验不到那个"唯一真实的空间"了吗？这显然是荒谬的。究其原因，在了解空间本身之前，我们就过于匆忙地把种种规定施加其上，尤其是如上所述的那样把空间回溯到物体上来理解，以至得出种种与实事本身不符的结论。这种"回溯（Zurückführen）"在海德格尔看来是一种"说明（erklären）"，即为了说明空间是什么而回溯到物体那里。但实际上这种做法并没有让空间得到"澄清（geklärt）"。（GA 80.2：1297）显然，要合乎实事地思想空间，就必须放弃此类回溯和说明，直接经验空间的本己特性。

从提问方式上看，直接思想空间就意味着我们不仅要问"空间是什么"，而且要问"空间本身是什么（was der Raum als Raum

sei）"，或追问"空间的独特之处（das Eigentümliche des Raumes）"
（GA 13：205）。这并非在追问空间的本质，而是在追问空间究竟如
何运作、发生与展开。在《关于雕塑－艺术－空间的评论》这个文本中，
海德格尔比在《艺术与空间》中更为直白地表示了他的目的，明确说："什
么是作为空间的空间——不顾物体而得到思想的空间？"（GA 80.2：
1296）与科学态度下"从物体而来表象空间"针锋相对，海德格尔提
出"不顾物体而思想空间"的要求，可谓图穷匕见了。凭借这一个问题，
我们才真正开始面对雕塑作品"体现"艺术空间的实情。

不过，海德格尔没有轻易回答这些问题。任何我们可以设想的回答，
如说空间是这是那，都是一种回溯和说明！最后的、余下的出路被留
给了一个我们无法设想的可能性，或是被我们认为毫无意义的可能性。
许多学者指出，海德格尔晚期偏爱"同一反复（Tautalogie）"的语言
模式和思维模式。在追问空间本身之时，海德格尔以其同一反复的思
想为出发点，从"空间"这个词本身中听出了其独特之处："空间空
间化（Räumen）"（GA 13：206）[1]。海德格尔确实如他承诺的那样，
没有进行任何的回溯和说明。他仅仅是以德语最简单的句法把同一个
词语重复了两次。"空间化"是对空间之独特运作方式的命名。是故
要澄清何谓空间，就必须专注于空间的运作方式，而非空间的现成本质。

空间化是空间的运作和活动。海德格尔并没有要求我们突兀地理
解这种活动。他依然从语言出发提供了一个解释：

> 空间化。它意味着：开垦，清理荒地。（GA 13：206）

---

[1] 为了听出这种"同一反复"，我们甚至可以将之译为"空间空间着"，甚至"空间空间"。

空间化的意思是开垦、清理，开放出某个自由开放域。（GA 80.2：1297）

从名词"空间"到动词"空间化"的过渡，显然没有引入空间之外的东西。而对动词"空间化"，海德格尔好像无话可说了，不得不回溯到"开垦""清理"和"开放"以说明空间化。这是一个在原文中不存在，只有在面对译文时才需要说明的问题。因为"空间化（räumen）"这个动词在原文中的意思就是"开垦""清理"和"开放"。支配着这一过渡的是语言的力量，尤其是德语语言的力量。为了防止读者误以为自己是在回溯和说明，海德格尔在《艺术与空间》一开头就引用了利希滕贝格（Georg Christoph Lichtenberg）的话"在语言中承载着丰富的智慧"（GA 13：203），并且在说出"空间空间化"之前特地提醒读者"我们尝试倾听语言"（GA 13：206）。这些以德语为据的话在中译本里失去了其实事方面的依据，仿佛成了同义词解释。但实事由语言所承载。这种被翻译遮蔽的实事方面的根据，恰恰表明了海德格尔没有进行回溯和说明。因此，我们要对这几个词稍作解释。

在原文中，被我们硬译为"空间化"的词语"Räumen"本身的含义是"清理、腾出空间"。换句话说，"空间空间化"的意思并没有中文翻译看起来这么玄乎，其含义仅仅是空间运作起来并提供出可供活动的自由空间。而所谓"开垦"，其原文"roden"的意思也是开辟、清理出一块林间/田间空地来，以供活动。海德格尔将之等同于"开辟（lichten）"（GA 80.2：1302），其与"澄明（Lichtung）"的关联已呼之欲出。所谓"清理（freimachen）"和"清理荒地"，其原文是使（machen）荒地（die Wildnis）自由开放（frei），亦即搞出一块可供活动的空间。同样，"开放"的意思是"自由地给出（freigeben）"，而给出来的东西正是自由域（Freies）和开放域（Offenes），是可供活动的地方。由此可见，无论海德格尔的词源学是否可靠，把这些词语放在一起确实有着实事方面的依据。从实事方面说，空间的独特之处，就是提供出可供活动的、自由开放的空间。当然，我们不能把这句话中的前一个空间理解为动作的主体，把后一个空间理解为动作的客体，然后把"空间空间化"理解为类似"自己把自己提起来"这样的荒谬活动。海德格尔的意思是说空间的运作方式，乃至其存在方式，就是给我们提供自由活动的地方。[1]

不过若我们止步于"空间提供出自由开放的空间"这个说法，依然难以避免被人诟病，说这是丑陋的、恶性的黑话。对此，海德格尔当然有充分的意识。"空间空间化从惯常的逻辑学来看，这句话只是说：空间是空间。这样一句话两次，道说了同一者。它在原地踏步。这句话是一个同一反复。同一反复没有说出更多的东西。"（GA 80.2：1301）海德格尔没有止步于此。他进一步描述了被提供出来的空间：自由的、开放的"位置（Ort）"。（GA 13：206）空间空间化提供出位置，在此位置上，现身出场的物之显现获得了接纳，物被安置在了它所归属的地方，由此，人依寓于物的居住才得以可能。这里描述的是位置、物和人的空间关系。（GA 13：207）由于开放的位置容纳物之显现，物又总是在世界中、关联于他物而显现，所以很难谈

---

1 如果我们愿意，也可以将"空间空间化"联系于"物物化"和"世界世界化"来理解。它们在根本上描述的都是同一个"元现象"。从这个意义上来说，亦可见出同一反复的思想之效力。

论单数的位置和物。海德格尔进一步命名了对应于诸物的诸位置的共同运作，他称之为"场所（Gegend）"[1]和将诸位置（Ort）统括起来的"地方（Ortschaft）"：

> 位置总是开启某个场所，因为位置把物聚集到共属一体之中，共属于这个场所。（GA 13：207）
>
> 我们……必得把地方思为诸位置的共同游戏。（GA 13：208）

现在格局已经清楚了：空间空间化，提供出自由和开放的位置（以及复数的位置交互运作而构成的场所或地方），以接纳和安置物（以及复数的物）。

海德格尔若止步于此，则难以避免对物与空间彼此分离的误解。一旦产生如此误解，我们就会立即掉落回对科学 - 技术式的理解之中，把物理解成物体，把位置理解成形体，把艺术空间理解成科学空间。从晚期海德格尔的思想来看，他始终把物和位置看作彼此相连、缺一不可、共属一体的现象：

> 我们必得学着认出，诸物本身就是诸位置，而且并不仅仅归属于某一个位置。（GA 13：208）

1　有时也以古名"开放地域（Gegnet）"或"自由的浩瀚之境（die freie Weite）"称之。（GA 13：207）

"物本身就是位置"，这个表述毫不含糊地说出了"体现"的意思。到这里海德格尔终于把 20 世纪 50 年代泛泛而论的"物与空间"的主题收摄到了雕塑作品之中：雕塑体现位置，雕塑作为物就是位置，雕塑艺术就是把位置带入到作品之中。

（四）人与空间

我们稍作总结。雕塑作品不仅是和别的东西一样的物体，作为一个物，一个聚集起世界的物，雕塑体现着空间和世界。空间在雕塑这里空间化，把自由、开放和真理带入、具体化到雕塑之中。可是，雕塑作品并不是有生命的物体，它不会自发生长出来。空间也并不能够像雕塑家的双手那样，能够捏造出雕塑。我们好像遗漏了人在其中的作用。《艺术与空间》中确实讲到了物在开放领域中被安置起来，供人居住。但这已经发生在"空间空间化""之后"了。这个文本并没有特别提到人，尤其是雕塑家如何参与到"空间空间化"之中。

就雕塑艺术而言，在"空间空间化"的核心处，必定有着人，尤其是雕塑家的活动："仅仅由于人开辟空间，承认这一自由给出者并且允许自身进入这一自由给出者，在其中设立自身和事物并由此看护作为空间的空间，空间才作为空间而空间化。"（GA 80.2：1298）仅仅因为人开辟空间，空间才空间化。具体到雕塑上说，仅仅由于人安置了作为物的雕塑，进而看护着被开辟出的空间，空间才空间化。若断章取义地理解，这似乎夸大了人的地位，甚至还会引入《艺术作品的本源》开头提到的存在于艺术作品与艺术家之间的循环关系。于是海德格尔紧接着补充说："为了作为空间而空间化，空间需要人。"

（GA 80.2：1298）这里说的"需要（braucht）"还有"使用"的意思。空间需要使用人，人是被需要、被使用者，并不居于主宰性的地位。海德格尔把这种发生于人与空间之间的彼此需用、共属一体的关联，这种"充满神秘的关联"，命名为"本有事件（Ereignis）"（GA 80.2：1299）。实际上，按照"同一反复"的思想，本有事件发生于一切本源性事件之中，它"不仅涉及人与空间和时间之关联，也触及'存在与'人之关联（本有事件），这种关联隐藏在我们之前过于匆忙和肤浅地设想出来的（存在于艺术作品与艺术家之间的）圆圈和循环运动背后"（GA 80.2：1299）。就雕塑艺术而言，本有事件发生，遂造就雕塑作品和浩瀚之境，人安置起雕塑，看护住空间，居住于汇聚在雕塑中的世界里。至于如何描述在物这里发生的居住，前文已经讨论过，请参见前文第四章第三节。

二、雕塑、物与空无

这个关于雕塑与空间的说法有什么意义吗？如果仅仅是说，雕塑艺术把自由开放、把真理带入了作品之中，这和《艺术作品的本源》里的说法并没有什么区别，仅仅是把这个规定用在了雕塑艺术上而已。雕塑艺术仿佛只是艺术的一个实例。如此看来，海德格尔在 20 世纪 60 年代对雕塑的关注以及由此写下的著作不过是《艺术作品的本源》换了个例子的翻版而已。因此我们要问：为什么偏偏是雕塑？在谈过日常用具、绘画、诗歌、建筑物之后，为什么偏偏在雕塑上大做文章？

在上一章所述海德格尔对建造和建筑物的理解中，被呵护的物已经打开了人所居住的本源空间。雕塑作品本身也是一个物，也属于被呵护，确切地说是在"建立"的意义上被呵护、被建造的物。作为物的雕塑作品当然也行使着物之聚集的功能，将四方汇聚为一世界四方域。就在这种整饬描述的核心处，海德格尔却插入了一段奇特的关于"空无（das Leere）"的描述。[1] 本来，通过描述各种物在聚集天、地、神、人这一事件中所起的作用，就足以说明物的聚集作用了。但这个歧出或多余的有关空无之描述的效果恰恰是把物之聚集作用从物身上推进到了物之空无中。在某些物中，空无成了那个起聚集作用的东西。

　　纵观海德格尔描述过的，并赋予了种种特殊作用的物，如锤子、眼镜、摩托车转弯灯、凡·高的画、画里的农鞋、罗马喷泉、希腊神庙、壶、海德堡的某座桥、雕塑作品等，并不是每个物都有一个空无部分的。海德格尔首次在物身上描述空无时，他选择了描述壶内部的空无，或者用日常用语说，就是"壶中间"或"壶里面"的那个部分。

　　海德格尔对"壶"的讨论不是迟至在《物》这个文本中才出现。在此之前，海德格尔至少已经三次专门谈到了壶。第一次是在《哲学

1　根据海德格尔对名词"die Leere"和形容词"leere"的使用来看，在20世纪30年代中期之前，他在这几个意义上使用过该词：第一，形容词"空洞的"，表示无意义的，如"空洞的思辨"（GA 61：4）；第二，表示无聊的"空虚"（GA 29/30，多见）；第三，表示没有内容、没有规定，例如"空洞的概念""空洞的可能性""空洞的同一性"一类用法，此类用法随处可见，是最常见的用法；第四，第三个意义在现象学意义上的使用，如"空的直观"、"空的意指"（GA 17：54）、"空的表象"（GA 21：105，106）；第五，名词"虚空"，即在讨论古代希腊自然哲学的语境中，用来指运动发生的那个背景，对应希腊文 κένον（GA 22：244）。从30年代之后，海德格尔才把这个词用在不同于上述意义的更加本源的现象上。无论后面这个有待阐释的本源含义是什么，它都非常不同于前面列举的那些意义，而且能明显看出，这种用法带有浓厚的东亚色彩。除了《物》之中这个很可能来自《老子》的壶之空无的例子外，海德格尔还在半虚构对话"从一次关于语言的对话而来"中，让日本人将"空无"联系于日语"ku（空）"。（GA 12：97）

论稿》之中（GA 65：339），第二次是在 1943 年《诗人的独特性》一文中，第三次是在《乡间路上的谈话》里第一个对话中。在最后一个文本中，关于壶的讨论已经较为完整，接近《物》里的讨论了。我们眼下主要依据的是《物》。

　　壶是一个容器，其空无部分在海德格尔看来乃是"容器之容纳者"，空无就是"作为容纳性容器的壶"所是的东西。（GA 7：170）简言之，壶之所以能容纳，是因为壶有空无这个部分。海德格尔进而将空无之容纳作用解说为"双重方式的容纳"，即承受和保持被注入壶中的东西，如美酒。双重容纳最终为的是将壶中物作为"赠品（Geschenk）"倾倒而出，从赠品之聚集（ge-）而来，壶才是壶，物才成其为物。究其根本，正是壶的空无允许了双重容纳，进而允诺了壶这个物的聚集运作，因此海德格尔甚至说："连空无的壶也从这种赠品而来保持其本质，尽管这个空无的壶并不被允许斟出。"（GA 7：174）空无使双重容纳成为可能，容纳方能斟出赠品，从这源自空无、因空无而可能的赠品而来，甚至连空壶都和别的物有所不同了，"一把镰刀，或者一把锤子，在此就无能为力了，做不到这种对馈赠的放弃"。（GA 7：174）

　　显然，海德格尔清楚地意识到，并不是所有事物都有空无的部分，或能起空无之容纳作用。即便海德格尔没有描述过壶之空无，他对物之聚集作用的书写也是完整的。可是海德格尔对壶的描述却流传甚广，远远超出了他对其他事物的描述，尤其是深深激发了东亚思想和东亚艺术与之深入对话。可见，壶之空无确是与众不同，既击中了西方形而上学和科学的某个盲点，又切中了东方思想的某个焦点。我们想要说明的是，这一空无对海德格尔来说，是某种介于有无之间的空间性现象；海德格尔对雕塑艺术和雕塑艺术之空间性的重视并非突如其来的任意之举，其关切重点都发端于壶之空无这个例子，因为雕塑艺术直接对空间有所作为，更能直接地"体现"空无之运作，对雕塑作品所是的位置之研究最终推进至对空无的研究；最终，介于有无之间、存在者和存在之间的空无，或许能够从现象上显示出存在学差异之二重性的纯一性，从而引致某种严格意义上的现象学。

（一）壶之空无

我们至少能在海德格尔熟悉的思想史资源中为壶之空无这个例子找到两个来源：亚里士多德和老子。并且这两个来源分别代表着对空无的科学式思维和沉思性思想。就此来看，泛泛而谈海德格尔恢复了希腊意义上的空间理解可能是有问题的，因为某些希腊意义上的空间理解恰恰蕴含、导向了科学式的空间理解。

海德格尔对壶的科学式描述可能来自亚里士多德的《物理学》。在描述壶之空无时，海德格尔总是会提到一种看法："物理科学让我们确信，壶里面充满着空气以及所有空气混合物。……我们把酒注入壶中，就只是排去了先前充满壶的空气，并且代之以一种液体。从科学的角度来看，把壶充满也就是把一种充满状态换成另一种充满状态。"（GA 7：171）也就是说，物理学会把海德格尔大谈特谈的空无视为虚假的东西，因为壶根本就不是空的，在倾倒完壶中物时，壶里面充满了空气。海德格尔以"半诗性方式"谈的空无严格说来无非是空气而已。对此看法，海德格尔也曾讽刺说："物理学家喜欢总是端坐在充满的壶面前。"（GA 77：131）空无的壶就只是"充满了空气的空穴"

而已（GA 7：173）。

　　从科学角度看，壶在倾倒之时发生了壶中物与空气之间位置的交换。这个过程很早就被亚里士多德描述过了。《物理学》卷四章 1 经验性地描述了这种科学的位置交换模式："位置是存在的，这从位置之交换来看就很清楚了。现在在有水的地方，当水从其中流走，例如从容器（Ἀγγείου）中流走时，空气就在这里了，而在某个时候，别的物体又会占据同一个位置，而这个位置看起来与所有可能在这里的东西和取代彼此的东西都不相同。因为水之前就在现在有空气的地方，这就很清楚了，即某个位置或场所（ὁ τόπος τι καὶ ἡ χῶρα）不同于进入其中和从中离开的水与空气。"（208 b 1–8）

　　很难想象，熟悉亚里士多德《物理学》的海德格尔在描述科学式的壶之空无时竟会没有想到这段话。从海德格尔举的例子看，他只是把水换成了酒而已，剩下的描述［容器（Gefäß）、空气（Luft）］一仍其旧。尽管物理科学有了长足的进展，但亚里士多德的描述在我们这个技术时代依然适用于绝大多数人的日常理解：我们受科学形塑的常识告诉我们，水和空气交换了位置，而容器及其提供出来的位置则保持不变。由此而有两个结论：第一，空无和位置不能等同起来，因为位置实际上是包容着空无即空气的；第二，位置和事物也不是一回事，而是可以彼此分离的，因为同一个位置可以容纳不同的事物。无怪乎从科学视角看，海德格尔想要建立的两个对应说法——第一，空无即位置；第二，位置即物——显得像是在作诗。

　　面对作为哲学之完成形态的充分发展了的科学，海德格尔倒是不惮于作诗。他也没想从内部"攻破"科学式的理解，反倒总是坦然承认科学是正确的（richtig）。对壶之空无的科学式理解已经到头了，余下的工作只能够在科学的道路上继续推进。唯有从非形而上学的思想资源出发，才能开发出有异于科学的思想方式。有什么比针对同一个例子（"壶"）作出更加本源的思想更能显示出科学正确却不真（unwahr）的一面呢？我们以为，正是出于这个理由，海德格尔才就壶展开了一番沉思，而这番抗衡西方形而上学－科学式思维的沉思所借重的正是《老子》所传达的东方思想。

海德格尔对壶之空无的另一种描述很可能来自《老子》。[1]在学者的不懈挖掘下，海德格尔和《老子》的关系已大致明朗了，唯一可惜的是一些事实上决定性的证据可能已经被海德格尔本人或其家人销毁。我们无法接触到可能已经不存在的第一手材料，也不以事实性考证为目的，故仅仅引用相关成果。

海德格尔曾引用《老子》来印证自己的某些想法。我们并不认为这些想法是决定性地受《老子》影响而产生的，同时也并不否认这些想法的产生、对这些想法的表述或许受到《老子》的启发。[2]出于这一原因，我们在这里并不采取所谓中西比较式的进路，更不试图去论证

---

[1]　持有此看法的代表性学者计有 Reinhard May, *Ex oriente lux* (Stuttgart: Franz Steiner Verlag, 1989), p.47; Otto Pöggeler, *Neue Wege mit Heidegger* (Freiburg: Karl Alber, 1992), p.104, 406, 440（称"壶"为"一个道家的例子"）；王庆节：《道之为物：海德格尔的"四方域物论与老子的自然物论"》，载《解释学、海德格尔与儒道今释》，中国人民大学出版社，2004，第 184 页；马琳：《海德格尔论东西方对话》，中国人民大学出版社，2010，第 200 页；张祥龙：《德国哲学、德国文化与中国哲理》，上海外语教育出版社，2011，第 95 页。

[2]　我们赞同张灿辉的这个说法，就此请参见《存在之思：早期海德格与劳思光思想研究》，中华书局（香港），2019，第 184—185 页。靳希平也持同样的看法，请参见靳希平、李强：《海德格尔研究在中国》，《世界哲学》2009 年第 4 期。靳希平对海德格尔《老子》解读的批评容易在文献搜集中被忽略，因其发表于一篇名为《海德格尔研究在中国》的综述文章的末尾。

没有《老子》，海德格尔便无法形成某些想法[1]，而仅仅试图通过海德格尔引用过的《老子》第十一章涉及"空无"的文本来理解海德格尔思想的空间面向[2]。因此，本节依然是对海德格尔思想的研究和诠释，与透过海德格尔引用的希腊残篇来理解海德格尔的做法并无不同。

《老子》第十一章[3]讲的就是空无与功用的问题。其中有言："埏埴以为器，当其无，有器之用。"用陶土制作一个容器，容器是中空的，才能起容纳作用。这句话说的"器"，即是海德格尔说的器皿或容器（Gefäß），用海德格尔的话说，容器是一个存在者。"当其无"的"无"，即海德格尔说的空无（Leere），海德格尔称之为非存在者。"有器之用"，则稍微复杂一些，因为海德格尔把"用"和"存在（Sein）"放在一个方向上来理解。在一个作为存在者的容器中，是那个作为非

1　例如，张祥龙在《海德格尔传》中将海德格尔思想的"转向"与其对道家思想的关注放在同一章节里论述，似乎是在"暗示"二者有本质性的关联。诚然，其中也不乏"明示"，如"阅读老庄很可能与他思想的转向有内在的关系"，以及通过著者从比梅尔（Biemel）处得到的新材料而"很大程度证实了他（指作者张祥龙）以前的推测，即海德格尔的转向与他对老庄的关注之间有着内在的联系"。请参见张祥龙：《海德格尔传》，商务印书馆，2017，第 215、218 页。笔者以为，我们必须区分海德格尔用来支撑和印证自己想法的文本，和影响海德格尔形成该想法的文本：他对《老子》的征引当是前者。

2　马琳采用了同样的研究方式，即"海德格尔论（on）东亚思想"而非"海德格尔与（and）东亚思想"或"海德格尔为（for）东亚思想"，就此请参见马琳，《海德格尔论东西方对话》，中国人民大学出版社，2010，导言第 6 页。

3　《老子》第十一章通行本全文为："三十辐共一毂，当其无，有车之用。埏埴以为器，当其无，有器之用。凿户牖以为室，当其无，有室之用。故有之以为利，无之以为用。"

存在者的空无部分保证了容器之用处或存在者之存在。[1] 若对观《物》这个文本中对壶之空无的讨论，我们就能看到海德格尔与《老子》说的几乎严丝合缝地是同一者：空无（"无"）正是那起容纳作用（"用"），从而使壶是壶（"器"）的东西，而且壶非得有这个空无的部分才行（"当其无"）。

（二）空无之为位置

有的学者，如王庆节，已经洞察到了海德格尔与老子各自的"物论"实际上都不仅止于论"物"（科学与形而上学视阈中的），而是关乎大道之运转。王庆节也已经分别关注到了海德格尔对物之空无的重视以及老子通过物而论道的做法。但他的目的是通过海德格尔来理解老子，因而并未深入空无这个主题，也没有展开论及空无与道之间的关系。[2] 而且，王庆节的切入点更多在于时间性，他在海德格尔与老子之间做的比较主要是从死亡这个主题切入的，这与本文采取的视角颇为

1　早在 1943 年，海德格尔就已经熟悉《老子》第十一章的文本并作出了这里说的阐释了。这个时间点比《物》（1950）这个讲演提前了 7 年。对此材料（载于 GA 75）的详尽解读，请参见张祥龙：《海德格尔传》，商务印书馆，2017，第 264—287 页。另外，将"空无"和"存在"放在一起理解的做法，可以追溯到更早的 1937 年尼采讲座中。在论述尼采的一句残篇里谈到的"空无的空间（leeren Raum）"时，海德格尔非常突兀地说："存在之本质却可能包含着'空无'。"（GA 6.1：310）也许，海德格尔这里还是从"无（das Nichts）"来理解"空无"的。

2　当然，其他学者，如上文提及的张祥龙、马琳、靳希平等，都重点关注到了。王庆节将"Leere"译为"中空"，仅在他的文章中用了一节的篇幅讨论海德格尔《物》之中的有关内容。请参见王庆节，《道之为物：海德格尔的"四方域物论与老子的自然物论"》，载《解释学、海德格尔与儒道今释》，中国人民大学出版社，2004，第 170—173 页。

不同。[1]

　　与我们论题相关的是：海德格尔借"空无"究竟要说什么？在此之前，我们先要澄清海德格尔在这个例子中说的"空无"是什么意思。从上述论及亚里士多德处我们能知道，空无不是指虚空，也不是指壶内看不见的空气——这是科学式的空间理解。显然，空无也不等于《老子》里"有生于无"中的"无"本身，后者对应的应该是"形而上学是什么？"中谈论的"无"，也就是进行海德格尔思想与东方思想比较的学者们津津乐道的"有－无"关系中的"无"。细细推敲，空无和无是不同的。除了在比喻中，我们很难在什么意义上说无是空间性的。但空无不同，车轮的毂、壶的内部、窗户的空敞以及雕像的空隙，它们在直接的把握和理解中就具有空间含义，乃至感性可经验的空间含义——否则根本无法理解这些物，这些物也根本不成其为物。

　　倘若我们承认在空无这里有着某种有待说明的空间含义，那么我们必须澄清这是何种空间含义。我们不必羞于承认空无首先是感性可以经验到的东西。马琳在她的研究中曾讨论过《老子》第十一章的句读问题：被重复了三次的"当其无有……之用"，究竟是应该读为"当其无，有……之用"还是"当其无有，……之用（也）"。"无"和"无有"的区分，即是形而上学的无与经验性的无之区分。若读为"无有"，意味着本来有个东西在这儿，但现在不在了。马琳援引了葛瑞

1　王庆节的长文《道之为物：海德格尔的"四方域物论与老子的自然物论"》依然是目前所见从哲学角度论及海德格尔与老子最为细致的文章。从时间性角度切入，请参见王庆节，《道之为物》，载《解释学、海德格尔与儒道今释》，中国人民大学出版社，2004，第193页，着眼于"死与不死""有限与无限"来分判海德格尔与老子学说的核心。也请参见同书所载《"恒"与道的时间性》，此处为第222—230页。

汉（Graham）等中国哲学研究者的研究，指出这里说的"无"并非形而上学式的无。[1] 或者，如专攻《老子》的学者刘笑敢和陈徽所言，尽管在这个段落中采取"无有"的读法可能是不恰当的，但这里说的"有"和"无"确实都是经验世界或现实世界之内的。[2] 现象学研究者靳希平也指出："至少在《道德经》的这个段落中，不能把'无'解释成遮蔽在材料背后的某种东西。这个'无'不是带有神秘色彩的'无'……"靳希平还特别指出，《老子》此处的几个例子只有在否定和褫夺的意义上才能被解释为某种空无。[3] 我们将陶土本来严实的内部掏空制成容器，其内部现在就不是实心的了，因为里面的陶土已经被掏出来，只剩下空无了。

壶的这种空无并不是不可经验的。我们实实在在地经验到它：我们直接就看到了一个空的壶。说一个容器内部有一种形而上学的"无"，这是荒谬的。但同时，我们也不能说这种空无不过是某种感性的东西，否则就很容易将之当作世界内的某种存在者，乃至现成存在者，从而落入科学式理解之中，以为容器在容纳之时发生的事情只不过是被容纳者将空无置换出来罢了。基于这两点——壶之空无既非形而上学的

1　马琳：《海德格尔论东西方对话》，中国人民大学出版社，2010，第 198—199 页。

2　刘笑敢：《老子古今》，中国社会科学出版社，2006，第 168 页。"本章所说'有''无'是经验世界或现实世界的，而不是本体论和宇宙论中的'有''无'，因此与第四十章'有生于无'中的'有''无'不可等同论之。即使在经验世界中，'有''无'也有具体器物的层次和普遍原则的层次。"刘笑敢同样指出，"无有"的读法是不恰当的。虽然这种读法不恰当，但并不意味着这里说的无不是具体的无：这两种说法并不互斥；请参见同书，第 167 页。陈徽则从文本考订上举出强有力的理由来证明"无有"的读法是错误的，请参见陈徽：《老子新校释译：以新近出图诸简、帛本为基础》，上海古籍出版社，2017，第 57 页。

3　请参见靳希平、李强：《海德格尔研究在中国》，载《世界哲学》2009 年第 4 期，第 30 页。

"无"，亦非经验性的存在者——我们在理解空无时就既不能将空无理解为抽象的无，也不能将之理解为现成存在者。

空无的空间含义恰恰就游走在这两种不恰当的理解之间。

第一，空无之被给予的方式不同于空间中具体的存在者之被给予的方式，因为空无不是空间中的存在者；第二，空无之被给予的方式也不同于抽象的、理念性的东西之被给予的方式，因为空无不是抽象的无；第三，然而空无的确能够在感性的空间经验中一起、共同被给予，否则我们说看到一个空壶就是没有意义的。

这种空无的情况如何呢？在作于 1943 年的《诗人的独特性》一文中，海德格尔试图把这种空无解释为靳希平说的"某种带有神秘色彩的"无，从而将与存在者（das Seiende）相区别的空无解释为非存在者（das Nicht-Seiende），后者保证、提供出了存在（das Sein）。最终，《老子》第十一章言及的"利与用"关系被海德格尔"误译"或"误读"为了"存在者与存在的差异"。[1] 海德格尔是否能从《老子》第十一章读出存在学差异，这是东西思想对话的问题。可如果海德格尔只是想用《老子》中的例子来抒发自己存在学差异的思想，那么他是否误读了《老子》就不是太重要了。或许正是因为难以把握东方的语言[2]，海德格尔才没有在讨论壶之空无这个例子时提到《老子》。在我们接下来讨论壶之空无时，我们就不再考虑海德格尔对《老子》的理解是否准确的问题了，而仅仅把目光限制在海德格尔思想的内部。

1　靳希平、李强：《海德格尔研究在中国》，载《世界哲学》2009 年第 4 期，第 30 页。
2　这是海德格尔自己表明的理由，请参见比默尔、萨纳尔编《海德格尔与雅斯贝尔斯往复书简：1920 ~ 1963 年》，上海人民出版社，2012，第 262 页。

从泛泛讨论各种物，到关注"壶"这种物，再到拈出壶之空无作为壶之为物的核心要素，最后从讨论壶进至讨论雕塑作品，这一过程中越来越清楚的倾向就是，讨论渐渐聚焦于"物与空间"这个主题，确切地说，渐渐聚焦于物身上的空间因素：空无。如本章第一节所述，在论及位置与物，尤其是位置与雕塑作品时，海德格尔最为惊人的结论是：物是位置，雕塑作品作为物就是位置。如果得到恰当对待（呵护、建造、塑形）的物本身就是本源的空间要素，本身就体现着本源空间，那么，如果这种本源空间可能被我们经验到，则有什么能比介于事物与本源空间之间的空无，能比那既是事物的一部分，又保障了存在的空无更加恰到好处地将这种经验提供给我们呢？若顺从这一思路，则对作为位置的物的讨论最终必定导向位置即空无之结论。

空无的情况如何？与空间一样，因其不是存在者和事物，空无当然也不能通过回溯至他物而得到说明：

> 这里，语言又能给我们一个暗示。动词"腾空、倒空（leeren）"的意思就是"采集（Lesen）"，即本源意义上的、在位置中运作的聚集。（GA 13：209）

与空间空间化相同，空无（Leere）也得从一种运作（leeren）来理解。这种运作在海德格尔的解释中，即是"采集"或"聚集"。倒空玻璃杯就是把作为容纳者的杯子"聚集到其变得自由开放的状态之中（das Fassende in sein Freigewordenes versammeln）"。把采集来的果子腾到篮子中就是为果实"提供位置（Ort breiten）"。

如果腾空、倒空是一种聚集，那么由之产生的空无也就是一种起聚集作用的位置了。如上一章所述，本源空间中的位置不同于科学空间中的位置。海德格尔说的位置来自聚集活动，即天、地、神、人"四方"之聚集。如果我们仔细对待"聚集"这个说法，避免将聚集理解为现成事物的堆砌，就必然得出位置是空无的结论。因为"四方"中的每一方都不是一个现成者，聚集活动也不是一个现成者，提供位置的事物——它本身被理解为是一个由汇聚产生的"尖端位置"——同样不是一个现成者，四方之游戏所构成的世界四方域依然不是一个现成者，甚至，世界四方域和事物都会在科学态度中退化而消解：发生的本有事件中每一个要素都只有在彼此关联运作之时才"有（es gibt）"，而说到底，这个"有"不是任何存在者，也不在任何现成的位置上，连"有"发生于其上的位置本身都不是一个现成的存在者。从存在者的角度看，有、四方、世界、位置全都什么都不是，空空如也，什么都没有。在这个意义上说，都是空无而已。如果"是空无"这个说法都是可疑的，那我们只能追随海德格尔说"有空无（es gibt das Leere）"了。

从这个角度看空无，或许能体会海德格尔谈论空无的用意。但又出现了一个问题：我们似乎无法区分"空无"和"无"了。早在就职演讲《形而上学是什么？》中，海德格尔就已经谈论了存在意义上的无了。存在"是"无，因为它"不是"任何存在者。这背后即是存在学差异。眼下面对壶之空无时，海德格尔采取了同一策略：聚集四方的位置"是"空无，因为这一事件中的要素都不是存在者，连这一位置本身都不是存在者，只能是空无。而且如前一小节所述，海德格尔有意识地误读《老子》，也是为了在空无中读出存在学差异。同样的思想策略导致我们很容易把空无与无等同起来。这种等同却忽略了两个语境之间的细微差别：空无之为位置，它也是一个物或物的构成要素，就像壶之空无当然是壶的一部分一样。壶之空无当然不是属于壶的"有"的那部分、不是作为存在者的壶，同时，壶之空无也不是绝对的无，因为我们毕竟可以直接经验到壶之空无。

就此来看，空无不是任何存在者并不意味着空无和"无"等同起来了。即物而谈空无，使得空无和"无"有了很大的区分。扪心自问，我们当然可以经验到物，也可以经验到物之空无。只是这空无实在是太不显眼了（unscheinbar），于是我们总是要么将之归为存在者，要么将之归于某种"神秘的无"，甚至干脆无视之。海德格尔却独独把这不显眼的空无提点了出来。从壶这种普通事物一直到雕塑作品，他所思考的是如何塑造越来越"纯粹"的空无。在这一点上当然没有什么能够比雕塑艺术更加纯粹的了，因为雕塑就是对空无、对空间的塑造。

（三）纯一性与二重性

我们认为，也正是因为空无的这种不起眼的"之间"性质，使得我们可以在存在者的世界中经验到存在的运作：存在确实显现给我们了，如海德格尔在《存在与时间》中说的，存在确实是一种"别具一格意义上的现象"。（SZ：35）虽则在三十多年之后，"现象学"已不再是对人之实存的描述，"存在学"也不再借道于基础存在学以通达一般存在之意义，但在某种改变了的意义上，"存在学只有作为现象学才是可能的"（SZ：35）这句话依然有效：对存在之运作的言说依然可以落脚于某些别具一格却毫不显眼的现象，如空无。一种关于毫不显眼者的现象学仍是可能的。

　　这种可能性具体说来是这样的：如果我们经验到了物之空无，那我们就可以经验到存在学差异。如果我们能经验到存在学差异，也就是经验到存在者与存在本身之区分，那我们就可以经验到存在者和存在本身。如果我们对存在者和存在本身有所经验，那么二者必定已经作为现象被给予了。如果不光存在者可以成为现象，而且存在也可以成为现象，甚至是"现象学的现象"，那么，海德格尔借物之空无，进而借雕塑作品之空无所展开的空间问题必定导向某种本源意义上的现象学。

　　如同所有的推论一样，这里的关键在于开端：我们能否借空无而经验到存在学差异？如果可能，我们是怎么经验到的？这种经验是否可以描述？

　　存在学差异在晚期海德格尔思想中有多种表达方式，有"分解（Austrag）"，也有"二重性（Zwiefalt）"。根据海德格尔自己的提示（GA 12：260），二重性要参照《什么叫思想》这个讲座课。在这门讲座课的后半部分的最后一讲中，海德格尔就巴门尼德残篇展开了详细的释读。这一释读围绕这两个相关的问题：巴门尼德说的 ἐόν（存在着）是什么意思？思想与存在是什么关系？可以说在这两个问题上都存在着二重性的问题。思想与存在的二重性问题，海德格尔没有展开，也不直接关系于本文内容，故我们略过不论。[1] 海德格尔说的二重性主

1　"所以，ἐόν（存在着），即在场者之在场，把 νοεῖν（思想）保存于自身，而且是把它当作归属于自己的东西。从 ἐόν（存在着）即在场者之在场中说话的是两者的二重性。"（GA 8：245）此处所言"两者的二重性"说的是 ἐόν（存在着）和 νοεῖν（思想）的二重性。海德格尔在这句话的边上写道："未展开的！"表明这里谈的二重性主要还是在 ἐόν（存在着）意义上谈论存在与存在者之二重性。

要还是在"存在者之存在"意义上的二重性。这个二重性近似于海德格尔的另一个表述：存在学差异。后者往往被表述为存在与存在者之差异。当海德格尔说二重性时，他也会将之表述为在场与在场者之间的关系。（GA 15: 398—399）这种关系是一种"一而二，二而一"的关系[1]，其特别之处体现在"-falt（重）"这个词尾中。"-falt"来自动词"falten"，意为"折叠"。我们若折叠一张纸，折出一个褶子，尽管我们当然能够区分褶子和构成褶子的两半纸，但我们无法将二者分离开来。在场与在场者也是这样不即不离。"二重性"这个说法将"区分"和"纯一"通过"折叠"而包含入自身之中，这时，海德格尔会将这种状态称为"纯一性（Einfalt）"，从字面上看就是"一（ein-）"和"折叠（-falt）"。海德格尔甚至还举出了一个对应的动词"einfalten"，从字面义可解为"叠合为一"，即把二重或多重收为纯一：

> "'纯一性'：从字面意思上看：叠合为一，向着自身聚集为一、庇藏入一之中。"（GA 81: 319）[2]

如果存在（Sein）和存在者（Seiende）、在场（Anwesen）和在场者（Anwesende）是二重性之"二"，那么，纯一性之"一"就是

1　孙周兴对这种关系做了精当概括："存在本身的运作是'有－无'（在场－不在场）的统一，存在本身一方面显现为存在者之存在（有），同时作为存在的存在又隐而不显，隐蔽入无。这就是'二重性'，也是'亲密的区分'。"请参见孙周兴：《语言存在论》，商务印书馆，2011，第277页。孙周兴也指出"二重性"这个说法表达的是"物与世界"之间的运作关系，请参见同书第278页。

2　此句原文为："»Einfalt«: im wörtlichen Sinne:einfalten, zu sich in Eins versammeln, d. h. bergen."

存在着（seiend），在场着（anwesend）。这是海德格尔对希腊词语
ἐόν（存在着）解释所得出的成果。"ἐόν（存在着）"意为"存在着"
或"在场着"，从语法上说是一个分词。[1]巴门尼德残篇第6有言："必
须去道说和思想: ἐόν ἔμμεναι。"后一个词ἔμμεναι是系动词"是""存在"
的不定式。海德格尔同样基于"同一反复"的考虑，将之改写为分词
ἐόν，这样一来，必须被道说和思想的内容就成了: ἐόν ἐόν，"存在
者存在着"。[2]分词的歧义性道出了一种"二重性: 存在者存在着: 存
在着存在者（Seiendes seiend: seiend Seiendes）"。（GA 8: 231）
二重性体现在其中每一要素中。就"存在着"而言，它是"存在者之
存在"；就"存在者"而言，它是"鉴于存在的存在者"。（GA 8:
231）这表明，二重性虽然可以被"分说"，但却不可被分离。二重
性中有着某种统一性，海德格尔称之为"纯一性": "ἐόν ἔμμεναι，
即在场者之在场，不是自为的在场者，不是自为的存在，也不是在一
种综合中被合计的两者，相反，它们的源于其纯一性之遮蔽的二重
性庇护着指令。"（GA 8: 246）我们以图示呈现二重性与纯一性之
关系：

1　海德格尔对这个词的关注早就预先昭示于他屡次提及的布伦塔诺的博士论文中了：这
篇论文的标题即是《论"Seiende"在亚里士多德那里的多重含义》。"Seiende"从语法
上看是分词作名词使用，来自分词"seined（存在着、是着）"。因此若严格来说，"das
Seiende"应翻译为"存在着的东西"甚至"那存在着的"。海德格尔会认为，正是从
"seiend"或希腊语"ἐόν（存在着）"这种动名形态中派生出了动词和名词两种从语法上
看泾渭分明的形态，即动词"Sein"和名词"Seiende"，但二者之间的差异关系不是"二
分（zwiespältig）"，而是"二重（zwiefaltig）"，就像褶子展开来是同一张纸一样，仿
佛是同一个东西的展开。
2　这个改写从语法上说可能是有问题的，以英语为例，这就仿佛是把"being to be"改写
为"being being"。

（纯一性）　　　　　　　　（二重性）

在场与在场者——海德格尔把存在释为在场，且在讨论二重性的语境中多使用与在场有关的词汇，以下我们为简明计，仅说在场之二重性汇集入在场着之纯一性中。此纯一性、此分词可以说是居于二重性的"之间"。要言之，无论是存在学差异，还是区分，还是二重性，其真正区分之处并不在于存在者与存在之间——这样就难免将存在把握为另一个存在者了——而在于这里所言的二重性与纯一性之间。

我们澄清作为"存在着、在场着"的纯一性，不仅是因为海德格尔在其《老子》解读中试图把握作为存在学差异的二重性，也不仅是因为四重整体作为世界四方域的聚集本身就是纯一性，更是因为纯一的"存在着、在场着"在海德格尔看来并非一种抽象的思维活动或某种超越的运作，而是切切实实可以被经验到的。这种经验就是在场显现与离场隐退：

> 然而，我们为什么把希腊文的 εἶναι（是 / 存在）和 ἐόν（存在着）翻译为"现身－在场（an-wesen）"呢？因为在希腊语的 εἶναι（是 / 存在）中总是要一道被思考、经常也被道说的是：παρεῖναι（在场、到达）和 Ἀπεῖναι（缺席、离去）。παρά 意味着过来……

（herbei）；Ἀπó 则意指离开……（hinweg...）。（GA 8：240）[1]

要言之：作为纯一性的 ἐóν（存在着）总是在在场显现与离场隐退之间而持存、逗留着。这是很具体的显隐现象，是可以被经验到的事件。海德格尔以一片山脉为例子描述了这一经验：

> 现在我们关注在场的山脉，并非着眼于它的地质构造，也不是着眼于它的地理位置，而只是着眼于它的在场。在场者从无蔽状态中涌现出来。它的起源就在这样一种在其在场之中的涌现。从无蔽状态中涌现出来，在场者也已经进入无蔽之物中了：山脉处于风景中。它的在场就是涌现着进入无蔽状态范围内的无蔽之物中，即使山脉如此这般地矗立，连绵含藏，高耸入云。（GA 8：240）

我们在关注中经验到山脉，并非由于山脉作为存在者或在场者的

1　对希腊语前缀"παρά"与"Ἀπό"的解析，与此处引文类似的地方，请参见全集第 54 卷《巴门尼德》："通常遮蔽对我们而言意味着躲藏。它是一种'移开'、清除。那种对我们而言不再在旁边，也就是不在附近（希腊文 παρά）的东西，是'离开'的（希腊文 Ἀπó）。'离开'了的东西就是消失了，不在场了。"（GA 54: 92）诚然，海德格尔将"παρεῖναι"和"παρουσία"解释为"在切近处的存在"，也许并没有太大问题，但有的学者认为，由此将"παρουσία"与"ουσία"等同起来，是错误的。例如，图根特哈特就认为，海德格尔是想要从"ουσία"的一个日常意义"领地、房屋"跳跃到另一个哲学含义"在场"中，而这是不合法的。图根特哈特从语言分析给出的理由是，当一个事物被称为"ουσία"之时，这个词语就根本与"在场"这种哲学含义没关系。请参见恩斯特·图根特哈特：《海德格尔的存在问题（1992 年）》，载倪梁康编译《西学中取：现象学与哲学译文集》，中山大学出版社，2020，第 562 页。

现成、持存的一面（Anwesende）（地质构造、地理位置），而首先是经验到了它的在场（Anwesen）。而山脉之在场也不是单纯的、僵持的延续不变，而是山脉展现自身的运作，即山脉之显现和退隐、出场和离场。因此海德格尔强调动词"在场（anwesen）"之中的"本现、运作（wesen）"，这部分的意思在希腊人看来就是上述的"来和去（παρά-Ἀπό）"，因而山脉之在场活动就是它从没有遮蔽的状态中出来，显现给我们，而后又隐入无蔽状态之中而去。无蔽状态在海德格尔的阐释中并非一派光明，只显不隐，而是"无"与"蔽"之交织斗争，因此有这里"隐入无蔽状态"的说法。总之，以山脉为例来看二重性与纯一性之关联，就能看出，山脉这个在场者及其在场之二重性融入山脉之在场着的纯一性之中，而这种纯一的在场着、存在着、ἐόν（存在着）乃是一种既能够为我们所经验到、又汇聚着二重性的运作（wesen）。

诚然，在谈论 ἐόν（存在着）是一种能够为我们经验到的运作时，这种运作也不是一览无遗地显现的。在上面的引文中，显现的是山脉之在场，一般而言是在场者之在场，而无蔽状态之发送出这种在场和这种在场隐回到无蔽状态，是在我们注意力之外的：

> 不过，从无蔽状态中涌现出来，同时进入无蔽之物中，这件事并没有特别地出现在在场者之在场中。在场也意味着，遏制这些进程的发生，因而只让在场者出现。更有甚者，与无蔽的在场者不同，无蔽状态，恰恰是那种（在场者从中）涌现和（在场者向之）进入得以在其中运作的无蔽状态，依然保持着遮蔽。（GA 8：240；括号内文字为引者补足文意所加）

　　这意思似乎是，如果我们在这里要谈论一种显现的话，也只能谈论在场者的显现。在场者之从无蔽而来、去向无蔽的在场活动本身是遮蔽起来的。这也是海德格尔一贯的看法，在"论真理的本质"中，海德格尔就已经把这种总是在让存在者存在之际而自行遮蔽起来的无蔽－真理之运作称为"神秘"。神秘也好、遮蔽也罢，似乎我们在 ἐόν（存在着）之纯一运作中只能够经验到二重性之一方，即在场者。二重性之另一方，即显隐一体的在场活动，总是不能显现出来，总是被遗忘了。看起来，现象学作为"显像学""自行显现者之学"终于还是站在了自己的界限面前。

　　然则遮蔽和遗忘也是在思想中被经验到的[1]，它们是不显眼的东西（Unscheinbare），不是不可见的东西（Unsichtbare）。海德格尔并没有把遮蔽思想视为持续的、永恒的不显现，否则二重性就永远是二重性，无法纯一起来。他反倒总是说"遮蔽作为遮蔽而显现"。换言之，二重性的，遮蔽起来的一方，也许能够随着我们思想与注意力的转向而得到经验，我们或许能够实行某种"还原"，将思想的注意力从二重性转移到纯一性中，在纯一性中经验到二重性，从 ἐόν（存在着），即在场者在场着之中经验到在场的在场者、在场者之在场。

　　我们面前就有一个活生生的例子，即海德格尔本人。若他对二重性无所经验，他就无法为我们描述二重性之运作，无法为我们描述在

1　"经验"本身是一个意识哲学气息很浓厚的词语。尤其是在胡塞尔现象学中，经验总是意识经验，一切被给予者都出现在意识中。但海德格尔对这个词有其自己的理解。他总是说"从思想的经验而来"，如果其中的"思想"绝非指意识活动，那么"经验"自然也非意识经验了。海德格尔把经验（erfahren）解为"er-fahren"，强调一种驶向、通达。我们这里说的思想经验也是宽泛的理解：我们对我们能通达的东西有经验。

场本身的自行扣留，并且，我们大胆认为，海德格尔想从《老子》中读出的就是这种二重性与纯一性之"亲密区分"——尽管他那个时候还没有使用这个词语，而是使用了"存在学差异"一词。[1] 我们还认为，他就是想把壶之空无释为那个纯一的东西：一种介于在场者和在场之间，无法与二者分离、反而聚集起二者的不显眼的东西。如果确实如此，那这就是真正意义上的"不显眼者的现象学"。如果海德格尔对《老子》的解读像是一个失败的孤证，那么，海德格尔淡化《老子》语境之后对壶之空无的描述看起来就要成功得多，我们在下一节中还会举出另一个例子：海德格尔对塞尚的解读同样是从空间问题——只不过现在是从印象派的笔触和塞尚的笔触入手——切入二重性与纯一性之"区分"的，并且，这一塞尚解读成功地让我们进一步从空间、感知层面经验到了那个 ἐόν（存在着），从而实现了关于不显眼的东西，即关于 ἐόν ἐόν 的现象学。

对海德格尔的塞尚解读的讨论留待下一节，眼下我们继续关注壶之空无的例子。通过上述对二重性与纯一性之区分的讨论，我们现在可以从海德格尔对壶之空无的阐释中发掘出这一区分——只是我们要再次强调，我们并不认为这个区分是海德格尔从《老子》中读出来的。海德格尔若要在壶之空无中描述出存在学差异，或二重性与纯一性之运作，他就必须在此见出：在场者、在场者之在场、在场着。分析性

1　"二重性"和"存在学差异"并不是完全等同，例如他在《黑皮本》中说过："思想总是重新以回指的方式发现自己进入了 ἐόν ἔμμεναι（存在者之存在、存在者存在着）。从开－端而来经验这种开端。拒绝存在学差异。"（GA 102：104）这已超出本文主题。我们暂且将这两个表述视为对同一本源现象的描述，只不过"存在学差异"在海德格尔看来可能会引起"二分"的误解。

地描述这三者在海德格尔看来是对本源现象的割裂，但为了说明壶之空无中包含有这三者，我们不得不在思想中将之分离开来：

（1）在壶之空无这里，我们当然能够见出存在者（Seiende），即这个呈现在眼前的壶。壶之空无当然是作为*壶*之空无显现出来的，在空无显现时，壶是首先映入眼帘的东西。或言：空无也可以是存在者。诚然如此，但这正是海德格尔拒斥的、正确的科学思维方式。

（2）壶之空无不是一个东西，而是非存在者（Nicht-Seiende）[1]，它保证着作为存在者的壶的功用或存在（Sein）。按海德格尔的说法，空无是壶之得以容纳、得以存在的保证者，它是"容器之容纳者"，是"壶这里的无"。（GA 7：170）壶之空无，作为无（Nichts），乃是壶之为容器之所是，是壶这个存在者的存在。这层意思从海德格尔1943年对《老子》第十一章的译解中清楚地透露出来。

（3）最要紧的是，壶之*空无*和壶之空无并非两回事情，在海德格尔的描述中，它们也是壶之空无。换言之，保证了存在者之功用、存在者之存在的那个空无，本身也是在存在者身上呈现的空无。这个空无不是一个僵持的存在者，而就像"存在着（seiend）"之运作一样，一直在"无化着（nichtend）"，不断地腾空自己、倾空自己（leerend），把自己开放出来（freigeben），作为一个位置（Ort）提供出来，以供四方聚集，供本有发生。

壶之空无的纯一性运作不仅聚集着壶与空无之二重性，而且还聚

---

1 非存在者怎么"是什么"呢？面对这个诘难，当然可以有柏拉图式的做法，区分相对的非存在和绝对的不存在。但海德格尔显然没有这么做。我们可以从多重角度理解海德格尔的做法：或者是"形而上学是什么？"中的论述，说因为无不是存在者；而他在其《老子》译解中毋宁说是直接将空无命名为非存在者的，请参见本书第210页"空无之为位置"一节。

集着天、地、神、人之四重性。[1]纯一、二重、四方之间不即不离的运作均有赖于这种直接可以被我们经验到、直接被我们通达的壶之空无。我们在壶之空无聚集起四方的纯一性之中，既经验到了物，也经验到了使物回归其本质的本有事件；既经验到了存在者、在场者，也经验到了存在者之存在、在场者之在场；并且，这些二重性是在空无之纯一性中得到经验的。无着的"无"、空着的"空"并非某种抽象的、神秘的东西，它们就在壶里、在毂中、在居室门窗的空无中。这样能在其纯一性中昭示出二重性的物，如海德格尔所言，是稀罕的（selten），对物之物性的道说也是"艰难而稀罕的"（GA 5：17）。

物是稀罕的，这另一方面也是说，实际上以空无为功用、以空无为存在的物是稀少的。空空如也的空无没有什么聚集能力，随便什么物也不一定有聚集之用。因此海德格尔发现了雕塑艺术的独特之处：雕塑，就是对空无的塑造。而"空无在雕塑之体现中运作着，其运作方式乃是寻找着－开抛着创建诸位置"（GA 13：209）。雕塑艺术不仅更直接地、经验性地和空无发生关系——制作一个壶、凿刻一个车轮、开辟一扇窗或一扇门，这些难道就不是雕塑吗？——而且雕塑艺术与空无之间的关联并不是一种科学式的、技术式的关联。就此而言，海德格尔从一般而言的物转而关注雕塑作品，绝非偶然。

1　"四重性（Vierfalt）"是海德格尔用来描述对四方之呵护的词语。（GA 7：153）就此而言，它和"四重整体／四方域（Geviert）"是两个词语。英译（"Building Dwelling Thinking"，载于 *Poetry, language, thought*, translated and introduction by Albert Hofstadter, New York: Harper & Row, 1971，第 149 页）将两个词语都译为"fourfold"是有问题的。"Geviert"显然更强调"整体、纯一"的一面，而非"多重"的一面，所以我们认为，英译将"Geviert"译为"fourfold"是不恰当的。

三、艺术空间与不显眼者的现象学

如果说上述对壶之空无、雕塑作品之空无的"现象学描述"只是在利用海德格尔的有关论述重构出他没有明确出来的意图，那么海德格尔对塞尚的解读就已经明确地把这个意图展露出来了。这个解读关注的不再是雕塑作品的空间，而是绘画作品的空间——然而，海德格尔的意图是一贯的，即要在艺术作品之空间中见出纯一性与二重性之不显眼的运作，进而引出一种不显眼者的现象学。[1]

（一）海德格尔的"塞尚"诗

海德格尔对塞尚的兴趣在很多方面都透露出来。他会特地送人用塞尚画作制成的明信片或卡片。[2] 他观赏过塞尚晚期作品的真迹，还特地去普罗旺斯看过塞尚的画室，留下了一张远眺圣维克多山的照片。[3]

1　海德格尔与现象学是何种关系？我们已经在本书导言中概述过历来通行的主流看法，此处不再赘述。本节只关心海德格尔的塞尚解读中的具体问题。

2　早在 1927 年海德格尔给学生卡尔·洛维特的书信中，海德格尔就特地提到该信是写在塞尚画作的卡片上的，请参见 Martin Heidegger and Karl Löwith. *Briefwechsel 1919–1973* (Freiburg/München: Karl Alber, 2017), s.161。在写给妻子的信中，海德格尔几次（在 1956 年和 1965 年）提到"塞尚－明信片"。请参见 Martin Heidegger. *»Mein liebes Seelchen«: Briefe Martin Heideggers an seiner Frau Elfride 1915–1970* (München: Btb Verlag, 2007), s.319-356.

3　海德格尔到底看过"哪些"塞尚的晚期作品，在笔者能够获得的资料中都没有载明。关于海德格尔游历塞尚家乡普罗旺斯的艾克斯的记载，请参见 GA 15：412–419。海德格尔眺望圣维克多山的照片，版权应归属于圣加仑画廊。这帧照片收录于佩茨特（Heinrich Wiegand Petzet）所著的回忆录《朝向一颗星》（*Auf einen Stern zugehen*）中，亦被用作海德格尔著作《四个讨论班》的英译本封面。

遗憾的是，海德格尔关于塞尚的被发表出来的文本几乎都只是一些简单的赞美和颂扬。[1] 海德格尔从没有写过类似梅洛－庞蒂《塞尚的疑惑》这样的文章，他对塞尚的所有思索仅仅浓缩在了一首题为《塞尚》的短诗中。这种情况使得研究者很难学术性地研究海德格尔对塞尚的解读，除非他们也依赖一些其他文献，如佩茨特的《朝向一颗星》这样的传记性材料。[2] 因此，《塞尚》这个文本就是我们在做解读时所能依靠的唯一文本了。

《从思想的经验而来》收录的这首诗如下：

塞尚

那慎思泰然的东西，这一属于
老园丁瓦利耶之形象的内立
寂静，他在雷罗夫画室那里
养护着不显眼之物。

1　例如："塞尚——其作品和其人——；仿佛艾克斯周边的一棵古老的树，稳固地扎根在土地中，在四面八方的风中站定。他需要艾克斯，为了变成他所是的那个人。或许这在艺术中比在思想中更容易一些，（因为）在思想中，意指和语言的多义性处处都在产生着混乱，而质朴的道路无意中被掩盖起来了。"（GA 100：233–234）

2　Heinrich Wiegand Petzet, *Auf einen Stern zugehen: Begegnungen und Gespräche mitMartin Heidegger 1929–1976* (Frankfurt: Societäts-Verlag, 1983). 就我们有限的所见，有以下几种涉及海德格尔对塞尚解读的文献：Christoph Jamme, "The Loss of Things: Cezanne, Rilke, Heidegger", in *Martin Heidegger: Politics, Art, and Technology*, ed. Karsten Harries and Christoph Jamme (New York: Holmes & Meier Publishers, 1994); Günter Seubold, *Kunst als Enteignis: Heideggers Weg zu einer nicht mehr metaphysischen Kunst* (Bonn: Bouvier Verlag, 1996); Otto Pöggeler, *Bild und Technik: Heidegger, Klee und die moderne Kunst* (München: Wilhelm Fink Verlag, 2002); John Sallis, *Senses of Landscape* (Evanston: Northwestern University Press, 2015). 其中，萨利斯的解读是我们要借重的一个重要解读。

在画家晚期作品中，二重性

从在场者与在场状态而来已变为纯一，

"实现"且同时被克服了，

转变入一种充满神秘的同一性。

这难道没有显露出一条小径，它

引导向作诗与思想的共属

一体？

（GA 13：223）

　　海德格尔还修改过这首诗，即收录在全集第 81 卷《所思》中的两个版本。[1] 这些版本间的差异并非无足轻重，因此我们一并译出：

塞尚（第三稿）

被拯救而出，充满逼迫－被二分的 [2]

"在场着"之二重性，

它在作品中转变为纯一性。

小径上引人注目的标记还太少，

1　严格说《所思》（GA 81）中有三个版本，分别载于第 303、327、347 页。前两个稿本只有排版上的差异，故我们只译出了 303 页的"第三稿"。

2　"被二分的"原文为"bezweifelte"，来自动词"bezweifeln（怀疑）"，因此可以译为"被怀疑的"，但这个译法在文中无甚意义。我们觉得应当取这个词的字面义——be-zwei-feln，"一分为二"，故译之为"被二分的"，以形容"二重性"。

这小径将作诗与思想
指引入同一者。

那慎思泰然的东西，
老园丁瓦利耶的形象之
内立寂静，
他养护着不显眼之物
在雷罗夫画室那里。

（GA 81：303）

塞尚（1974 年晚期稿本）

得到转变，涌迫地被经验到的
"在场着"（ἐóν）之二重性，
被庇护在山之图像中，
权－限之庇护所，
接合着纯一性。

在聚集中暗示出：
那慎思泰然的东西，
老园丁瓦利耶之
形象的内立寂静，
他养护着不显眼之物
在雷罗夫画室那里。

道路允诺了朝向

在道路对面那头者的目光，
朝向一再重新被寻获的同一者：
"神圣胜利之山－脉"的
在场。

图像性：园丁与山——
（乃是）二重性转变为纯一性
这条小径上甚少引人注目的标记，
入于同一者，指引着
预感性的作画与思想之来源。

塞尚所谓"la realization（实现）"，乃是
在场者在在场之澄明中的
显现——其方式是，在场与在场者之二重性
被克服在了塞尚画作之
纯粹闪现的纯一性中。
对思想来说，此乃对存在与存在者之间
存在学差异之克服的
追问。而这种克服要得以可能
唯有当存在学差异被经验和思虑为
那种复又在《存在与时间》中被问及的存在问题
之基础上才能发生的东西。
这种存在问题之展开要求经验到
存在之天命。观入存在之天命，这首先准备了

> 进入道路领域之通道，后者于质朴的道说中
> 借由一种对被扣留者的命名而发现自己，而思想
> 仍然受制于那个被扣留者。（GA 81：347–348）

这三个稿本分别写于 1970 年、1973 年和 1974 年。1974 年的稿本最长，而且有一个附言。简要对比三个版本，我们可以看出：第一，1970 年和 1973 年两个稿本都点明了作诗或作画，因而也就是艺术与思想之间的共属一体；第二，都谈到了塞尚的画作，主要是老园丁瓦利耶的形象，1974 年的稿本还提到了"山"，应当指塞尚有关圣维克多山的一系列画作；第三，也是最重要的一点，都提到二重性转变为纯一性，从而引出了在场者之在场、ἐόν 以及存在学差异等主题；第四，这些主题都关系于某种意义上的显现（Erscheinen）、闪现（Scheinen），或者海德格尔引用塞尚的著名说法"la realisation"。至于三个版本的不同，我们在后文论述时会相应解析。

我们之所以引入海德格尔的塞尚解读，是想要阐明前一节所述的尝试——即海德格尔从空间问题的角度将壶之空无视为二重性进入纯一性这一事件的显现——并不是海德格尔的心血来潮，而是事隔 20 年又一次出现在了这个塞尚解读中：他试图以塞尚画作中的空间要素来描述二重性进入纯一性这一事件之显现，通过绘画中的空间要素来使得某种不显眼的东西，即那个汇集二重与纯一于一身的 ἐόν 显现出来，以此形成某种现象学。如此看来，这一塞尚解读和《老子》解读一样，意在从某种可实行、可操作的经验中读出或看出存在学差异或二重性 - 纯一性之区分。

在物、在雕塑的领域，这一关键的空间要素是空无。在绘画领域，

这一空间要素是绘画中的空间配置。我们把讨论限制在油画领域。油画的笔触是颇具空间特性的。不同轻重、方向的笔触会在画面空间中构成带来不同视觉感受的图像，笔触的厚与薄甚至还会营造出不同的空间质感。色彩在画面上的安排也有类似功能。在绘画空间之中，对象、存在者或在场者的显现，完全凭借、依赖于作画者对笔触、色彩等因素的空间配置。没有这些要素的配置，便没有在场者在场；不同的配置方式，显示出不同的在场者。因此我们可以得出一个初步的结论：在绘画中，空间因素的配置与在场者之构成、显现不可分离。

已经有学者动用现象学资源分析过印象派的绘画。[1]这里的"资源"主要指的是胡塞尔现象学对意识活动的分析。意识的"立义"活动将实项的感觉材料把握为一个意向对象。例如，我们在观看一幅印象派绘画时，就把彼此之间没有轮廓线的许多色块把握为一个形象。这个过程最终的落脚点是在我们的意识活动中，在于先验的构造活动中。图像之显现有赖于意识活动将之把握和打开出来，有赖于我们"去经验"图像。

海德格尔在解读塞尚时并没有采用这个模式。他一次都没有提到过"去经验"或类似的构成活动，反而提到了有某种东西"被经验"到（1974年稿本）。这说明海德格尔没有采取人使事物显现的模式，而是认为总是有某种东西显现、闪现在先，我们作为第三格的（dativ）接受者只是经验到了这种发射而出的显现。

这种东西是什么呢？我们先来查看一番海德格尔解读的塞尚画作。

1　请参见刘国英：《印象主义绘画的现代性格与现象学意涵》，载《现象学与人文科学》（创刊号），边城出版社，2004，第125—154页。

保罗·塞尚，《园丁瓦利耶》，1906 年

　　海德格尔在每一个稿本中都会提到老园丁瓦利耶的形象。如果我们看到塞尚的画作，可以看到留着一蓬大胡子的老园丁坐在中间，双手微微交叉放在大腿上，两眼直视前方，似乎在凝视着什么。海德格尔每次提到老园丁时，关注的都是老园丁身上的某种"寂静"。[1] 形容这种寂静的词语是海德格尔的术语"内立的（inständig）"，日常含

1　如玻格勒指出的，寂静这个说法关联于后期海德格尔的一个提法"寂静之音"，它和二重性、分解（Austrag）有关，因此也和《塞尚》这首诗的主题有关。请参见 Otto Pöggeler, *Bild und Technik: Heidegger, Klee und die moderne Kunst* (München: Wilhelm Fink Verlag, 2002), p.174.

义为"急迫的"，海德格尔以字面义使用这个词语，意为"站到……之中（in-ständig）"。在海德格尔的用词中，这指的是站入到澄明之中，站入到某种本源的领域或境域之内。这种境界或状态，海德格尔命名为"慎思而泰然（nachdenksam gelassene）"。"泰然的"和"泰然任之"是海德格尔用于描述思想者姿态的词语。这种姿态与技术性的、计算性的思维相抗衡。[1] 但"nachdenksam（慎思）"不是一个常用的词，德语中有"nachdenklich"一词，表示"深思的"。据奥托·玻格勒说，海德格尔采用这个词或许是因为其词尾"-sam"与另一个海德格尔爱用的词"einsam（孤独的）"相同。[2] 老园丁瓦利耶替塞尚照料他位于雷罗夫的画室，正是从这画室出发，可以看到圣维克多山。老园丁所做的事情，是"养护不显眼的东西"。这显然是一个双关说法。作为园丁，瓦利耶的工作当然包括养护植物，端茶倒水，照料画室环境，等等。与在画室中真正要做的事情，即作画相比，这些工作都是不显眼的、琐碎的。然而，如我们一直强调的那样，"不显眼的东西"实乃存在之运作、本有之发生这样并非存在者、在场者层面的"显而易见"、夺人眼球的事体，而是寂静、静默，甚至被人遗忘的发生事件。所以"养护不显眼的东西"，如同本文上一章所述的呵护事物一样，是思想者的工作。如海德格尔一样的思想者倾听那本源的呼声、思念作为开端的存在，将之保存在思想中。

从"内立""慎思而泰然""养护不显眼者"来看，海德格尔所

1　请参见海德格尔的讲演《泰然任之》（尤其是 GA 16：527 页以下）。

2　Otto Pöggeler, *Bild und Technik: Heidegger, Klee und die moderne Kunst* (München: Wilhelm Fink Verlag, 2002), p.175.

描绘的老园丁形象其实是以他自己为代表的思想者的形象：孤独、慎思、泰然、内立于澄明之境，在本源之切近处进行思索，于存在之遗忘状态支配下的控制论大行其道的技术统治时代中呵护、养护不显眼的存在之发生事件。[1] 就此而言，这个形象也适合艺术家，毕竟海德格尔言说的正是思想者与诗人［勒内·夏尔（Rene Char）］或画家（塞尚）的同一性。总而言之，海德格尔从塞尚的这幅画作中看出的，是一个思想者的形象。于是，他就在这首短诗中以自己的语言描述了这一形象。

　　这样的描绘并不稀奇，几乎可以说是一种全然主观的投射。《塞尚》这首诗如果仅止于此，那就没什么奇特的了。然而我们尚未进入正题：那被养护的"不显眼的东西"。此即《塞尚》一诗的主题，二重性与纯一性之运作与显现，或塞尚所言"la realisation"。这些内容均是海德格尔观看塞尚另一批画作的成果。这批画作就是以圣维克多山为母题的一系列作品，或海德格尔在诗中提到的"画家晚期作品"（1971年稿本）。

（二）海德格尔对"la realisation"的理解

　　美国哲学家约翰·萨利斯在其艺术哲学著作《风景的意义》中，谈到了塞尚的"la realisation（实现）"，"这种'realisation en art

---

1　这个想法早在作于 1945 年的《乡间路上的谈话》中就已经出现："那就是思想的本质，思想作为内立的对于世界之世界化的泰然任之，承载着那种关系，即使人得以在遥远之切近中居住的关系。"（GA 77：151；着重号为引者所加）

（艺术中的实现）'首先关涉于将自然带入到艺术作品中的某种realisation"，并且他认为海德格尔的《塞尚》一诗最为扼要典雅地道出了 la realisation 之深意。[1] 萨利斯引用了《塞尚》的一处关键表达："塞尚所谓'la realisation（实现）'，乃是在场者在在场之澄明中的显现——其方式是，在场与在场者之二重性被克服在了塞尚画作之纯粹闪现的纯一性中。"（GA 81: 347）以及另一稿本中有关的句子："在画家晚期作品中，二重性从在场者与在场状态而来已变为纯一，'实现'且同时被克服了，转变入一种充满神秘的同一性。"（GA 13：223）这两处文字都分明表达出一个意思，即塞尚所谓"la realisation"乃是指"以如此的方式作画，使得在画作中，在画作之闪现中，事物在显现之际能够在其显现之中被看到"[2]。如果我们考虑到海德格尔在《塞尚》中的表述只是吉光片羽，根本没有落到实处，那么萨利斯在《风景的意义》中详尽解析了塞尚以圣维克多山为母题的六幅画作，可以说是实行了海德格尔《塞尚》一诗未展开的工作，把二重性与纯一性之"神秘同一"落到了可操作、可传达，甚至可证伪的层面上。从对具体艺术作品的描述可以看出萨利斯远比海德格尔强大的敏感和敏锐。作为至今为止唯一一个试图把海德格尔的塞尚解读"读回"具体艺术作品之中的尝试，萨利斯的著作是独一无二的。

　　发现处于显现中的事物，对事物显现方式的专题关注，这是现象

1　请参见 John Sallis, *Senses of Landscape* (Evanston: Northwestern University Press, 2015), p.30。本文对此书的引用参考了杨光中译文，请参见约翰·萨利斯：《风景的意义》，杨光译，商务印书馆，2023。

2　John Sallis, *Senses of Landscape* (Evanston: Northwestern University Press, 2015), p.32.

学的成就。[1]可是，如果只谈显现的话，那我们上文提到过的从胡塞尔现象学出发对印象派画作进行的分析，与海德格尔对塞尚画作的分析，就没有任何不同了。然而印象派与晚期塞尚毕竟非常之不同。萨利斯也正是在将塞尚与印象派做对比时，敏锐地把握住了海德格尔的独特之处：

> 因此，塞尚并没有把显现画在显现事物之旁或显现事物之上（如莫奈所做的那样）；而是说，塞尚正是在表现这些事物的过程中，通过对它们的表现而呈现出它们之显现的。在塞尚的绘画中，显现是在显现的事物中、通过显现的事物而变得可见的。[2]

若以海德格尔的词语表述，这就是说：在印象派画作中只有二重性，而无二重性之转入纯一性。萨利斯举例说，塞尚并没有想为圣维

1　现象学家克劳斯·黑尔德甚至为此锻造出了一个词语"在其被给予方式之如何中的对象（Gegenstand-im-Wie-seiner-Gegebenheit）"，请参见黑尔德为自己主编的胡塞尔第一册撰写的导言。于 Edmund Husserl, *Die phänomenologische Methode: Ausgewählte Texte I* (Stuttgart: Reclam, 1998), p.15.

2　请参见 John Sallis, *Senses of Landscape* (Evanston: Northwestern University Press, 2015), p.32. 由于德语与英语的差异，萨利斯的用词与海德格尔略微不同。德语所言"Erscheinung"对应英语可以是"appearing"或"appearance"，但二者正是海德格尔和萨利斯要区分的东西。萨利斯自己说，"appearence"就是"appearing things"，即汉语所谓"显现的事物"，或一般译为"显象、现象"者。而萨利斯所言"appearing"既能对应德语分词"erscheinend"或动名词"Erscheinen"，在汉语则为"显现着"和"显现活动"。英语因为没有真正的动名词（如"the appear"），故只能以分词形式表达，这造成了转译之中的一系列困难，因为海德格尔说的二重性与纯一性实际上对应三个词：在场者、在场和在场着。在英语中，这三者却变为：appearing things、the appearing 和 appearing，最后这个 appearing 并不能作名词用，而加上冠词的话，又和第二项 the appearing 相混淆，因此萨利斯采用了"在其显现中的显现事物"此类表述。

克多山画一个系列画，因为系列画预设了显现和显现事物、在场和在场者的分离：仿佛有一个永远不变的事物本身能够在不同的条件下显现出来。[1] 我们在印象派画作中确实看到了在场显现的事物，也看到了在场显现，却没有看到在场者之在场，没有看到那个纯一的"在场着"。而这正是海德格尔在塞尚晚期画作中看到的东西。

那么，塞尚画作中的哪些部分让海德格尔和萨利斯看到了二重性转入纯一性的"la realisation"呢？我们试以萨利斯分析过的一幅圣维克多山的画为例。[2] 这幅画作于1904—1906年，是名副其实的塞尚的晚期作品，目前收藏于美国费城美术馆。

萨利斯指出，这幅晚期作品与较早的作品相比更为独特。画面上几乎所有的形象都是由块状的颜色构成的。这使得我们虽然几乎难以辨认出任何具体的形象，却赋予这片风景一种坚实与厚重之感。[3] 这种对块状颜色的使用，我们以为，正凸显了"艺术作品的本源"中对大地的描述：这是神秘、难以穿透的大地，甚至难以被目光辨认。这些块状没有作为某种具体的形象得到打开，反而在塞尚的画笔下更接近于颜料本身的物质形态。它们如此厚重，我们甚至可以分辨出画笔的走势，以及颜料在画面上不平整的凸起。

1　John Sallis, *Senses of Landscape* (Evanston: Northwestern University Press, 2015), p.34.

2　这个描述见于 John Sallis, *Senses of Landscape* (Evanston: Northwestern University Press, 2015), pp.48-51. 为免掠美，萨利斯的解读均标明了出处，而我们对此解读的补充均明确得到了提示。

3　请参见 John Sallis, *Senses of Landscape* (Evanston: Northwestern University Press, 2015), p.49.

保罗·塞尚，《圣维克多山》，1904 年

　　这幅画以及同时期类似的几幅画在色彩方面，尤其是环境色方面有一些难解之处：圣维克多山上被抹上了绿色，因为山拔地而起，大地的植被也延伸到山中，可为何山上出现了本不该有的、属于前景中屋顶的赭红色？更奇怪的是，塞尚将天空也抹上了大地的绿色。为何在画面中央的山脚下出现了星星点点的天空的蓝色，而在前景中的大地最深处，竟也出现了天空的蓝色？萨利斯解释了这一疑问：塞尚想要通过块状颜色将大地、山和天空连接在一起，构成一片风景。萨利斯还引用了塞尚在书信中的说法：塞尚认为这些蓝色能够营造出空气

的感觉。[1] 萨利斯没有明确道出但已隐含的意思是，塞尚将大地的颜色画到天上，将天空的颜色画入大地中，实乃"艺术作品的本源"中以哲学语言描述的世界（或天空）与大地彼此斗争、通过彼此而显现这一事件在色彩中的表现。塞尚对块状颜色的使用显然不是一种再现或表象，而是如海德格尔所言，一种对发生事件的"带出来（Hervorbringen）"和解蔽，是本源意义上的 τέχνη（技艺）。[2]

　　塞尚和印象派不同的一大特点就是对线条的使用。据萨利斯所引塞尚书信，塞尚认为与地平线平行的线条为画面带来广度，与地平线垂直的线条为画面带来深度。与萨利斯分析过的前几幅描绘圣维克多山的画作不同，眼前这幅作品由于塞尚对块状笔触的使用，严格意义上的以凸显和表现事物为目的的线条已经甚少。萨利斯指出画面中部那条横贯画面的仿佛地平线一般的水平黑线，其作用如塞尚所言，体现了整片风景的宽广，让宽广却隐匿的大地展现出来。前景中接近画面下方的诸多蓝色或紫色的短粗垂线则加强了画面的纵深感，并与山和山顶天空的色调有所呼应。[3] 萨利斯没有在这里提到，塞尚著名的似有似无的淡蓝色轮廓线也为山峰之挺拔助了一臂之力，真正让山峰立了起来，又没有消融在构成天空的块状色彩中。尤其是山峰中部到顶峰部分，其蓝色较山的其他部分更浅，而与上方和右上方它所触碰的

1　John Sallis, *Senses of Landscape* (Evanston: Northwestern University Press, 2015), p.50.

2　关于塞尚作品中的"带出"，请参见海德格尔的《克利笔记》，其中有言："在塞尚作品中酝酿而在克利作品中开始的是：带出！"请参见 Martin Heidegger, "Notizen zu Klee/ Notes on Klee", *Philosophy Today,* trans / eds. María del Rosario Acosta López, et al., Vol. 61, Issue 1 (Winter 2017): 15.

3　John Sallis, *Senses of Landscape* (Evanston: Northwestern University Press, 2015), p.50.

天空颜色几乎相同。若没有那细细的轮廓线，山峰就很难在场显现为它本身；而这轮廓线并没有将山峰和天空隔绝开来，它们共有的蓝色调显示出，从幽暗大地中拔立而起的山峰是向着天空运动的。这根轮廓线在显现自身的同时也将来自大地的山峰与天空显现了出来，聚集在了一起。

借助于萨利斯对此画作的详尽描述和解读，我们终于回到了本节要说明，或者说要显明的那件事：海德格尔的塞尚解读从空间问题入手，从塞尚画作中空间要素的配置（运笔、色彩、线条）出发，将这些空间配置视为二重性转入纯一性之运作的显现。块状的运笔、色彩之间的呼应、线条的非表象性使用，绘画中这些空间要素的配置将天空与大地、山与前景聚集为一片风景。在塞尚作品中，这些空间要素的独特之处在于，它们似乎在将自身呈报为自身的同时，还显明出了一些别的东西。如果块状的笔迹、各式色彩和奇怪的线条仅仅作为自身显现出来，那整幅画就是分离的、支离破碎的，并没有任何在场事物显现出来；如果像古典绘画一样，它们为的是端呈出、再现出某个对象，于是隐去自身的质料特性并作为对象的部分而显现出来，那这种做法与塞尚的目的是不符的，海德格尔也不会看重此类以再现或表象为目的的艺术，因为这里只有在场事物，却没有在场事物之显现。塞尚晚期作品中的这些绘画空间内的空间因素，恰恰在显现自身的同时带出了画面中的种种事物——块状运笔对大地质感的呈现，颜色的空间分布呼应了天空与大地的彼此关系，线条的方向对风景的展开与聚集。与此同时，这些空间因素似乎又与这些事物格格不入——块状运笔让我们分辨不出具象的形象，颜色分布奇特也不符合自然现象，线条并不描摹现实中的某些界限——从而放弃了再现事物的尝试。它们之所以必须格格不入，为的是强调出自身，而其自身那被凸显出来的显现，却恰恰带出了风景中种种事物之在场显现。

我们认为，就在这里，海德格尔一定也和我们一样，直接经验性地从绘画空间中看出了二重性转入纯一性之"神秘的同一"：绘画中的空间要素在场显现着，它们在使得在场事物显现的同时，让自己成为事物的在场显现。如果这些空间要素不那么奇异，而是融入事物之中的话，那么，我们就只能看到画面中的在场事物，却永远看不到事物的在场显现：二重性终究还是二分的，并未与纯一性一道进入一种"神秘的同一"。[1]

最终，萨利斯给出了一个与海德格尔相呼应的总结——然而，却是经历了对塞尚晚期绘画详尽观看后的总结："这些独特的形状，尤其是色彩的自由运用，显明了现象显现的方式。然而，这是在现象的显现与显现者丝毫没有分离的情况下完成的，而且是以维系住了有边界的风景的密度的方式完成的。"[2] 或者如萨利斯在他分析过的每一幅以圣维克多山为母题的画作中洞见到的那样："（塞尚的手法）使得显现为人所见，而且这显现并未与显现者分离，这恰恰是通过呈现圣维克多山之风景而做到的。"[3]

至此，通过展开和补充萨利斯对塞尚画作的分析，我们描述了如

---

[1] 萨利斯没有展开上一段和本段中的说法，他仅仅提纲挈领地说道："这种同一性一定会是神秘的，原因在于它的出现不是简单地回归原初的状态，即显现本身为了事物显现的一致性而隐藏起来，而是显现公开发挥作用、没有与显现物分离的同一性。"John Sallis, *Senses of Landscape* (Evanston: Northwestern University Press, 2015), p.32.

[2] John Sallis, *Senses of Landscape* (Evanston: Northwestern University Press, 2015), p.51.

[3] John Sallis, *Senses of Landscape* (Evanston:Northwestern University Press, 2015), p.40.

何能够从塞尚画作的空间因素中——以及从《老子》解读、从物和雕塑作品中的空无那里——经验和通达海德格尔看出来的那种二重性与纯一性之运作。此运作以那个神秘的分词 ἐόν（存在着、在场着）为名称，凝聚着海德格尔心心念念的本有大道之运作。此运作毫不显眼，却并非不可见——诚然，本有之运作并不在存在者的意义上是可见或不可见的。如果塞尚的画作能给予我们有关此不显眼之运作的经验，那海德格尔确实有理由提出一种"本源意义上的现象学"，即不显眼者的现象学。

（三）不显眼者的现象学与同一反复的思想

在 1973 年策林根讨论班末尾，海德格尔唯一一次提到了"不显眼者的现象学"。这段讨论班的记录含义颇为丰富，值得我们细细读解：

> 我把在此处被追问的这种思想称为同一反复的思想。此乃现象学的本源意义。这种思想先于理论与实践之间的一切可能区分。为了理解它，我们必须学着区分开道路与方法……这样来理解的话，现象学就是一条道路，延伸到它被带向的那个东西之前，并且让这个东西自行显现。这种现象学是一种不显眼者的现象学。（GA 15：399；引者将两段话合为一段并进行了缩略）

初步看来，我们可以将不显眼者的现象学、现象学的本源意义和同一反复的思想画上等号。这三者被海德格尔归为"道路"，以区别于科学式的"方法"。这条现象学道路要将我们带到"那个东西"前面。

如前文所述，不管"那个东西"被命名、被解释为什么，它实际上都是指本源之不显眼的根本运作，而将我们引向其中的道路，便是不显眼者的现象学。

这一系列说法的核心在于同一反复的思想。海德格尔并未就这种"现象学"说出什么具体内容，我们便不得不从其同义说法入手。同一反复的思想，顾名思义，是关于"同一者（das Selbe）"的思想。而同一者指的并非任何与自身同一的东西，亦非此意义上的同一性（Identität）。此同一者实为海德格尔口中一切伟大思想家都思的那同一个东西：存在。

在"二战"之后的晚期思想中，海德格尔屡次明确地将巴门尼德的著名箴言"存在存在"视为存在问题最本源的表达。"存在存在"不仅事关所有思想家都思的同一者，而且这个表达本身就是一个"同一反复（Tautologie）"：把同一个词说了两次。[1] 如前文第五章第二节所述，这个同一反复引出的是二重性与纯一性之问题，最终以 ἐóν（存在着）的形态呈现出来。由此，同一反复的思想，实际上就是要思这个神秘的"ἐóν"，这也是"道路"将我们带至其面前的"那个东西"。

海德格尔甚至赋予"那个东西"更加重要的地位，将之称为"无蔽的心脏"："唯一有待于思想的'ἐóν'就是无蔽的心脏。"（GA

1　关子尹对海德格尔的"同一反复的语式"作了精当说明，他称之为"同一性公式"，并从形式上概括了此类表达的共性。请参见关子尹，《徘徊于天人之际：海德格的哲学思路》，联经出版事业股份有限公司，2021，第 328—329 页。在汉语学界，甚至整个海德格尔研究界中，关子尹都是较早关心"同一反复的思想"这个主题的研究者，请参见 Tze-wan Kwan, *Die hermeneutische Phanomenologie und das tautologische Denken Heideggers* (Bonn: Bouvier Verlag, 1982)，第五章。

15：405）[1]"ἐόν"意味着"现身在场着（anwesend）"，而现身在场总是"现身于某处（an-）而运作起来（-wesen）"。前文第三章第二节末尾已指出，这个"某处"在海德格尔的希腊理解中，便是无蔽、真理。现身在场，总是在无蔽之中现身在场。"ἐόν"因此就像心脏一样，嵌入无蔽之中。若真理问题在海德格尔眼中是一个关乎现象之显现与隐藏的问题，则现象之显现活动，即"ἐόν"，理所当然成为真理问题的心脏。

在本文导言中我们提到，所有显现的东西都在某处显现，这表明空间问题先天地包含于现象学之中。海德格尔以"ἐόν"为核心的同一反复的思想，正是对空间问题与现象学问题的回应。就此而言，同一反复的思想不仅是本源意义上的现象学，而且是空间性的现象学。

同一反复的思想也受到了一些批评。最严厉的批评正是来自对此主题深有研究的关子尹："（荀子批评庄子）'蔽于天而不知人'……如借用于海德格身上，则其鞭辟入里之余，更可谓切中要害。诚然，海德格绝非不明白人于存在（或天地大道）之中得承担相当的责任。海德格所谓'同一性'思维，就其深契大化流行而言，当然有其深邃智慧，但海德格的同一性思想却过度地把吾人的关注转向'天道'，以至忽略了'人道'。海德格固深谙人于存在中要承担特殊责任，而且他的思想本有针对现世文化危机之意图，但同一性思维过度笼罩一

1　"无蔽的心脏"之前曾被海德格尔指为"λήθη（遮蔽）"（GA 14：88），但在 1973 年，海德格尔明确更改了这个说法，将"ἐόν"视为无蔽的心脏。对此问题的详述，请参见张振华：《斗争与和谐：海德格尔对早期希腊思想的阐释》，商务印书馆，2016，第 312—316 页。

切、吞噬一切，只会令世人更昧于现世的人道。"[1]

这个批评大体分为两个部分：第一部分批评海德格尔"蔽于天而不知人"，过于关心存在的根本运作，而忽略了人世与文化的问题。这部分批评背后实质上是揭示出海德格尔对"伦理学问题"缺乏关怀，无怪乎韩潮在其《海德格尔与伦理学问题》中也拈出荀子的同一句话批评了海德格尔。[2] 海德格尔确实缺乏此面向的关怀，关子尹和韩潮的批评确实有理。不过，关子尹的批评还有第二部分，即同一反复的思想是一种"过度笼罩一切、吞噬一切"的思想。这个批评实乃前一个批评的根据所在。可是，虽然过度关心天道会昧于人道，但海德格尔的同一反复思想是否笼罩和吞噬一切，却是个问题。我们想要基于前文第四章的地形学思想，来反对这个批评。

这里论辩的关键在于如何理解同一的存在及其差异化的运作。如前文所述，我们更愿意从存在的自行展开来看这个话题，而不是将之视为一切问题最后要回溯向的那个同一根据。在终极根据这个意义上谈存在，我们将立即陷入形而上学的"存在－神－逻辑－学"。一旦进入了这个格局，则存在问题到底怎么谈，去争论存在究竟是普遍者还是最高者，就都不太重要了。易言之，若将存在的差异化运作都回收到同一反复的纯一"ἐόν"之中，这种做法正是海德格尔不认可的做法。关子尹的批评显然也不是在这种意义上批评同一对一切的吞噬。但我们认为，若不是在这个意义上谈，则实在谈不上有"笼罩和吞噬"。

1　请参见关子尹，《徘徊于天人之际：海德格的哲学思路》，联经出版事业股份有限公司，2021，第 376—377 页，引者有缩略，亦增补了括号中的内容以补足文义。关子尹所云"同一性思维"即我们译为"同一反复的思想"者。
2　请参见韩潮：《海德格尔与伦理学问题》，同济大学出版社，2008，第 323 页脚注 2。

　　在前文第四章"存有之地形学"中我们论述过，海德格尔借由关于"位置"的讨论展开描述了同一者的多重运作。这些运作，如切近之近化、物之物化、世界之世界化、空间之空间化、时间之时间化等，均是同一种根本运作——本有之发生——在不同面向上的展开。这些运作说到底当然都是本有事件，因此它们都是同一的。但这些运作又各不相同，彼此间非但不能等同，它们各自也都不能穷尽本有本身之意涵。从中显明出了海德格尔地形学式的思想方式：本有事件之发生有赖于诸种运作彼此间相互应合，并没有一个本有事件是这些运作的终极根据，离开这些差异化运作，也就谈不上本有事件了。是以海德格尔在 20 世纪 30 年代以后谈及本源之时，总是要借"多"来谈"一"：世界与大地之争执构成澄明，人的域化与物的物化构成地域之域化，天、地、神、人四方在物这里聚集为世界四方域，二重性化入纯一性。这些各个不同的模式要说明的绝非多被一吞噬了，毋宁说恰恰表明了：一只有借助多才能展开。同一反复的思想最终思考的那个"ἐόν"，并不意味着二重性要被纯一性吞噬，而恰恰说明"ἐόν"可以在两个方向上展开。

　　关子尹批评的另一点是词语层面上的，即海德格尔用了许多奇特的词语来描述存在之运作，但说来说去都回到同样的意思上。同样，我们以为应该反过来看待此现象：这说明单一、有限的词汇无法充分描述存在的差异化运作，因此海德格尔不得不动用大量词汇，尤其是自行创制一些同词根的词语来进行描述。以同样的思路，我们亦不能指责海德格尔，说他无论谈什么问题，如实存、世界、艺术、技术、建造、居住、物等，都是挂羊头卖狗肉，最终其实都要回溯到存在问题。反过来看，海德格尔的做法实际上体现出，存在之运作贯穿诸个领域，运作于各个存在者之上，因此我们可以在不同领域内谈及存在问题——甚至，我们必须这么做，因为存在之运作若脱离存在者，本身是无法运作的。[1]

1　这涉及海德格尔思想中存在与存在者之关系。许多学者都注意到，海德格尔在《形而上学是什么》这个讲演的后记中有一个重大修改。他将"没有存在者，存在诚然根本性地运作"改为"没有存在者，存在绝不根本性地运作"。（GA 9：306）马里翁：《还原与给予：胡塞尔、海德格尔与现象学研究》，方向红译，上海译文出版社，2009，第284—285页。

第六章　结语

在上一章末尾，我们澄清了海德格尔所言"不显眼者的现象学"在何种意义上是现象学，其与空间问题有何关系。我们也提示出，海德格尔将之视为"本源意义上的现象学"，并论述了他为何将此种特殊意义上的现象学等同于同一反复的思想，最终显明出这一系列名号背后运行着的空间性的、地形学式的思想方式，以此回应对海德格尔同一反复思想的批评。在眼下的结语中，我们将本书前几章的诸多线索收摄起来，凸显出海德格尔关于空间的种种想法究竟有何意义。

本书从第二章起就大致依循时序描述了海德格尔不同时期的空间思想。这些描述绝非完备，因为我们的最终目的是要揭露出空间问题与存在问题的关联，以及直到海德格尔晚年才明确揭露出来的现象学与空间问题的交汇。因此，本书讨论的文本与主题是选择性的，没有专题涉及另一些重要的文本与主题，如"时间与存在"（GA 14）中颇为玄奥的"时间"与"空间"之关系的问题[1]，又如《措利孔讨论班》中"身体"与"空间"之关系问题。尽管如此，也足以显示出海德格尔对空间问题的思考所针对的目标了。

这些涉及空间问题的思考针对的是科学－技术式的思想方式：《存在与时间》中对生活空间和科学空间的描述已经揭露出前者是后者的

---

[1] 对此问题的简短讨论，请参见 Edward Casey, *The Fate of Place: A Philosophical History* (Berkeley: University of California Press, 1997), pp.277-279.

本源；《筑·居·思》中对居住空间与科学空间的对比也达到了此一目的——尽管如此，生活空间与居住空间之间也有诸多重大差异；海德格尔晚年对艺术空间的思考亦是如此。在这三个阶段中，海德格尔的做法是类似的：从科学空间中的某种奠基性的空间规定入手，将之扭转为较科学空间而言更本源的空间规定。在《存在与时间》中，是通过说明"照料（Besorgen）"对"理论观察（Betrachtung）"的优先性而将"地点（Stelle）"转化为"位置（Platz）"；在《筑·居·思》中，是通过说明"居住（Wohnen）"所展开的"位置（Ort）"比"抽象"得到的"'这个'空间"更加本源；最后，《艺术与空间》则说明了雕塑所体现的"位置"比物体所占据的那个"形体（Volumen）"更加本源。在这些情况中，"更本源"指的可以是现象学意义上在奠基层次中更基础的东西，但不限于此。若我们记得在《乡间路上的谈话》末尾，海德格尔明白说"切近"乃是指"在无蔽中"，而切近同时又总是意味着"切近于本源"的话，那么，"更本源"就还指更加恰当地应合于无－蔽的根本运作，更接近 ἐόν（存在着）那活泼的发生。反之，科学－技术式的处理程式（Verfahren）总是越来越远离纯一性之发生，进而将二重性僵化为二分的存在和存在者，将敞开域表象为对我们而言的境域。

　　空间问题除了是关于空间的问题外，同时也是空间地去思想问题的方式。就此而言，科学－技术式的思想模式是求根据、求地基（Grund）的思想，是对可能性根据（Grund der Möglichkeit）的寻求。而海德格尔所要实行的思想方式，是离基深渊式的（abgründig），因其关心的是建基（Gründen）。但建基活动本身不是一个现成的根据，而是根据之运作，说到底是没有－根据（ab-grund）的。[1] 这种思想方式也被海德格尔描述为地形学式的思想（Topologie），因其将本源思想为一种聚集，而聚集乃是"位置（Topos）"的本义。聚集将诸要素汇聚为一，在各自失其本己（Enteignis）之际成就其自身（Ereignis），因而此发生事件并非现成的终极事件，而是出现在聚集运作中，本身就是这种聚集运作。这意味着在本源事件的核心处并没有一个根据，只有空无（Leere）和空无的运作（leeren），由此而与离基深渊式的思想一脉相承。

这空无不是某种神秘的"虚无"，也不是科学研究中展露出的"虚空"，而是可以在事物身上空间性地得到经验的、以不断开辟－腾出空间的方式自行发生的空无。为显明此种空无之经验，海德格尔屡屡以壶为例证来进行描述。在壶这里，我们可以经验到空无之聚集－发生的运作，并且更重要的是，这种空无是显现出来、可以被描述的。换言之，本源的发生事件可以在此经验中得到通达。这使得海德格尔的本源之思不再是一种玄思，而成为某种意义上的现象学，因其显明出了本源之根本运作——这种运作因其太不显眼而必定在科学－技术

---

1 这种思想方式很明显地影响到了一系列当代思潮。首先不用说声势浩大的解构思潮，甚至还对当前方兴未艾的新实在论（Neo-Realismus）有巨大影响。例如新实在论的一个重要代表马库斯·加布里尔（Markus Gabriel）在其畅销著作《为什么世界不存在》中，就遵从了这种思想方式。他的一个核心主张就是：世界作为一个包含了一切意义场的意义场，本身是不存在的，请参见马库斯·加布里尔：《为什么世界不存在》，王熙、张振华译，商务印书馆，2021，第71—72页。因为按照加布里尔的话来说，所谓"存在"即是出现在某个意义场之中，而世界作为一个总的意义场，一个似乎具有一切属性的"超级对象"（同上书，第54页），它不再能够出现在另一个意义场中（因为世界是一个总的意义场），也不再能够在与其他对象之属性的区别中出现（因为它是一个具备一切属性的超级对象），因此，世界不存在，只存在有各个不同、彼此交织的意义场。这个结论实际上就是在本源层次放弃了最终奠基的尝试，并且论证这种尝试是不可能。换言之，朴素地寻找一个先验根据以说明一切的做法反而是很"不科学的"。

式的思想中被误认为某种存在者或是神秘的虚无，甚至被忽略。究其原因，是因为本源事件之发生既不是存在者，也不是存在或无，而是"ἐόν"。如上一节所述，关于本源事件的不显眼者的现象学因此必定是关于"ἐόν"的同一反复的思想。

科学－技术式思想无法面对"ἐόν"。与此相对，同时也为了对此有所经验，海德格尔更加推进一步，从思想事物进至思想某类特殊事物：艺术作品。借助雕塑作品，海德格尔更直接地展示出艺术与科学－技术对待空间的不同方式，从而得以更纯粹地思想了空无的运作，以借助空无来逼近"ἐόν"；借助绘画作品，尤其是塞尚的晚期作品，海德格尔从绘画中各个空间要素的配置入手，同样揭露出了"ἐόν"的"纯一－二重"运作。要而言之，海德格尔对不同种类（主要是雕塑和绘画）造型艺术所打开的艺术空间的思考，庶几能够被涵摄于"不显眼者的现象学"之标题内。

最终我们可以做一总结，自从《存在与时间》中对空间和时间问题的先验式思考失败之后，海德格尔对空间问题的诸多进一步思考——作为离基深渊的时间－空间、存有之地形学、不显眼者的现象学——均以有别于先验模式的思想方式来思想本源事件的发生和运作，在此意义上，都可算得上是同一反复的思想。由此，本源事件之发生才得以：一，得到有别于科学－技术模式的恰当思想；二，以非玄思的方式得到经验和通达。

针对科学－技术式思想下的空间立言，并不意味着海德格尔要另搞一套有关本源空间的思想以取代科学。即便如此，海德格尔本人也必定要回答：这两种针锋相对的关于空间的理解有何关系？二者是否截然不同，以至毫无关系？显然不是这样。如果我们说二者针锋相对，那必定是有所争执，才能相对。那么，二者是否是对同一实事的不同看法？我们认为也非如此。毋宁说，二者是对同一实事的不同层次的描述。海德格尔本人清楚表明了这一点。在晚年的一个讨论班中，他说：

> 所以说，空间的空间性在于通透状态、敞开状态，在于自由开放。与此相对，敞开状态本身并非空间性的东西（Räumliches）。某东西所透过而显现出来并以其方式自行显现出来的那个"透过（das Hindurch）"，乃是敞开域、自由域。[1]

这里说的"空间"乃是寻常、常识意义上的空间，以讨论班中的例子而言，便是眼前这桌子所处的空间。在常识意义上理解的空间，极端而言便是上述所言科学－技术理解下的空间。因此，海德格尔在这里是说，这种空间之所以是空间，乃是由于其具有通透、敞开和自由之特性，或者说，由于其具有自由开放的状态。自由开放之状态所指向的东西，即海德格尔以"澄明"名之者。此澄明的不同形态，即我们在本书的不同部分考察过的复数的本源空间——时间－空间、居住空间、艺术空间。常识意义上的空间需要"透过"本源空间之自由开放才成其为空间。易言之，寻常的空间是开放的，唯有开放出来的东西才在寻常所言的空间中出现。在此意义上我们说，寻常的空间与

1　Martin Heidegger, *Zollikoner Seminare: Protokolle-Zwiegespräche Briefe* (Frankfurt am Main: Vittorio Klostermann Verlag, 2021), s.9.

海德格尔所言的本源空间是连续的，而且后者在本性上优先于前者。[1]
并且我们还要说明，这种连续关系并非单向的。寻常的空间因本源空
间的自由开放而成其自身，本源空间因此不能够从寻常空间得到解释。
于是海德格尔虽然说本源空间不是"空间性的东西"，但他同时也说：

> 这种敞开状态也拥有空间之特性。空间性属于澄明，属于敞
> 开域……[2]

这就是反过来说本源的空间也具有某种"空间之特性"。也就是说，
本源的空间绝非超越的东西，而是将自身的痕迹留在了某些特别的空
间现象中：在供人呵护与居住的物中，在壶和雕塑之空无中，在绘画
之空间要素的配置中。所谓不显眼者的现象学，便是要从这些空间现
象中经验到本源空间之发生运作。

寻常所言的空间具有本源空间之自由开放状态，本源空间的不显
眼痕迹流露在寻常空间的空间现象之中。在这个意义上说，二者之间
是连续的一体。海德格尔对科学技术的批评无论是否有道理，终究不

1　爱德华·凯西（Edward Casey）提出的"从位置到空间"的模式因此而受到某些学者批评。
例如，莉莲·艾尔外斯（Lilian Alweiss）就批评说：凯西想要说明位置对空间的优先性，
但在凯西对康德和胡塞尔的分析中我们并不能够得出这种优先性。请参见 Lilian Alweiss,
"Back to space", in *The New Yearbook for Phenomenology and Phenomenological Philosophy*,
Vol. XVII (New York: Routledge, 2019), pp.97–112, 此处为第 98 页。诚然如此，但艾尔外斯
却没有能够击中要害，因为她只能说明凯西对康德和胡塞尔的解读可能有问题。然而凯西
这个模式是从海德格尔而来提出的，并且，在海德格尔这里确实隐约显出位置优先于空间
的模式，或者以我们的说法，本源空间在本性上对于寻常的科学－技术空间的优先性。
2　Martin Heidegger, *Zollikoner Seminare: Protokolle-Zwiegespräche Briefe* (Frankfurt am
Main: Vittorio Klostermann Verlag, 2021), s.188.

是与科学技术截然无关的。可是科学技术对空间的考察仅止步于寻常层面——这意思当然不是说科学对空间的理解是肤浅的，而是说，科学式的空间理解无论多么精致、精细、深刻，总还是未能进入海德格尔要揭露的本源。海德格尔对科学－技术式空间的批评，也不是出自反智、反技术主义的立场，而是要展示出寻常所言空间以之为基础、由之而来才成其自身的那个来自本源、来自存在之天命的本质性特征。[1]

1　孙周兴在其对海德格尔技术思想的研究中提出了"技术命运论"这个说法。"命运论"当然不是宿命论，而是就"存在之天命"所发送出来者而言的。在海德格尔看来，技术的本质是某种特殊的存在理解，是存在在某一时代（Epoch，世代）的自行回隐（Epoch，悬置）。这种视角既非"从我来看"亦非"从物来看"，而可谓"从存在来看"，因而称得上是某种"极其客观"，或者说既不乐观也不悲观的视角。请参见孙周兴：《人类世的哲学》，商务印书馆，2020，第142—148页。

附录　马丁·海德格尔译文三篇

一、贫困[1]

荷尔德林为一则关于西方历史时段的文稿写下了如下引导词：

"我们的一切都专注于精神性的东西，我们已经为富有而变得贫穷。（III，621）"

这句话写于 18 世纪向 19 世纪过渡的时候。荷尔德林说的这句关于他自己时代的话，其含义实在是太显豁了，以至于人们会羞于再一次专门评论它。荷尔德林确实说："我们的一切都专注于精神性的东西。"箴言中的"我们"指的只是德意志人吗？这个"我们"指的是荷尔德林在世时属于那时欧洲历史的同时代人吗？这不是立刻就能判断出来的。我们只知道，荷尔德林在谈到历史——他在谈历史的时候指的总是西方——的时候想的是大尺度的时间。当他说"现在"并把我们命名为"我们"的时候，他指的不是他写下这句话的这个可以在历史学上确定出时间的时刻；他指的"我们"虽然包括他自己，但这个"自己"并非历史学上可以被定位的个人，而是以作诗高升于"他自己的时代"之上并预感到"民众之年"（《致德意志人》，IV，133）的诗人，这样的诗人在预感中思索那在西方历史之遮蔽中发生、

1　本文由石磊译自《Die Armut》一文，Martin Heidegger, "Die Armut", *Heidegger Studies*, Vol. 10 (Berlin: Duncker & Humblot, 1994), s. 5–10。

却永远不能从种种可以被定位的事件中摘取出来的东西。因此，荷尔德林的话很可能无关于他说这句话的那个时代，也不针对那个时代而发。所以说，他于其中写作的那个时间其实不同于那样一种时间，后者由历史学上的日期构成，在以纪年方式为人熟知的世纪中可以占据不同的位置。

荷尔德林说："我们的一切都专注于精神性的东西，我们已经为富有而变得贫穷。"我们只有知道荷尔德林在说"精神性的东西"时想的是什么，才能够理解这句话的内容和广度。

"精神性的东西"大概是来自精神，由精神规定的东西。然则什么是"精神"呢？

从一个漫长的思想传统而来，我们对这个问题已经有了多种多样的回答。有人说：精神是质料的对立面。精神性的东西是对立于物质性东西的非物质性的东西。但这种对精神和精神性东西的规定仍依赖于对质料和质料性东西的单纯否定。还有人提到 πνεῦμα（嘘气）这个希腊词，spriritus（灵）这个拉丁词和 l'esprit（精神）这个法语词。非物质性的东西是嘘气性的东西和灵性的东西。言下之意是：精神乃是顿悟和智慧——用希腊语说就是 σοφία（智慧）——的作用力。精神的这种实体性本质在基督教会关于神的三位一体的神学－哲学思辨中已经被透彻思考过了；对于西罗马教会来说，奥古斯丁的《论三位一体》是权威性的；在东方教会中有另一番发展，尤其是俄罗斯东正教发展出了关于神圣智慧的学说。这一学说至今还以某种我们几乎无法设想的方式活在俄国神秘主义之中。作为贯穿作用于万有之中的顿悟与智慧的力量，精神的作用是"魔法性的"。魔法性东西的本质是如此幽暗，就如同嘘气的本质一样。不过我们知道，神智学家和哲学家雅各布·波墨——格尔利茨的鞋匠，所有鞋匠中最安静者，人们是这样来称呼他的——从鞋匠透镜的光中认出了魔法性的东西，并且他把这种东西思想为本源意志。波墨有关神性智慧（神智）的学说在 17 世纪的俄国已经广为人知；俄国人那时候称他为神圣教父雅各布·波墨；19 世纪初，也就是黑格尔和谢林风头正劲的时候，波墨在俄国的这种影响得到了更新（弗拉迪米尔·索洛维约夫）。所以如果我说，人们如今短视而肤浅地仅仅将之当作"政治性的"，甚至粗劣政治性的东西，即人们说的俄国共产主义源出于一个我们几乎对之一无所知的精神性的世界，这远非夸大其词。我们完全没有看到，自己已经忘记了去想一想，粗糙的唯物主义（共产主义的表面）本身并不是物质性的东西，而是某种精神性的东西，是这样一个精神性的世界，它只有在精神中、基于精神才能被经验到，才能被带向精神之真理与非真理的分解。

然而，精神不仅是作为实体而起作用的意志。与此同时，尤其是自笛卡尔以来的整个现代时期，精神变成了自我意识，也就是被思想为主体，被思想为灵魂的理智、理性、知性，它们凌驾、等同或对立于（仅仅拥有生命和肉身这个意义上的）生命的原则（请参见克拉格斯的尼采解释：《精神作为灵魂的对手》；精神作为"知性"；嘘气和灵性在这里被遗忘了，尼采当然已经认识到了这一点）。精神之本质是本源意志，它自己意愿自身。这种意志时而被思想为实体，时而被思想为主体，时而被思想为二者的统一。我们现在不得不回忆一下这些多多少少为人所知，但到处都支配着的关于精神之本质的看法（也就是属于形而上学的那些看法），由此我们才能注意到，荷尔德林以全然不同的方式思想了精神之本质这回事情意味着什么。

对荷尔德林而言，什么是一种精神？精神性的东西居于何处？什么叫作：我们的一切都专注于精神性的东西？

差不多在写作上述箴言的同时，荷尔德林写下了一份哲学笔记，它包含下面这些话（《论宗教》，III，263）。

"既不是单单从自己本身，也不只是从围绕着自己的各种对象中，人可以经验到，除了机械过程之外，世界中还有一个精神、一个神，而且人确实在一种更加鲜活的、被提高到急需品之上的关系中（经验到了这一点），在这种关系中，（人）与围绕着自己的东西并肩而立。"

人在其中与围绕着自己的东西并肩而立的关系，是何种被提高的关系？在对此关系的经验中，我们经验到了精神和精神性的东西。关于这种关系，荷尔德林没有进一步说出什么——因此我们必须迎着荷尔德林而去，试着去澄清这种关系。荷尔德林说，这种关系并不关涉对象，它不是主体与客体的关系。主体与客体的关系由到处都急需的东西（Notdurft）所规定，因为种种对象正是我们为了满足急难（Not）在我们之中唤醒的需要当作目标和目的所加工和利用的东西。

人在一种关系中与围绕自己的东西并肩而立，这种关系被提高至主体与客体的关系之上。"被提高"在这里的意思不仅是漂浮在主客关系之上，而是达到高处，对此，荷尔德林说过，人——首先是诗人——也能够"坠落"入高处。崇高者[1]的这种高处之高度因此同时就是深度。这种崇高关系涉及那耸出于所有对象和人之上，但同时承载着所有这些的东西。这个东西是什么？荷尔德林没有说，因此我们必须自己思想它，也就是说，以作诗为它添上一笔（hinzudichten）。我们也把通

1　"崇高者"的原文"Erhabenen"字面上的意思是"被提高者"。同样，下句所谓"崇高关系"亦可译为"被提高的关系"。海德格尔同时在这两个意义上使用这个词。——译注

常围绕着我们的东西，亦即个别的对象（等于客体），称为存在着的存在者。但存在者的这个"存在着"本身复又不是某种存在者，而是那让一切存在者首先是一个存有者并因此而环绕和围绕着它的东西。我们将之命名为存有。人立于其中的这种崇高关系乃是存有与人的关系，甚至可以说，存有本身就是这种关系，它把人之本质作为那样一种本质引向自身，这种本质就处在这个关系中，并且以处于此关系中的方式保存存有并居住于存有中。在存在与人之本质的这种关系的敞开中我们经验到了"精神"——它是从存有而来，或许为了存有而进行支配者。

荷尔德林的箴言说道："我们的一切都专注于精神性的东西。"现在这意味着：发生了（es ereignet sich）一种专注，亦即一种聚集，专注和聚集于存在与我们的本质之关系上，这种关系便是中心，是中点，是没有边缘的圆的圆心。

"我们的一切都专注于精神性的东西"——这根本不是要在历史学上确定当时时代处境中的一件事实，毋宁说是以思想－作诗的方式命名一个遮蔽于存有本身之中的本有事件（Ereignisses）。这一本有事件远远延伸到将来者中，唯有少数人，或许只有道说和思想过将来者的人，能够对此有所预感。

箴言第一部分之后的话具有同样的诗性陈述的特性："我们的一切都专注于精神性的东西，我们已经为富有而变得贫穷。"什么叫"贫穷"？贫穷之本质何在？什么叫"富有"？好让我们在贫穷中并通过贫穷才变得富有？按惯常的含义看，"贫穷"和"富有"涉及财产和所有物。贫穷是没有急需品，尤其是缺乏急需品。富有是不缺乏急需品，是超出急需的拥有。但贫穷的本质在于一种存有之中。真正贫穷地存有（arm seyn）意味着：这样去存有，以至我们除了不急需的东西（das Unnötige）外什么都不缺乏。

真正的缺乏说的是：离开了不急需的东西便不能存有，因此完全归属于不急需的东西。

但什么是不急需的东西呢？什么是急需的东西呢？什么叫作急需的？从急难中并通过急难而来的东西是急需的。那什么是急难呢？按照这个词的基本含义来看，急难的本质是强制。急难性的东西、急需品和逼迫者（das Nothafte und Nötige und Nötigende）乃是强制者，这种强制者在我们的"生命"中强逼出维持生命的需要，并强制我们最终去满足这种需要。

不急需的东西是不从急难而来的东西，它不是从强制，而是从自由开放（Freien）而来。

那什么是自由开放呢？按照我们最古老语言的预感性道说，自由开放（fri）就是未受伤害者和被呵护者，是没有被纳入到利用中的东西。"自由开放"根本上真正意味着：呵护，通过庇护让某东西静息于它自己的本质中。而庇护的意思是：在守护中保持着本质，而本质只有在可以通过返回它自己的本质而静息之时，才持留在守护之中。庇护意味着：始终协助和等待这种静息。这才是呵护的发生性本质（das ereignende Wesen）。呵护根本无法穷尽在否定性的不触碰和仅仅是不利用之中。

自由开放静息于真正的呵护中。获得自由开放的东西就是那在其本质中泰然并在急难之强制面前被保护的东西。自由的自由开放者首先翻转急难，或者掉转急难。自由就是对急难的转动（das die Not Wenden）。只在自由中，以及在自由之呵护性的自由开放中，必然性

（Notwendigkeit）才进行着支配。如果我们思考一下自由与必然性的本质，那么必然性绝不像一切形而上学所想的那样是自由的对立面，自由反而本身就只是必然性 / 转动－急难（Not-wendigkeit）而已。

形而上学实在是走得太远了，康德所教授的形而上学甚至说，必然性，亦即应当之强制和为义务而义务的空洞强迫，就是真的自由。自由的形而上学本质终结在自由成为必然性的"表达"这回事情中。由之而来，求强力的意志作为唯一的现实性并作为生命本身而意愿自身。在求强力的意志这个意义上，云格尔写道（《劳动者》，第 57 页）："参与到时间最内在萌芽中的确定性乃是自由的特征，——这种确定性奇异地激发着行动和思想，行动者的自由在这种确定性中把自身认作为必然之物的独特表达。"

然而，现在在更深入地思考过这种转变后，一切都颠倒过来了。自由之为必然性，是因为自由开放的东西、不被急难所逼迫的东西乃是不－急需的东西。

贫穷地存有意味着：除了不急需的东西，什么都不缺乏——除了自由开放－自由开放的东西，什么都不缺乏。

诚然，我们缺乏的东西是不归我们所有的东西，那么我们当然就想要拥有所缺乏的东西了。我们缺乏的东西，我们没有，但我们所缺乏的东西却拥有我们。它甚至能以这样一种方式拥有我们，使得我们的本质唯一地依赖于所缺乏的东西，因为我们的本质唯一地归属于它，这又是因为它从前（之前和之后）据有（vereignet）我们的本质。

贫穷地存有——亦即只缺乏不必需的东西，它从前归属于自由开放－自由开放的东西，它立于与自由开放的东西的关系之中。

让一切存在者每每是其所是和如其所是的存有，现在就是自由开放的东西，这正是因为这种东西让各个不同的东西静息于其本质中，也就是呵护它们。

当人之本质特别地立于自由开放的存有与人之关系中时，也就是当人之本质缺乏不必需的东西时，人就在真正的意义上已经变得贫穷了。

荷尔德林说："我们的一切都专注于精神性的东西，我们已经为富有而变得贫穷。"按照我们前面的说法，专注于精神性的东西，意思就是：聚集到存有与人的关系中并被聚集于其中而站立。

我们已经为富有而变得贫穷。变得富有是在贫穷地存有之后，这并不像是结果跟着原因一样，而是说，真正贫穷地存有本身就是富有地存有。由于我们因贫穷而什么都不缺乏，我们就先行拥有了一切，我们站立于存有之满溢中，存有一开始就溢出了一切急需品这样的逼迫者。

如同自由在其自由开放的本质中对所有人来说都是那一开始就转动急难的东西，即必然性，同样，贫穷地存有作为什么都不缺乏就是不必需的东西，也就已经是富有了。

我们的一切都专注于精神性的东西，贫穷地存有就这样发生了。人之本质被定调于贫穷地存有之上。贫穷乃是西方民众及其天命的尚还遮蔽着的本质的基本音调。

贫穷是悲苦的欢乐，欢乐于永不会足够贫穷。在这种平静的不安中静息着这种贫穷的泰然任之，这种泰然任之习惯于经受一切急难性的东西。

急难与急难时代的真正危险在于，它们在喧嚣的急难面前阻止我们真正去经验急难之本质，阻止我们从这种本质而来领受那经受急难的暗示。

着眼于西方之天命的整体和本身来看，食品匮乏与饥荒年月的危险根本就不在于许多人或许会丧生，而是在于那些熬过来的人活着却只还是为了吃，靠吃而活着。"生命"就在其空虚中绕着自身旋转，而空虚则以几乎未被注意和常常不被承认的无聊的形态包裹着"生命"。人就在这种空虚中堕落。人在学习贫穷之本质的道路上迷失了。

我们并不通过即将来临的、作为历史性世界之天命的、名不副实的"共产主义"来变得贫穷。唯当我们的一切都专注于精神性的东西，我们才是贫穷的。

唯当欧洲诸民族都被调定到贫穷之基本音调上，他们才会变成富有的西方民众。西方没有没落，也不可能没落，因为西方甚至还没有升起。不如说，西方升起的开始就在于，西方民众——通过以不同的方式在本质中首先唤醒自己——学着认识到贫穷之本质，从而能够贫穷地存有。

共产主义在贫穷地存有中并没有被避开和绕过，它在其本质中获得了提升。唯有如此，我们才能真正经受之。

前路漫漫。但比漫长更加严重的是无能，无能于真正去思想，无能于谨慎地倾听上述所思所言，无能于听出唯一者和从前者并把听到的内容转变为一种知晓。

战争不足以历史性地对天命做出决断，因为天命已经依据于种种精神性的决断，并且自身就固着于其上。世界大战也不能做到这一点。然而战争本身和它的结局能够引发民众的另一种沉思。这种沉思本身却来自另一个源泉。这另一个源泉必定从民众自己的本质中流出。为此，在民众彼此之间的不同对话中，就需要自身沉思。

二、"克利笔记"[1]

1. 克利－摘录："然而远离自然的再现又变成了规范，在这里，构图也作为技术性的缓和而获得了更多的含义。因此，图像有机系统的结构来到了前台，并且 coute que coute（不惜任何代价地）成为真理。那本应嵌入有趣的图像结构中的房屋，变得歪歪扭扭的……树木被粗暴扭曲了，人变得死气沉沉，出现了一种强制，将人逼到无法认识对象的状态中，逼到纠结的图像那里。因为这里没有世俗法则起作用，在此起作用的是一种艺术法则。在图像中，歪斜的房屋不会倒塌，树木不需要发芽，人不需要呼吸。图像并不是鲜活的图像。"

2. 克利－摘录："在人世间几乎没人能理解我。因为我居住于死者中间和居住在未出生者中间一样舒适。某种程度上说比其他人更接近于创造的心脏。但还是不够近。我身上散发温暖了吗？寒冷呢？比炽热还要炽热的东西是根本无法得到探讨的。我在最遥远时是最虔诚的。人世间偶尔有些邪恶的东西。对于这一实事而言不过只是一点细

1　本文由石磊译自《Notizen zu Klee / Notes on Klee》一文，原文载于《Philosophy Today》(Vol. 61, Issue 1, 2017)，由 María del Rosario Acosta López, Tobias Keiling, lan Alexander Moore, Yuliya Aleksandrovna Tsutserova 整理和翻译成英文版。最初发掘出"克利笔记"的是海德格尔研究者君特·索伊博特（Günter Seubold）。索伊博特的成果发表在《海德格尔研究》上，以及自己的专著《艺术作为去本》（Kunst als Enteignis）中。英译者除采用索伊博特的成果外，还补充了出自另一学者奥托·玻格勒（Otto Pöggeler）的著作《图像与技术》（Bild und Technik）的片段。这个英译本以德－英对照形式呈现，可以说是较全的整理本。眼下的译文采用了这个英译本的编号，参考了英译文，但全文均根据英译本提供的德语原文译出。附上这篇译文的初衷是弥补本书未在正文里讨论海德格尔的克利解读的缺憾。汉语学界目前已有多位学者发表了相关主题的论文；苏梦熙博士在其专著《使不可见者可见：保罗·克利艺术研究》中也详细论及了这一解读，可供参考。

微差别而已。"

3. 克利－摘录："艺术并不再现出可见者，而是使之可见。"

4. 克利－摘录："从前人们描绘在大地上看到的事物，那些他们喜欢看或者可能会喜欢看的事物。目前，可见事物的相对性已被显露出来，由之表露出这一信念，即可见者在与世界整体的联系中只是个别的样例，其他的真相绝大多数都是隐蔽的。事物在更加宽泛与更加多样的意义上显现，这看起来经常和从前的理性经验相悖。需要致力于将偶然加以本质化。"

5. 克利－摘录："艺术以相似的方式与创造相关。艺术向来是一个实例，就仿佛尘世是宇宙秩序的一个实例一样。"

6. 克利－摘录："艺术无意中在与终极事物玩一场游戏，而且竟达到了终极事物！"

7. 克利－摘录："太初有词……"

8. 克利－摘录："从前图像的东西到元图像的东西！"

9. 克利－摘录，出自《艺术作为去本》："显现世界的……当前阶段""偶然地被阻碍，在时间和位置方面被阻碍……被划定了边界。"

10. 海德格尔对克利的总结："无－限'起源'之运动状态的自由！"

参见《艺术作为去本》："决定性的是：无－限'起源'之运动状态的自由！"

11. 海德格尔对克利的总结："居于创造的核心。"

12. 索伊波特引用海德格尔：他（海德格尔）提示说，艺术作品论文"历史性地思考了——曾在的作品"。世界之建立与大地之制造"不再"如艺术作品论文讨论的那般被托付给未来艺术，被托付给未来艺术的反倒是"把来自关节之本有事件的关－系带出来（Erbringen des

Ver-haltnisses aus Ereignis der Fuge）"。

13. "'艺术'本身具有形而上学本质。"

14. "图像——species（种）——εἶδος（外观）。"

"作品——ἔργον（作品）；ἐνέργεια（实现）——形而上学？"

"对作品特性的看法足够吗？"

"还有'作品'吗？"

15. "当今的艺术：超现实主义＝形而上学；抽象艺术＝形而上学；非对象的艺术＝形而上学。"

16. "世界的塑造性。"

17. 索伊波特引用海德格尔：以这种"带上前来的方式……对象肯定没有消失，但本身却回退到一种世界化活动之中，要从本有而来思想这种世界化"。

参见《图像与技术》："以这种'带上前来的方式'……对象肯定没有消失，但本身却回退到一种世界化活动之中，要从本有而来思想这种世界化。"

18. 索伊波特引用海德格尔：海德格尔在《北方丛林里的神》（1922）和《望向窗外的神圣者》（1940）的作品标题下面写道："越少以对象性的方式被解说，则越具有显现性；一道携带着整个世界。"

19. 索伊波特引用海德格尔：海德格尔也把这种独特的地位赋予了"东亚'艺术'"；东亚艺术——海德格尔提到了"禅"与"无"——确实不涉及对存在者的"表现"，而是涉及将人引入到开辟空间的无（einräumenden Nichts）之中的活动。

20. "艺术的转变。"

21. "还有'作品'吗？或者说，艺术要被规－定为别的东西？"

22. "艺术（打叉）。"

23. 海德格尔完成了一幅关于《望向窗外的神圣者》（1940）速写，然后在下方写道："如果人们消除了'图像'特性——还有什么可'看'呢——"《艺术作为去本》："捂住鼻子和嘴之间往下的地方。""还看得到面孔吗？""教堂，船。"

24. 索伊博特引用海德格尔：依据海德格尔，思想具有如下任务，即先行去思想这种"在存有之转化意义上的"转变。对于是否有这样一种转化之迹象的问题——除了"集 - 置"这一提示——克利的名字就出现了（再次与塞尚和东亚"'艺术'"联合在一起）。

25. "没有在场者。"

"没有对象。"

"不再单单是 εἶδος。"

"并非图像，而是状态。"

参见《艺术作为去本》："并非图像——而是状 - 态。""不再单单是 εἶδος 以及与 εἶδος 之间的联系。"

参见《图像与技术》："这并非图像，而是状态；克利能够让情调在形体中被'看到'。"

26. 索伊博特引用海德格尔：对他来说"图像"就是"先行被给予的对立之物"。

27. "寻找一种合适的近观。"

"近 - 观。"

" ⇄ "

" → | ← "

《艺术作为去本》："观照——近观。"

"ὄψις（景观）。"

28."美——本有与观照。"

参见《艺术作为去本》："存有（关节之本有事件）之至高与至深对于克利来说在何处自行遮蔽起来。美——本有与观照。"

29."在转向中被指引着转入本有之中。对此而言的迹象！——《艺术作为去本》：对此——！克利。"

参见《艺术作为去本》："与思想相应和，在转向中被指引着转入本有之中。"

参见《图像与技术》："对此而言的迹象——！克利。"

30."道说：近观与寂静之音。"

31.索伊博特引用海德格尔：如此被思想的寂静之音既不是"声响"也不是"语言"（在《艺术作为去本》中是"话"），而是"适应着－激起（着的）、折叠着－展开着的、去本着－本有（着的）对四重－整体的庇护（在《艺术作为去本》中是'四重整体'；在《图像与技术》中是'四重－整体'）"。

32.索伊博特引用海德格尔：而后，海德格尔将克利绘画的"情调"关联到"寂静之音（道说）"上，一种"让看"的"情调"。这种情调当然不应只被理解为"实存论格式——此在的处身性"，不应只被理解为"绽－出性的"，而是必须基于"四重整体之关－系的纯一性"而被思想。

参见《图像与技术》："这并非图像，而是状态；克利能够让情调在形体中被'看到'。"

33."情调——被定调状态。此－在！在－世界－中。世界！——存有？"

34. 索伊博特引用海德格尔：声音之可听，连同可见与可说，最终总是关联到"不可听""不可见""（在陈述中）不可说"。

参见《艺术作为去本》，索伊博特引用海德格尔：许许多多的、自行在图像中传递出来的潜在意义，按照海德格尔的说法，都应合于一个源泉，后者本身不会被弄得完全可见，因为这个源泉及其一切丰富性最终是不会被穷尽的。它不只是不可见的，它也是——海德格尔接着提到——"不可听的"和"（在陈述中）不可说的，但也恰恰在本真的（……）"。

35. 索伊博特引用海德格尔：点评克利"创作信条"的第一句话："艺术并不再现出可见者，它使之可见"，海德格尔写道："什么？不可见者从何而来，如何规定它？"

36.《艺术作为去本》："在塞尚那里酝酿并在克利那里开始的是：带上前来！"

37.《艺术作为去本》："语言成为作品——但道说绝不会。"

38.《艺术作为去本》："看：（感性的）感觉／（对象性的）感知。"

三、关于艺术－雕塑－空间的评论[1]

尊敬的嘉宾！

---

[1]　本文翻译由张振华根据德文单行本译出。Herausgegeben von Hermann Heidegger, *Bemerkungen zu Kunst - Plastik - Raum* (St. Gallen: Erker-Verlag, 1996). 本书正文讨论相关内容时，其中的翻译与附录中收录的译文略有不同，敬请读者留意。

亲爱的海利格尔先生！

随着您的作品的展出，随着我接下来的评论，在柏林的艺术学院的部分工作兴许同时也在圣加伦这个地方得到觉察。

我尝试在这个简短的时间里就艺术问题（艺术与空间）发表一些看法。这些问题始终是一些建议；它们是呼唤着进一步追思的思想，是一些冲击，亦即呼唤着一场可能对话的引起刺激和陌生感的东西。

兴许没有哪个时代像我们今天这样，关于艺术说了和写了如此之多混乱不堪的东西，如此之多其用语未经检验的东西。

这一事实必定有着诸多原因。倘若我们考虑到如下这一点，我们就发现了这些原因中的一个：在希腊艺术的时代，并不存在一种有关艺术的文献那样的东西。荷马与品达的作品，埃斯库罗斯与索福克勒斯的作品，大师的建筑和雕塑作品，它们自己说话。它们说出了，亦即显示出了，人类归属于何处。它们令人觉察到，从何处人类接受其规定。他们的作品不是对既存状态的表达，也完全不是对灵魂体验的描写。这些作品作为那种音调之有所显示的回响而说话，这种音调规定了这一令人惊奇的民族的此在之整体。这种音调调校着希腊人，使他们进入到那样一种情调之中，这一情调在 αἰδώς 一词中得到命名。对于 αἰδώς，我们只能大体翻译为：在真正存在着的东西面前的敬畏。举例而言，雕塑艺术无需画廊和展览，即便是罗马人的艺术也无需文献记录。

直到希腊诗歌、造型艺术和思想的伟大时代进入其终结之际，亚里士多德才对艺术说了一句话，这句话旋即被遗忘，从未得到过充分思考。我们将在演讲结尾对这句话进行简短阐释。

而如今人们急于指出这样一点，造型艺术，此处首先指的是雕塑，在目前适合于去重新找到与其相应的处所。因为造型艺术取得了与工业地景的一种崭新的联系，将自身编排入建筑与城市规划中。雕塑一道参与着对空间规划的规定。这显然维系于这样一点，即雕塑具有一种与空间的别具一格的关联，雕塑能够以某种方式被理解为对空间的探究。

希腊城邦在诸神面前的觉醒与生成，原子时代工业地景的建立与空间规划，两者当然是根本不同却又相互本质缠结着的西方式此在的时代。空间规划，一直扩展至星际旅行的对空间的探究，对我们而言已经是自明的事实。

然而，什么是空间？什么叫作艺术家对空间的探究？谁能回答我们这些问题？人们将会承认，艺术家本人是最精通此事的。他实行着对空间的探究。诚然；然而，他能够在这种实行中并通过这种实行而认识到，在这样一种探究中发生的事情吗？雕塑家作为雕塑家能够通过雕塑来说出，什么是空间，什么叫作对空间的探究吗？不能。这种不能却并不意味着弱小，而是艺术家之强大。雕塑家无法通过造型作品来说出，什么是造型艺术，就像物理学家作为物理学家无法通过他的研究活动来说出，什么是物理学。物理学是什么这件事，无法通过物理的手段以物理的方式进行研究。作为科学的物理学并不是物理实验的可能对象。

造型艺术是什么，艺术之为艺术是什么，这件事无法借助于凿子和锤子、颜料和画笔来得到规定和呈现，同样也无法通过由这些工具所制作的作品来得到规定和呈现。艺术之为艺术并不是艺术塑造的可能对象。

我们在此遭遇到一个罕见的情况，它使我们扰攘不宁，却远非清晰、有所决断和有所坚持。

这种扰攘不宁被有关艺术的写作给部分地压制和掩盖了。去思考上述情况是多么的艰难，这可以以一句陈述为例来表明。这句新近的陈述来自一位德高望重的艺术鉴赏家和艺术作家。他写道：艺术乃是重要的艺术家所创造出来的东西。很好。可我们回问：什么是艺术家？艺术家显然是满足了艺术之要求的人。艺术家从艺术是什么中获得其规定。那么，什么是一个重要的艺术家？不是得到最多谈论、卖得最好的，而是至纯地满足了艺术的至高要求的人。那么，什么是艺术？按前述说法，艺术乃是重要的艺术家所创造出来的东西。

于是情况变得清楚了：我们在兜圈子。我们所引述的有关艺术的陈述暴露为是无所言说的。因为它既没有说出有关艺术的一星半点，也没有说出有关艺术家的一星半点。然而（通行的表象活动的）这一绕圈运动并非偶然。我们处处遭遇到这一运动。因此，通过指出它在绕圈来驳斥上述有关艺术的陈述，这一做法兴许太过廉价。这里事关宏旨的并非驳斥，而是观入思想之基本困境的见解。

当我们说空间乃是雕塑家所探究的东西，立即就会出现这样一个问题：谁是雕塑家？答曰：一个以他的方式对空间进行探究的艺术家。

我们如何走出这一圆圈？这个问题已经错失为一个问题了。因为它没有认识到，我们无法走出这个关系结构，亦即在此被称为圆圈和循环的东西。我们是谁？我们是人类。因此，这种绕圈运动——在眼下的情况中亦即从艺术家出发来规定艺术以及从艺术出发来规定艺术家——归属于我们的人类存在。

比起徒劳地想要走出这一圆圈，重要的是去经验，倘若我们一再遭遇到这一圆圈运动，那么这里涉及的是怎样一种情况。对我们而言，这种经验当然只能从一种耐心而又多样的沉思中生长起来。

而就眼下这个场合而言，一个指引必定足矣。我们尝试跟随这一指引，而我们瞄向的问题是：什么是空间？

对这个问题第一个详细的主题性探讨出现在亚里士多德有关 Φύσις 的讲课的第四章。人们非常不准确地用拉丁语的 natura，自然，来翻译这个希腊词。希腊人将 φύσει ὄντα，从自然而来的现身在场者，思考为从它自身而来涌现而出并如此显现着的事物。以这样一种方式现身在场的东西区别于其在场并不能归因于 φύσις，而是通过人类这一方面的制 - 作活动而进入在场的事物。这种制作活动方面的精通在希腊语中叫作 τέχνη。这个词同时也是艺术的希腊名字。我们的 Kunst（艺术）一词来自认识，即对一件事情及其制作活动的精通。Τέχνη 和 Kunst 指的不是一种造作，而是一种认知的方式。而认知对于希腊人而言具有解蔽的基础特征，具有对呈现着的东西的有所解蔽的呈出活动的基础特征。从自身出发显现着的现身在场者乃是无生命的或者有生命的物体（σώματα）。我们以极为不确定的方式所称的空间，着眼于现身在场着的物体而得到表象。

亚里士多德在其《物理学》中对空间问题的探讨，对于西方思想和造型活动中的空间表象而言始终是决定性的。

对于我们称之为 Raum（空间）的东西，亚里士多德用两个不同的词来称呼：τόπος 和 χώρα。τόπος 是一个物体所直接占有的空间。这种由物体占据的空间首先通过物体（σῶμα）才得到塑造。这一空间与物体共同拥有相同的边界。在此我们必须注意：边界对希腊人而言不是某物停止和中止的所在，而是那种东西，某物从它起始，经由它获得完成。一个物体所占据的空间，τόπος，乃是它的处所（Ort）。

与 τόπος 不同，χώρα 指的是那样的空间，这种空间能够容纳（δέχεσθαι）、环围与保持（περιέχειν）如此这般的诸处所。因此 χώρα 是一种 δεκτικόν（容器）和 περιέχον（环围者）。

希腊意义上的空间从物体出发被视为物体的处所以及处所之保持。而每一个物体都拥有它自己的、与它相应的处所。轻的物体朝向上方存在与运动，重的朝向下方存在与运动。空间拥有别具一格的诸处所与 διαστήματα，延展［不同于 extensio（广延）］。

此后——在伽利略、牛顿以降的近代的物理学中——空间丧失了在空间中那些可能的诸处所和诸方向的别具一格。空间成为对质点的运动而言的均一形式的、三维性的展布，这些质点没有别具一格的处所，可以存在于各个任意的空间之地点。

康德随后将这——再从物理物体出发的空间，解说为人类——作为为了自身而存在着的主体——先在地表象刺激着他的对象的方式。空间成为直观的纯形式，这一纯形式先行于对一切感性被给予的对象的表象活动。空间并非自在存在，它是人类主体性的直观的一种主体的形式。

希腊和近代的思想方式尽管有着巨大区别，空间却都是以同样的方式从物体出发得到表象的。空间乃是三维性的展布，extensio（广延）。在这一三维展布中，物体及其运动拥有其轨道，其场域，其运行的途程与时限，物体仿佛在其中往来漫步。

希腊的 στάδιον，漫步，时限与拉丁文的 spatium 是同一个词。extensio（广延），展布，给出了 spatium 的可能性。抑或我们是否必须说，随着 spatium 和 extensio（广延），只还有对 χώρα 和 τόπος 的计算性的可测量之物得到了表象；如此一来就偏离了直接得到经验的空间，只还有空间的可计算之物得到思考，而空间此间被等同于这种对空间的可计算性？

根据通常的表象，人同样像一个静止着的或者运动着的物体一样凭其体量在空间中站立或者行走。这一物体拥有一个灵魂，体验作为体验之流在这一灵魂内部运行。

然而，什么是处于其本己中的空间自身？什么赋予空间以那样的可能性，去成为诸如容纳者、包围者与保持者那样的东西？亚里士多德规定为 τόπος 和 χώρα，近代规定为 extensio 与 spatium，现代物理学规定为力场的东西基于什么？

什么是作为空间的空间——撇开物体不管来思考？对这个问题的回答是简单的。但恰恰因此，这个回答所道出的东西很难对之加以观照，而且更加难以将其保持住并且在其广度中进行透彻思考。因为通常的表象活动把某物视为是得到了澄清的，只消某物得到了说明，亦即被回溯到某个他物。在当前的状况中，即空间被联系到物理物体。与此相对，在与实事相适恰的思想中，只有当我们放弃说明活动，抛弃对他物的回溯，一个实事才能在其本己中得到经验。重要的是纯然从其自身而来，如其自行显示的那样，对实事加以观照。

那么，什么是作为空间的空间？答曰：空间空间化。空间化意味着开垦，开放，开呈出一个自由域，一个敞开域。空间空间化，开呈出自由域，空间就此而言首先凭借这种自由化活动允诺了诸地带、近和远、方向和边界的可能性，允诺了距离和大小的可能性。

如若我们留意空间的这种本己之物，亦即空间空间化，那么我们就终于能够观照到一个事态，这一事态对迄今为止的思想而言始终是锁闭着的。

重要的是看到，人类是如何存在于空间中的。人类并非像一个物体那样存在于空间之中。人类存在于空间中的方式是，他开辟空间，空间总已经是得到了开辟的。当我们承认某事，认可一个论据，我们的语言说为某物开辟空间，这并非偶然。人类容许空间作为空间化者，自由给出者，并且在这一自由域中设立自身和事物。人类拥有的不是躯体，人类也并非躯体，相反，人类活着他的身体。人类活着，因为人类身体着并因此进入到空间的敞开域中，通过这种自行进入而事先已然居留于与其他人和事物的关系之中。

人类并不是被他所谓的躯体的表面而限制。当我站在这里，我同时已经在那里、在窗边，并且向外在大街上、在这座城市里，简言之，存在在一个世界里，就此而言我才作为人站在这里。当我走向门口，我并不是把我的躯体运输到门口，而是，我改变着我的居留（"身体着"），亦即总是既存着的与事物的近与远；事物在其中显现而出的宽阔与狭窄，自行变化着。

标示着人的开辟空间的活动，进入到空间中去的让进入，在－世界－之中－存在，即便在今天也还没有得到充分观照。因此生存主义，无论是萨特无神论的生存主义还是基督教的生存主义，完全不了解在－世界－之中－存在的现象。人们以为这个短语说的是：人像椅子在房间里、水在杯子里一样存在于世界之中。

情况恰恰并非如此。一颗头不是装配着眼睛和耳朵的躯体，而是由观看着的、聆听着的在－世界－之中－存在所烙印的身体现象。当一个艺术家模塑出一颗头，他仿佛只是摹写了可见的表面；但实际上他塑造的乃是真正不可见的东西，亦即这颗头观入世界的方式，这颗头在空间的敞开域中居留的方式，在这一敞开域中，他被人和物所触及。

　　艺术家将本质上不可见的东西带入形象。当他应合着艺术之本质，他就每每令那种东西得到观照，这种东西迄今为止尚未被看见过。

　　让我们回到空间。就空间空间化（开垦），开呈出对诸地带、处所和道路而言的自由域而言，空间乃是空间。但是，同样仅仅由于人开辟空间，承认这一自由给出者并且令自身进入这一自由给出者，在其中设立自身和事物并由此看护作为空间的空间，空间才作为空间而空间化。当一个人取得一种与世界的自由的、明朗的关系之际，我们说他是爽朗的。一个物体绝无可能爽朗，它并不具备明朗者之自由。人并不制造空间，空间也不是直观的仅仅属于主体的方式，但它也不是像一个对象那样客体性的东西。毋宁说，为了作为空间而空间化，空间需要人。这种神秘莫测的关系不仅涉及人与空间和时间的关联，而且涉及存在与人的关联（本有），这种关系乃是隐藏在那种东西背后的事物，当我们必定从艺术家出发来规定艺术以及从艺术出发来规定艺术家时，我们太过匆忙而肤浅地将这种东西表象为前述的圆圈和循环运动。

　　只消我们——仿佛眼瞎似的——在这一循环中兜圈子，我们就无法说出，艺术是什么。

　　我注意到，亚里士多德对此说了些东西。谢天谢地，他说的不是一个定义，而是思想之暗示。

　　亚里士多德用希腊语的 ποίησις 来标示艺术；根据词典，它的意思是"制作－制作活动－完成"。词典的释义正确无误，但我们却并未以希腊的方式进行思考；ποίησις 说的是：从……而来－带－上前来，上前而入于无蔽者并且从遮蔽者中而来，其方式是，遮蔽者以及遮蔽活动并未得到清除，而是恰恰得到了保存。我们的 Poesie（诗歌），

Dichtung（诗）一词就来源于 ποίησις。一切艺术都是诗，以各自的方式。

亚里士多德在《诗学》第九章对 ποίησις 说了些什么？他说 καὶ φιλοσοφώτερον καὶ σπουδαιότερον ποίησις ἱστορίας ἐστίν（"与历史相比，艺术、诗既更为哲学也更为严格"）。

但是，什么叫"更为哲学"？那样一种令看见乃是哲学，这种令看见将事物本质性的部分带入目光。

ἱστορίας（历史）在希腊人那里指的是呈报，比如对不同民族的状况和风俗的呈报；ἱστορίας 也指为法庭审理而做的调查。

ἱστορίας 涉及的是每每单个的事实。

哲学则令本质之物变得可见。

我们也可以如下方式来解释亚里士多德的话，我们说：艺术比科学更为哲学。

这句话在我们这个时代令人深思，在这个时代，对科学的信仰，尤其是对自然科学与控制论的信仰，正开始成为新的宗教。

比科学更为哲学、更为严格，亦即更切近于实事之本质的——乃是艺术。

参考文献

海德格尔著作及部分中译本：

[1] HEIDEGGER M. Gesamtausgabe[M]. Frankfurt am Main: Vitorrio Klostermann Verlag, 1975.

——GA 1: Frühe Schriften, 1978.

海德格尔.早期著作 [M].张柯，马小虎，译.北京：商务印书馆，2015.

——GA 5: Holzwege, 1977.

海德格尔.林中路 [M].孙周兴，译.北京：商务印书馆，2015.

——GA 6.2: Nietzsche. Zweiter Band, 1997.

海德格尔.尼采（下）[M].孙周兴，译.北京：商务印书馆，2015.

——GA 7: Vorträge und Aufsätze, 2000.

海德格尔.演讲与论文集 [M].孙周兴，译.北京：商务印书馆，2018.

——GA 8: Was heißt Denken?, 2002.

海德格尔.什么叫思想 [M].孙周兴，译.北京：商务印书馆，2017.

——GA 9: Wegmarken, 1976.

海德格尔.路标 [M].孙周兴，译.北京：商务印书馆，2014.

——GA 10: Der Satz vom Grund,1997.

海德格尔.根据律 [M].张柯，译.北京：商务印书馆，2016.

——GA 11: Identität und Differenz, 2006.

海德格尔.同一与差异 [M].孙周兴，陈小文，余明锋，译.北京：商务印书馆，2015.

——GA 13: Aus der Erfahrung des Denkens 1910—1976, 1983.

海德格尔. 从思想的经验而来 [M]. 孙周兴，杨光，余明锋，译. 北京：商务印书馆，2018.

——GA 14: Zur Sache des Denkens, 2007.

海德格尔. 面向思的事情 [M]. 陈小文，孙周兴，译. 北京：商务印书馆，2014.

——GA 15: Seminare, 1986.

海德格尔. 讨论班 [M]. 王志宏，石磊，译. 北京：商务印书馆，2018.

——GA 16: Reden und andere Zeugnisse eines Lebensweges, 2000.

海德格尔. 讲话与生平证词 [M]. 孙周兴，张柯，王宏健，译. 北京：商务印书馆，2018.

——GA 22: Die Grundbegriffe der antiken Philosophie, 1993.

海德格尔. 古代哲学的基本概念 [M]. 朱清华，译. 西安：西北大学出版社，2020.

——GA 26: Metaphysische Anfangsgründe der Logik im Ausgang von Leibniz, 1978.

——GA 29/30: Die Grundbegriffe der Metaphysik: Welt-Endlichkeit-Einsamkeit, 1983.

——GA 40: Einführung in die Metaphysik, 1983.

海德格尔. 形而上学导论 [M]. 王庆节，译. 北京：商务印书馆，2017.

——GA 41: Die Frage nach dem Ding: Zu Kants Lehre von den transzendentalen Grundsätzen, 1984.

——GA 65: Beiträge zur Philosophie (Vom Ereignis), 1989.

海德格尔. 哲学论稿: 从本有而来 [M]. 孙周兴，译. 北京：商务印书馆，2014.

——GA 77: Feldweg-Gespräche (1944/45), 1995.

海德格尔 . 乡间路上的谈话 [M]. 孙周兴，译 . 北京：商务印书馆，2018.

——GA 79: Bremer und Freiburger Vorträge, 1994.

海德格尔 . 不莱梅和弗莱堡演讲 [M]. 孙周兴，张灯，译 . 北京：商务印书馆，2018.

——GA 80.2: Vorträge Teil 2: 1935 bis 1965, 2021.

——GA 81: Gedachtes, 2007.

——GA 97: Anmerkungen I-V, 2015.

——GA 102: Vorlaufiges I-IV, 2022.

[2] HEIDEGGER M. Sein und Zeit[M]. Tübingen: Max Niemeyer Verlag, 2002.

海德格尔 . 存在与时间 [M]. 陈嘉映，王庆节，译 . 修订本 . 北京：商务印书馆，2015.

[3] HEIDEGGER M. Die Armut[J]. Heidegger Studies. Vol.10, 1994: 5-10.

[4] HEIDEGGER M. Building Dwelling Thinking[M]//Poetry, Language, Thought. New York: Harper & Row, 1971.

[5] HEIDEGGER M. Denkerfahrung[M]. Frankfurt am Main: Vittorio Klostermann Verlag, 1983.

[6] HEIDEGGER M. Zollikoner Seminare: Protokolle-Zwiegespräche-Briefe[M]. Frankfurt am Main: Vittorio Klostermann Verlag, 2021.

[7] HEIDEGGER M. Notizen zu Klee/ Notes on Klee[J]. Philosophy Today, 2017, 61(1): 7-17.

[8] HEIDEGGER M. »Mein liebes Seelchen«: Briefe Martin Heideggers an seiner Frau Elfride 1915-1970[M]. München: btb Verlag, 2007.

[9] HEIDEGGER M, LÖWITH K. Briefwechsel 1919—1973[M]. Freiburg/München: Karl Alber, 2017.

[10] HEIDEGGER M, PÖGGELER O. Briefwechsel 1957-1976[M].

Freiburg: Verlag Karl Alber, 2021.

[11] 比默尔，萨纳尔. 海德格尔与雅斯贝尔斯往复书简：1920~1963 年 [M].
上海：上海人民出版社，2012.

辞书：

[12] RITTER J. Historisches Wörterbuch der Philosophie[M]. Band 10.
Basel: SchwabeVerlag, 1998.

[13] HÖFFE O. Aristoteles-Lexikon[M]. Stuttgart: Kröner, 2005.

其他文献：

[14] ALVIS J W. Making sense of Heidegger's "Phenomenology of
the Inconspicuous" or Inapparent (Phänomenologie des Unscheinbaren)[J].
Continental Philosophical Review, 2018, 51(2): 211-238.

[15] ALWEISS L. Back to space[M]//The New Yearbook for Phenomenology
and Phenomenological Philosophy, Vol. XVII. New York: Routledge, 2019: 97–
112.

[16] ARISTOTLE. Art of Rhetoric[M]. Cambridge, Mass: Harvard University
Press, 2020.

[17] BAIASU R. "Being and Time" and the Problem of Space[J]. Research in
Phenomenology, 2007, 37(3): 324.

[18] ANDREW B. From Indifference to Solidarity: On the Possible
Phenomenology of the Fourfold[R/OL].[2022-02-01].https://www.academia.
edu/121880757/From_Indifference_to_Solidarity_On_the_Possible_
Phenomenology_of_the_Fourfold?source=swp_share.

[19] BOELEN B. Martin Heidegger as a Phenomenologist[M]//
Phenomenological Perspectives: Historical and Systematic Essays in Honor of
Herbert Spiegelberg. The Hague: Martinus Nijhoff, 1975.

[20] BOWLER M, FARINM. Hermeneutical Heidegger[M]. Evanston: Northwestern University Press, 2016.

[21] CASEY E. The Fate of Place: A Philosophical History[M]. Berkeley: University of California Press, 1997.

[22] CROWELL S G, MALPAS J. Transcendental Heidegger[M]. Stanford: Stanford University Press, 2007.

[23] DESCARTES R. The Philosophical Writings of Descartes[M]. Vol.I, Cambridge: Cambridge University Press, 1985.

[24] DREYFUS H. Being-in-the-World: A Commentary on Heidegger's Being and Time[M]. Division I. Cambridge, Mass: MIT Press, 1991.

[25] ELDEN S. Mapping the Present: Heidegger, Foucault and the Project of a Spatial History[M]. London: Continuum. 2001.

[26] FELL J P. Heidegger and Sartre: An Essay on Being and Place[M]. New York: Columbia University Press, 1979.

[27] FIGAL G. Spatial Thinking[J]. Research in Phenomenology, 2009, 39(3): 333-343.

[28] FIGAL G. Unscheinbarkeit[M]. Tübingen: Mohr Siebeck, 2015.

[29] JANICAUD D. Phenomenology and the "Theological Turn": The French Debate[M]. New York: Fordham University Press, 2000.

[30] JOHNSON, D W. Watsuji on Nature: Japanese Philosophy in the Wake of Heidegger[M]. Evanston: Northwestern University Press, 2019.

[31] KAWAHARA E. Technik und Topologie des Seins im Denken Martin Heideggers[C]//BIEMEL W, V HERRMANN FW. Kunst und Technik, Frankfurt am Main: Vittorio Klostermann, 1989.

[32] KETTERING E. NÄHE: das Denken Martin Heideggers[M]. Pfullingen: Neske, 1987.

[33] KWAN T. Die hermeneutische Phanomenologie und das tautologische

Denken Heideggers[M]. Bonn: Bouvier Verlag, 1982.

[34] LUFT S, OVERGAARD S. The Routledge Companion to Phenomenology [M]. London: Routledge, 2012.

[35] MALPAS J. Review of Alejandro A. Vallega, Heidegger and the Issue of Space.Thinking on Exilic Grounds[EB/OL].(2004-06-11)[2022-02-01]. https://ndpr.nd.edu/reviews/heidegger-and-the-issue-of-space-thinking-on-exilic-grounds/.

[36] MALPAS J. Heidegger's Topology: Being, Place, World[M]. Cambridge Mass: The MIT Press, 2006.

[37] MALPAS J. Heidegger and the Thinking of Place: Explorationsin the topology of Being[M]. Cambridge Mass: The MIT Press, 2012.

[38] MALPAS J. Rethinking Dwelling: Heidegger, Place, Architecture [M]. London: Bloomsbury, 2021.

[39] MALPAS J. In the Brightness of Place: Topological Thinking with and After Heidegger[M]. Albany: The State University of New York Press, 2022.

[40] MAY R. Ex oriente lux[M]. Stuttgart: Franz Steiner Verlag, 1989.

[41] MCNEILL W. The Fate of Phenomenology[M]. London: Rowman&Littlefield, 2020.

[42] MITCHELL A. Heidegger Among the Sculptors: Body, Space, and the Art of Dwelling[M]. Stanford: Stanford University Press, 2010.

[43] PETZET H W. Auf einen Stern zugehen: Begegnungen und Gespräche mit Martin Heidegger 1929—1976[M]. Frankfurt: Societäts-Verlag, 1983.

[44] PÖGGELER O. Neue Wege mit Heidegger[M]. Freiburg: Karl Alber, 1992.

[45] PÖGGELER O. Bild und Technik: Heidegger, Klee und die moderne Kunst[M]. München: Wilhelm Fink Verlag, 2002.

[46] RAFFOUL F. The Event of Space[C]//Gatherings: The Heidegger Circle

Annual Vol. 2, 2012:89-106.

[47] RAFFOUL F. Review of Jeff Malpas, Heidegger and the Thinking of Place: Explorations in the Topology of Being[EB/OL].(2012-07-19)[2022-02-01]. https://ndpr.nd.edu/reviews/heidegger-and-the-thinking-of-place-explorations-in-the-topology-of-being/.

[48] SALLIS J. Grounders of the Abyss[M]//Companion to Heidegger's Contributions to Philosophy. Bloomington: Indiana University Press, 2001.

[49] SALLIS J. Senses of Landscape[M]. Evanston: Northwestern University Press, 2015.

[50] SALLIS J. Elemental Discourses[M]. Bloomington: Indiana University Press, 2018.

[51] SCHATZKI T. Space(Raum)[M]//WRATHALLM. The Cambridge Heidegger Lexicon. Cambridge: Cambridge University Press, 2021.

[52] SEUBOLD G. Kunst als Enteignis: Heideggers Wegzu einer nicht mehr metaphysichen Kunst[M]. Bonn: Bouvier Verlag, 1996.

[53] UNRUH P. Register zur Martin Heidegger Gesamtausgabe [M]. Frankfortam Main: Vittorio Klostermann, 2017.

[54] VALLEGA A A. Heidegger and the Issue of Space: Thinking on Exilic Grounds[M]. University Park: The Pennsylvania State University Press, 2003.

[55] V HERRMANN F W. Hermeneutik und Reflexion: Der Begriff der Phänomenologie bei Husserl und Heidegger[M]. Frankfurt am Main: Vittorio Klostermann, 2000.

[56] V HERRMANN F W. Weg und Methode[M]. Frankfurt am Main: Vittorio Klostermann, 1990.

[57] V HERRMANN F W. Transzendenz und Ereignis: Heideggers "Beiträge zur Philosophie (Vom Ereignis)"[M]. Würzburg: Königshausen&Neumann, 2019.

[58] WRATHALL M. The Cambridge Heidegger Lexicon[M]. Cambridge:

Cambridge University Press, 2021.

[59] YOUNG J. Heidegger's Later Philosophy[M]. Cambridge: Cambridge University Press, 2002.

[60] 陈徽.老子新校释译：以新近出图诸简、帛本为基础 [M]. 上海：上海古籍出版社，2017.

[61] 陈怡凝.《存在与时间》中此在生存论空间与公共空间的模糊关系问题 [M]// 中山大学现象学文献与研究中心.中国现象学与哲学评论（第三十一辑）.上海：上海译文出版社，2023.

[62] 关子尹.徘徊于天人之际：海德格的哲学思路 [M]. 台北：联经出版公司，2021.

[63] 登克尔，甘德，察博罗夫斯基.海德格尔与其思想的开端 [M]. 北京：商务印书馆，2009.

[64] 韩潮.海德格尔与伦理学问题 [M]. 上海：同济大学出版社，2007.

[65] 和辻哲郎.风土 [M]. 陈力卫，译.北京：商务印书馆，2018.

[66] 黑尔德.世界现象学 [M]. 倪梁康等，译.北京：生活·读书·新知三联书店，2003.

[67] 加布里尔.为什么世界不存在 [M]. 王熙，张振华，译.北京：商务印书馆，2022.

[68] 靳希平，李强.海德格尔研究在中国 [J]. 世界哲学，2009（4）：24.

[69] 柯小刚.时间、存在与精神：在海德格尔与黑格尔之间敞开未来 [M]. 北京：商务印书馆，2019.

[70] 莱布尼茨.莱布尼茨与克拉克论战书信集 [M]. 陈修斋，译.北京：商务印书馆，1996.

[71] 李秋零.康德著作全集.第 2 卷：前批判时期著作 II[M]. 北京：中国人民大学出版社，2004.

[72] 李秋零.康德著作全集.第 8 卷：1781 年之后的论文 [M]. 北京：中国人民大学出版社，2010.

[73] 梁家荣 . 本源与意义：前期海德格尔与现象学研究 [M]. 北京：商务印书馆，2015.

[74] 林美茂 . 对和辻伦理学"人間の学"概念的辨析 [J]. 哲学研究，2014（3）：7.

[75] 刘小枫 . 海德格尔与索福克勒斯 [M]// 重启古典诗学 . 北京：华夏出版社，2013：63-189.

[76] 刘笑敢 . 老子古今 五种对勘与析评引论 [M]. 北京：中国社会科学出版社，2006.

[77] 罗念生 . 罗念生全集 . 第三卷：索福克勒斯悲剧五种 [M]. 上海：上海人民出版社，2016.

[78] 马里翁 . 还原与给予：胡塞尔、海德格尔与现象学研究 [M]. 方向红，译 . 上海：上海译文出版社，2009.

[79] 马琳 . 海德格尔论东西方对话 [M]. 北京：中国人民大学出版社，2010.

[80] 聂敏里 . 存在与实体：亚里士多德《形而上学》Z 卷研究（Z1-9）[M]. 上海：华东师范大学出版社，2011.

[82] 施皮格伯格 . 现象学运动 [M]. 王炳文，张金言，译 . 北京：商务印书馆，2011.

[83] 孙周兴 . 语言存在论 [M]. 北京：商务印书馆，2011.

[84] 孙周兴 . 以创造抵御平庸：艺术现象学讲演录 [M]. 增订本 . 北京：商务印书馆，2019.

[85] 孙周兴 . 人类世的哲学 [M]. 北京：商务印书馆，2020.

[86] 倪梁康 . 西学中取：现象学与哲学译文集 [M]. 广州：中山大学出版社，2020.

[87] 王珏 . 身体的位置：海德格尔空间思想演进的存在论解析 [J]. 世界哲学，2018（6）：109-117.

[88] 王庆节 . 解释学、海德格尔与儒道今释 [M]. 北京：中国人民大学出

版社，2004.

[89] 吴增定. 存在论为什么作为现象学才是可能的？ [J]. 同济大学学报（社会科学版），2018，29（3）：1-13.

[90] 希恩. 理解海德格尔：范式的转变 [M]. 邓定，译. 南京：译林出版社，2022.

[91] 张灿辉. 海德格与胡塞尔现象学 [M]. 台北：东大图书股份有限公司，2019.

[92] 张灿辉. 存在之思：早期海德格与劳思光思想研究 [M]. 香港：中华书局，2019.

[93] 张祥龙. 德国哲学、德国文化与中国哲理 [M]. 上海：上海外语教育出版社，2011.

[94] 张祥龙. 海德格尔传 [M]. 北京：商务印书馆，2017.

[95] 张振华. 斗争与和谐：海德格尔对早期希腊思想的阐释 [M]. 北京：商务印书馆，2016.

后记与致谢

我想在这里谈一个正文中无法呈现的话题，即为何选择眼下这个题目。这是一个私人的、充满偶然机缘的过程。在此过程中，我得到了来自师友的帮助和指点。书写这些回忆，为的是向这些师友致谢，将我的感激铭写在这篇微不足道的论文末尾。

9 年前我刚到同济大学念硕士研究生时，第一个学期期末，张振华老师请吃饭，席间他提到了两个可以做论文的话题：海德格尔与神秘主义，海德格尔与空间问题。最终我的硕士论文做了海德格尔早期的诠释现象学，因为我本科并非科班出身，哲学基础薄弱，海德格尔都还没读懂，更不用提什么神秘主义、空间问题了。不过这两个题目就此留在了我心中。

在我念硕士研究生期间，有两位国外学者来同济大学访问，分别是托马斯·希恩（Thomas Sheehan）教授和杰夫·马尔帕斯（Jeff Malps）教授，我都有幸参与接待。希恩教授那时刚出版他的著作"*Making sense of Heidegger*"，来同济的时候给那时对哲学一窍不通的我"普及"了一个现象学版本的海德格尔，于是我就以此为基础，又读了一些希恩教授之前对亚里士多德与海德格尔的研究（主要是从诠释学角度讨论意义问题），最终定了诠释现象学的题目，因此我也可以借用海德格尔的句式说："我的海德格尔是现象学的海德格尔！"对现象学的兴趣也贯彻到了眼下这篇论文里。不久之后，马尔帕斯教授也访问同济大学，在城规学院讲澳大利亚土著的房子如何聚集了天、地、神、人，讲海德格尔的"地形学（Topology）"，这是我第一次听到这个词。后来在和马尔帕斯教授去外滩时，他指着外滩沿路早年留下的西式建筑，一一讲述其建筑风格，我才知道他也是建筑学领域的专家。也是那时，他向我简介了他的研究，我才开始关注和阅读他的著作。这显然是本文的另一个思想源头。

后来我继续跟随业师孙周兴教授攻读博士学位，起初选择了海德格尔现象学为题。孙老师编译了海德格尔早期弗莱堡文选，这些文本展现了一种非常具体、切身的现象学。同时，孙老师早年又以晚期海德格尔思想研究著称，是少有的严肃、严格对待海德格尔晚期思想的学者。我也想循此先例，看看是否能把现象学问题延伸到晚期海德格尔思想中，把晚期海德格尔的玄思给做实一些。这个计划后来被放弃了，因为没能找到一个好的切入点。也是在这个时候，机缘巧合，经张振华老师推荐，我有机会参与孙老师主编的《海德格尔文集》的翻译工作，与杨光老师一同负责全集第 15 卷中《四个讨论班》的翻译。其中最后一个，即 1973 年的讨论班的最后一两页中出现了一个非常奇特的表述，那时被译为"不显现者的现象学"。我试着以此为突破口来发掘晚期海德格尔的现象学思想。

孙老师同时也做艺术哲学研究，在他的影响下，我也读了一些有关材料。有一天我偶然在图书馆订阅的外文刊物 Philosophy Today 中发现了一篇海德格尔著作的英译本，即所谓"克利笔记"。在此基础上又阅读了保罗·克利自己的一些文字，知道了其"使不可见者可见"的创作信条。这显然和"不显现者的现象学"有同样的妙处，海德格尔自己也很看重克利的这个想法。于是我整理了这些材料，写成了一篇又臭又长的论文。那时梁家荣教授在同济大学举办了一个名为"现象学的新趋向"会议，聚集了两岸三地的现象学者。蒙梁老师提携，给我机会在学者面前接受批评，我就汇报了此文内容，最终收获了刘国英、游淙淇、方向红和王恒教授的批评与鼓励，在此向诸位老师致谢。更宝贵的是这些批评让我体会到，如果没有一个适合的切入点，确实很难论述海德格尔晚期思想中的现象学问题。

这个切入点最后是由君特·菲加尔（Günter Figal）教授提供的。菲加尔教授曾于 2015 年应邀参加同济·海德格尔论坛，所做报告以空间为主题。顺着这个报告，我后来读到了他的著作《不显眼性》（*Unscheinbarkeit*）。也正是这部著作为我提供了宝贵的切入点：空间问题正是那个将海德格尔与现象学勾连起来的红线。也是在这个时候，张振华老师最初提出的课题、希恩和马尔帕斯各具特色的研究、孙老师对晚期海德格尔思想的严肃对待和他对艺术哲学的研究、菲加尔对空间问题的阐释，这些因素汇聚在了一起，构成了本文的思想资源。只是这些资源所涉甚广，彼时我根本无力将它们综合在一起。

2018—2019 年，在尼古拉斯·德·沃伦（Nicolas de Warren）教授的慷慨邀请下，我有机会到美国宾夕法尼亚州立大学交流学习。在一次闲谈中，德·沃伦教授向我强烈推荐了莱纳·舒曼（Reiner Schürmann）的著作《海德格尔论存在和行动》（*Heidegger on being and acting*）。在我有限的阅读中，我记得韩潮教授在他的著作一开头曾狠狠批评了以舒曼为代表的后现代解读并表达了他对后现代的生理上的厌恶。从此在我印象里，舒曼基本上就是一个被韩老师批得一塌糊涂的学者。但德·沃伦教授却向我指出了关键性的一点，即马尔帕斯的研究可以说是舒曼的一个通俗版本。这个见解终于让我看到，马尔帕斯所谓海德格尔之"Topology"的要义在于：这是一种思想方式。

同时这个洞见也带来了一项任务，即如何应对韩老师的批评。在本文中我试图说明，以最终奠基、最终根据为导向的先验思想方式虽然被舒曼、马尔帕斯等人批评，但这个批评不一定会引向抽空了根据与基底的虚无。海德格尔对"Grund"与"Abgrund"的解说，对壶之空无体现了本有聚集作用的论述，都给出另一种可能，即没有根据本身也可以是根据，或者说，根基性的东西不是一个实质，而是一种若有若无的运作。以这个想法为线索，我回过头去阅读《哲学论稿》的"建基"部分，尤其是其中涉及时间－空间的内容。当然，最终要紧的是如何去描述这种不显眼的本源运作，而这正是存有之地形学的内容。但依然留有一个困难，即这个描述难以称得上是现象学的。

杨光老师从他回国起就推荐我阅读约翰·萨利斯的著作，萨利斯教授本人也曾访问过同济大学。在此机缘下，我读到了萨利斯教授的艺术哲学著作《风景的意义》，杨老师后来翻译了这本著作。书中有一章专门处理了海德格尔的塞尚解读，其中正好提供了大量落到实处的，甚至可以说是经验性的对塞尚绘画的现象学解读。这一解读填补了本文最后一个理论困难，即如何给不显眼的本源运作提供一个空间性的现象学描述。这是一个艰难的任务，因为它设定了太多条件：既要关心不显眼者的现象学这个仅仅被海德格尔略微提及的特殊说法，又要给出一个对艺术作品的现象学描述，而且，这个描述还得聚焦于空间性因素！以萨利斯的著作为依据，我才敢于借海德格尔的塞尚解读来书写海德格尔晚期思想中的一个空间性的现象学问题。

我尽量记录下这些与本文有关的想法的最初萌芽。海德格尔曾言，思想就是感谢。眼前这篇习作中的一切小小想法，都是我对师友们的感谢，但愿我完全地领受了他们的教导！

在同济的时光并不总是与论文有关。生活中有太多要感谢的人。

首先要感谢我的父母石健聪和马嫣，感谢你们的养育之恩，感谢你们宽容地允许我从事哲学这门看起来不切实际的行当，一直支持着我！感谢我的妻子胡天慧，由于哲学我们才得以相识，你始终纵容我整天泡在图书里，照顾着我的生活，使得我的一切得以可能！感谢我的岳父岳母胡成全与赵学梅在我写作的最后关头在生活上所给予的关怀与照料！

感谢我的导师孙周兴教授。从九年前投奔孙老师研究海德格尔和现象学到现在，我从老师身上学到很多，不限于与哲学有关的内容。老师的海德格尔阐释和研究重点形塑了我对海德格尔的理解，例如对《哲学论稿》和《乡间路上的谈话》的阅读，对海德格尔艺术思想的关注，甚至总体而言对海德格尔晚期思想的严肃兴趣，都能看到老师教导的痕迹。遗憾的是由于我资质驽钝、精力有限，未能在老师专长的尼采研究和艺术哲学研究中学到更多东西，希望日后能继续深入学习。

感谢张振华老师和杨光老师。从我进同济哲学系开始，张老师就关照着我的学业。我还记得最初的硕士培养计划就是张老师为我们拟定的。经常，我读了几页海德格尔后就开始产生一些不成熟的想法，然后有机会就说给张老师听，老师总是耐心、认真指正，让我收获颇多，以致我经常放纵自己叨扰老师，问这问那。同样时常被我打扰的还有杨光老师。最初，我是通过张振华老师才认识杨光老师的。杨老师在思想领域比较开放，经常提示我读一些"野路子"的哲学著作，让我获益匪浅。杨老师除了研究海德格尔外，也精于艺术哲学和空间问题研究，从而每每能够给予我精当的指点。感谢二位老师，其实，我在心中早已经"僭越地"把你们当作朋友了！

感谢梁家荣教授。梁老师的研究有一种清楚可辨的风格，而且视野开阔，一直是我写作的楷模。我清楚记得梁老师在点评学生课堂报告时说：如果你写海德格尔，写得比海德格尔还难懂，我干吗不直接看海德格尔呢？这也是我写作本文时铭记于心的准则，即总是想要把话说得更清楚一些，少说套话和废话。除了学业上的教导，梁老师也总是给我历练的机会，让我锻炼自己各方面的能力，谢谢！

感谢韩潮教授。和每一位在同济学习海德格尔思想的人一样，我也从韩老师的《海德格尔与伦理学问题》中学到很多（惭愧地说，可能学到的关于海德格尔的内容比关于伦理学问题的内容多一些）。多年前老师给我们上过一门与《存在与时间》相关的课，至今令我印象深刻。老师总是慷慨地答疑解惑，给予帮助，让我感激不尽。

感谢赵千帆教授。与赵老师的闲谈总是能让我学到许多超乎我视域之外的东西，在听赵老师谈论问题时，我总是能同时感受到他的犀利和友善。感谢高松教授。在高老师的课堂上我才获得了足够的勇气逐字逐句地阅读胡塞尔，尤其是《逻辑研究》。此后我才壮了胆，敢于研习海德格尔的现象学。感谢余明锋教授，余老师的豪爽与他对尼采的研究都让我难以忘怀，尤为难以忘怀的是 2016 年夏曾与余老师从青岛坐高铁回上海，七个小时的路程一面欣赏着祖国大好河山，一面谈论着学界八卦，极大地扩展了我课外的知识面。

感谢同济大学人文学院哲学系曾教导过我的所有老师，很荣幸能到同济哲学系学习。感谢人文学院漏晓菲老师一直以来的关心和帮助，跟随漏老师做助管的经历让我看到她默默地工作，为学院老师和同学带来了多大的方便。感谢在同济结识的同学和友人。感谢王圣杰，我们在多年后竟有缘再度聚在一起学习，让我十分惊喜，在我刚到同济大学时，也是圣杰兄带我快速融入同济和上海，他的友情我永远铭记。感谢曾经的"洪兴"读书会成员李阳、汪洋、于江云、王丁，在我从学的路上他们给了我巨大的帮助，遗憾的是物是人非，已不再有可能像当年那样坐在一起一字一句阅读哲学经典了。

在美国交流期间，尼古拉斯·德·沃伦（Nicolas de Warren）教授一直关心我的学业，指点着我学习和阅读此前闻所未闻的东西，其广阔的治学领域令我惊讶。我和妻子都深深感激他的慷慨与帮助。感谢宾夕法尼亚州立大学哲学系中允许我听课学习的各位老师，尤其是马克·森特西（Mark Sentesy）、罗伯特·贝尔纳斯科尼（Robert Bernasconi）和莱昂纳德·罗勒（Leonard Lawlor）诸教授。

论文写作期间，友人叶子为我从香港中文大学复制了内地很难找到的关于尹教授的博士论文，谨此致谢。友人高诗雨在我因学制到期而停发研究生助学金的时候给我提供了一个工作机会，使我能安心继续研究而不致"断粮"，真是万分感谢。

上面是我博士论文的后记与致谢，在论文答辩通过一年之后，业师孙周兴教授慷慨提供了一个出版机会，为此我又修改了论文。论文的结构和基本观点都没有改动，仅根据答辩过程中收集到的建议和批评做了少量修改，疏通了全文文字，补充了论文答辩之后才出版或被我关注到的有关文献。

在此需要对本文术语的使用做一个小说明。我完全认同在翻译中对重要外文术语进行字面的、前后一致的翻译。不过由于在汉语中很难幸运地找到与外文完全对应的词语，因此在写作中便不得不动用多个译名，乃至动用解说来呈现某个外文词语的含义。例如本书中对

"Ereignis"的讨论便使用了"本有""本然""（本有）事件"甚至"发生"等词语，对"Wesen"和"Wesung"的讨论除了使用"本现"外更是直接使用了一个解说式的翻译"根本性地运作起来"。这些做法均属不得已而为之。为了尽可能减少混乱，我在相应的地方均明确添加了外文中的对应词语。

感谢论文答辩委员会的诸位老师和评阅过论文的诸位老师！他们是：庞学铨教授、莫伟民教授、刘日明教授、韩潮教授、徐卫翔教授、王鸿生教授、曾建平教授和仇华飞教授。诸位老师提出了许多建议，其中不少都为我后续研究指出了方向。

最近一年，我有机会在各种场合向师友报告论文内容，接受他们的指点。为此，感谢王珏教授、邓定博士和张云翼博士等师友！

博士研究生毕业后我有幸到浙江大学哲学学院进行博士后研究。在浙大承蒙王俊教授、李忠伟教授、马迎辉教授、郭成博士和陈聪兄等师友的指点与关照，非常感谢！

一如既往地感谢孙周兴、张振华、杨光三位老师的帮助和指导！感谢张振华老师允许我在附录中收入他的译文！

感谢编辑华清清女士、王霄霄女士的辛勤劳作！

石磊
2022 年 5 月 3 日定稿于安徽合肥
2023 年 6 月 24 日修改于浙大求是村
2023 年 6 月 30 日改定于哈尔滨